HEYNE BÜCHER

PSYCHO

Dan Kiley

Das Peter-Pan-Syndrom

Männer, die nie erwachsen werden

Wilhelm Heyne Verlag München

HEYNE PSYCHO
Band 17/29

Titel der amerikanischen Originalausgabe
THE PETER PAN SYNDROME

Deutsche Übersetzung von Dirk van Gunsteren

Printed in Germany 1989
Umschlagillustration und -gestaltung: Atelier Ingrid Schütz, München
Satz: Kort Satz GmbH, München
Druck und Bindung: Presse Druck Augsburg

ISBN 3-453-03360-4

Inhalt

Für meine Frau Nancy,
eine Tinkerbell,
die jeden Tag
zu einem neuen Abenteuer macht.

Leben wäre ein schrecklich aufregendes Abenteuer.

Peter Pan

Danksagung

Den folgenden Personen gilt mein tiefempfundener Dank: Evan Marshall, Seniorchef des Verlags Dodd, Mead, dessen Enthusiasmus nur durch seine hervorragende Lektoratsarbeit übertroffen wird; Kay Radtke, Leiterin der Abteilung für Öffentlichkeitsarbeit, und ihrem fähigen Mitarbeiterstab; Howard Morhaim, meinem Literaturagenten, aus dem ein ausgezeichneter Psychotherapeut geworden wäre; und Dr. Donald Merz, meinem Freund und Kollegen, der mir während meiner jahrelangen Forschungsarbeiten mit Rat und Tat zur Seite stand. Sie alle haben dazu beigetragen, daß dieses Buch unvergleichlich besser geworden ist, als ich allein es hätte schaffen können.

Vorbemerkung des Verfassers

Die Fallstudien in diesem Buch sollen lediglich als Beispiele dienen. Um jene zu schützen, die sich bemüht haben, sich mit dem Peter-Pan-Syndrom (PPS) auseinanderzusetzen und es zu überwinden, habe ich nebensächliche Informationen zur Person erfunden und verschiedene Fälle zu einem einzigen verschmolzen. Die so entstandenen Geschichten schildern die gesamte, schwierige Lebenssituation der PPS-Opfer, ohne jedoch ihre Identität preiszugeben.

Jede Ähnlichkeit zwischen diesen Geschichten und tatsächlich existierenden Familien oder Personen ist rein zufällig.

Vorwort

Es ist nicht lebensgefährlich, also ist es keine Krankheit. Aber es stellt eine Gefahr für die geistige Gesundheit dar, also ist es mehr als nur eine Unpäßlichkeit. Die Symptome sind wohlbekannt, daher kann ich mich nicht rühmen, es entdeckt zu haben. Andererseits ist das Krankheitsbild selbst noch nie beschrieben worden, und so stellt dieses Buch mehr als eine Aufbereitung bereits vorhandener Arbeiten dar.

›Es‹ ist ein neuartiges psychologisches Phänomen. ›Es‹ paßt in keine erkennbare Kategorie, aber an seiner Existenz läßt sich nicht zweifeln. In meinem Fachgebiet nennt man eine solche Anomalie ein Syndrom. Mit diesem Wort bezeichnet man gewöhnlich eine Gruppe von Symptomen, die sich in einer bestimmten Art von sozialem Verhalten äußern. Ich spreche hier von einem Syndrom, das in unserer Gesellschaft auftritt und viele Probleme aufwirft. Wir alle kennen es, aber bis jetzt hat noch niemand einen Namen dafür gefunden oder seine Entstehung erklärt.

Ich habe dieses Syndrom viele Jahre lang studiert und versucht, in einem komplizierten Labyrinth von Ursachen und Wirkungen einen Sinn zu entdecken. Meiner Vermutung nach ist es schon seit langem in einzelnen Fällen aufgetreten; während der letzten zwanzig oder fünfundzwanzig Jahre jedoch hat der Druck des modernen Lebens auf den einzelnen die verursachenden Faktoren verstärkt und eine dramatische Zunahme der Häufigkeit dieses Problems bewirkt. Und es deutet alles auf eine weiter steigende Tendenz in den nächsten Jahren hin.

Bei meinem ersten klinischen Fall handelte es sich um ein Opfer dieses Syndroms, obwohl ich mir dessen damals nicht bewußt war. Ich beriet damals junge Soldaten, die sich bemühten, in der Air Force erwachsen zu werden.

Sein Name war George. Er war zweiundzwanzig Jahre alt, benahm sich jedoch wie ein Zehnjähriger. Seine Gefühlsäußerungen waren übertrieben, unpassend und albern. Er redete eine Menge, ohne viel zu sagen. Es wäre für ihn an der Zeit gewesen, im Leben voranzuschreiten, aber er sehnte sich nach seiner sorglosen Schulzeit zurück. Damals dachte ich, daß er seine Angst vor dem Erwachsenwerden mit der Zeit schon überwinden würde. Ich weiß bis heute nicht, ob er das geschafft hat.

Die Jahre, in denen ich Heranwachsende, Studenten und junge Ehepaare beriet, rundeten mein Wissen über die Probleme, mit denen der Eintritt in das Erwachsenenleben verbunden ist, ab. Langsam dämmerte mir, daß eine alarmierende Zahl junger Männer *nicht* erwachsen wird. Irgend etwas lief falsch.

Dieses Buch beschäftigt sich mit Männern, die nie erwachsen geworden sind. Es befaßt sich mit der Frage, welche Faktoren dazu geführt haben und wie man diesen Zustand ändern kann.

Wenn Sie die ersten beiden Kapitel gelesen haben, werden Sie in der Lage sein, irgendeinen Angehörigen Ihres Bekanntenkreises als Opfer dieses Leidens zu identifizieren. Wie bei einem ›Aha-Erlebnis‹ werden Sie plötzlich in der Lage sein, das Verhalten dieses Menschen zu verstehen.

Diese Männer führen als Heranwachsende und in den ersten Jahren ihres dritten Lebensjahrzehnts ein ausschweifendes Leben. Infolge ihres Narzißmus sind sie unfähig, sich zu öffnen, während sie aufgrund einer unrealistischen Egozentriertheit davon überzeugt sind, daß sie alles tun können und müssen, um ihre Fantasien zu befriedigen. Später, nach Jahren schlechter Anpassung an die Realität, scheint ihr Leben sich dann umzukehren. ›Ich will‹ wird durch ›ich sollte‹ ersetzt. Das Streben nach der Anerkennung durch andere scheint ihre einzige Möglichkeit zu sein, zu einer Anerkennung der eigenen Person zu gelangen. Ihre Wutausbrüche kaschieren sie als gesunde männliche Aggressivität. Geliebt zu werden, ist für sie selbstverständlich, aber sie lernen nie, diese Liebe zu erwidern. Sie geben vor, Erwachsene zu sein, benehmen sich aber in Wirklichkeit wie verzogene Kinder.

Es braucht Zeit, bis aus einem aufgeweckten, sensiblen Kind ein unreifer, zorniger Erwachsener geworden ist. Den Eltern bieten sich viele Gelegenheiten, diesen Prozeß umzukehren; daher ist dies ein Buch für Eltern. Aber Ehefrauen und Freundinnen können am ehesten aus einem ›Niemals‹ ein ›Irgendwann‹ machen; darum wendet sich dieses Buch insbesondere an Frauen, die eine besondere Beziehung zu dem Opfer haben, weil sie mit ihm verheiratet oder befreundet sind. Freunde und Verwandte, die Einfluß auf sein Leben nehmen können, sind oft in der Lage, ihre Hilfe anzubieten; deshalb wendet sich dieses Buch an besorgte Erwachsene im allgemeinen. Und schließlich ist es nie zu spät, durch eigene Anstrengungen erwachsen zu werden; aus diesem Grund ist das vorliegende Buch eine empfehlenswerte Lektüre für das Opfer selbst.

Ob Sie eine Ehefrau, eine Lebensgefährtin, ein Eltern- oder Großelternteil oder nur ein Freund sind – Sie können dem Opfer, ganz unabhängig von seinem Alter, helfen. Wenn Sie versuchen, einen solchen Menschen zu verstehen, dann denken Sie daran: Falls es sich um ein Kind handelt, dann lieben Sie es, denn es hat für sich selbst keine Liebe; wenn es sich um einen erwachsenen Mann handelt, dann glauben Sie an ihn, denn er glaubt nicht an sich selbst. Und vor allen Dingen: Hören Sie ihm zu, denn er selbst hört nicht auf sich. Um sein Leiden zu überwinden, muß er die weiteste Entfernung der Welt zurücklegen – die Entfernung zwischen seinem Mund und seinen Ohren.

Teil I:

Einführung

Kapitel 1

Kennen Sie einen solchen Kind-Mann?

Captain Hook: »Hast du noch einen anderen Namen?«
Peter Pan: »Aye, aye.«
Hook *(gierig):* »Aus dem Pflanzenreich?«
Peter: »Nein.«
Hook: »Aus dem Mineralreich?«
Peter: »Nein.«
Hook: »Aus dem Tierreich?«
Peter *(nach kurzer Beratung mit einem Freund):* »Ja.«
Hook: »Mann?«
Peter *(verächtlich):* »Nein.«
Hook: »Junge?«
Peter: »Ja.«
Hook: »Gewöhnlicher Junge?«
Peter: »Nein!«
Hook: »Wunderbarer Junge?«
Peter *(zu Wendys Kummer):* »Ja!«

Kennen Sie einen solchen Menschen? Seinem Alter nach ist er ein Mann, aber seine Handlungen sind kindisch. Der Mann will Ihre Liebe, das Kind will Ihr Mitleid. Der Mann sehnt sich nach Nähe, das Kind jedoch fürchtet sich, berührt zu werden. Wenn Sie seinen Stolz durchschauen, werden Sie sehen, wie verletzlich er ist. Wenn Sie seine Kühnheit herausfordern, werden Sie spüren, wieviel Angst er hat.

Sie glauben, diesen Menschen gut zu kennen, aber Sie kennen ihn überhaupt nicht. Versucht man, eine Erklärung für die Widersprüchlichkeit seines Charakters zu finden, so sind die Antworten schwer zu fassen, und sogar die richtige Fragestellung bereitet Schwierigkeiten. Aber betrachten Sie Ihren Sohn oder den eines Freundes und fragen Sie sich: »Was wäre, wenn er körperlich erwachsen würde, aber seelisch ein Kind bliebe?«

Dieser Kind-Mann ist das Opfer eines ernst zu nehmenden Leidens. Wenn man ihm nicht hilft, wird sein Leben langsam immer schaler werden. Er ist weder geisteskrank, noch ist er unfähig, seine Funktion innerhalb der Gesellschaft zu erfüllen. Er ist jedoch sehr traurig. Das Leben erscheint ihm als Zeitverschwendung. Er gibt sich große Mühe, seine Traurigkeit durch zur Schau gestellten Frohsinn zu überspielen. In vielen Fällen funktioniert das – wenigstens einige Jahre lang. Schließlich jedoch beginnt seine Unreife den Leuten, denen etwas an ihm liegt, auf die Nerven zu gehen. Ihre Enttäuschung erscheint ungerechtfertigt, ihre Ablehnung etwas voreilig. Aber wenn Sie dasselbe sehen wie sie, werden Sie verstehen, warum sie mit diesem Mann nichts mehr zu tun haben wollen.

Ihre Aufgabe ist es, diesen Kind-Mann zu erkennen. Je eher Sie das tun, desto besser stehen Ihre Chancen, ihm zu helfen. Er ist vielleicht Ihr Sohn, Ihr Mann, ein Onkel oder ein Vetter. Es könnte sich auch um einen Freund, einen Nachbarn, einen Kollegen handeln. Oder – falls Sie ein Mann sind – um Sie selbst! Wer immer er ist – er glaubt, auf Ihre Hilfe verzichten zu können. Er will sie nicht, weil er nicht weiß, daß er sie braucht. Es ist ihm so zur Gewohnheit geworden, das Leben als eine öde Wüste anzusehen, daß seine indifferente Einstellung ihm völlig normal erscheint. Wenn er das Risiko eingeht, einen anderen Menschen zu mögen, fühlt er sich durch den daraus entstehenden Zwiespalt innerlich zerrissen. Er zieht es vor, die Ruhe und den Frieden stumpfer Gleichgültigkeit beizubehalten.

Wahrscheinlich wird Ihnen dies erst auffallen, wenn er bereits älter ist. Ihr erster Hinweis wird der Widerspruch zwischen seinem Alter und seiner Reife sein. Wenn Sie sein

Problem erst einmal erkannt haben, können Sie darangehen, ihm Ihre Hilfe anzubieten, oder wenigstens vermeiden, seine Schwierigkeiten noch weiter zu vergrößern. Wenn Sie die Komplexität seines Leidens verstehen, werden Sie auch die ersten Anzeichen wahrnehmen können, die darauf hindeuten. Sollten Sie zufällig ein Kind haben, das auf solche Schwierigkeiten zusteuert, dann können Sie lernen, wie man sie abwendet.

Die ersten Anzeichen treten früh auf. Es ist gut möglich, daß sich ein Kind in Ihrer unmittelbaren Umgebung gerade jetzt auf die kritische Phase zubewegt. Es könnte sich dabei um den Sohn Ihres Nachbarn, eines der Kinder eines befreundeten Paares, den Vorsitzenden der Jugendgruppe oder sogar um Ihren eigenen Sohn handeln. Je näher Sie diesem Jungen stehen, desto größer ist die Chance, daß Sie dieser Entwicklung Einhalt gebieten können.

Die Identifizierung dieses Kind-Mannes erfolgt in drei Stufen, die ich aus Gründen der Objektivität unpersönlich und im Stil eines psychologischen Fachbuches verfaßt habe, in dem ›der klassische Fall‹ geschildert wird.

Stecken Sie zunächst Ihr *Terrain* ab. Es umfaßt Ihr Zuhause, Ihre Nachbarschaft, Ihren Arbeitsplatz und jeden anderen Ort, an dem Sie einen Teil Ihrer Zeit verbringen. Überall, wo Sie in engen Kontakt mit anderen Menschen kommen, werden Sie auf eine solche Person stoßen. Das kann auf einer Party sein, auf einem Straßenfest, bei einem Familien-Picknick oder im Büro nebenan. Wenn Sie selber Kinder haben und aufmerksam sind, werden Sie die Miniaturausgabe eines solchen Kind-Mannes vielleicht an Ihrem eigenen Frühstückstisch sehen. Wenn Sie eine Frau sind, die einen Mann liebt, werden Sie ihn vielleicht in Ihrem Bett finden. Und wenn Sie ein selbstkritischer Mann sind, entdecken Sie ihn vielleicht im Spiegel.

Der zweite Schritt besteht darin, die Rolle eines *sozialen Detektivs* anzunehmen. Das folgende Sozialprofil des klassischen Falles hilft Ihnen dabei, erste Beweismittel zu sammeln:

Das Sozialprofil des Opfers

Geschlecht: männlich

Alter: zwölf bis fünfzig Jahre

Zeitliche Abfolge der Symptome:

Zwölf bis siebzehn Jahre: Entstehung von vier grundlegenden Symptomen in unterschiedlich starker Ausprägung: Abneigung gegen Verantwortung, Angst, Einsamkeit, sexueller Rollenkonflikt.

Achtzehn bis zweiundzwanzig Jahre: Verleugnung nimmt zu, während das Verhalten von Narzißmus und Chauvinismus bestimmt wird.

Dreiundzwanzig bis fünfundzwanzig Jahre: Akut kritische Phase, in der das Opfer vielleicht Hilfe sucht und sich über eine vage, aber allumfassende Unzufriedenheit mit dem Leben beklagt. Dies wird vom Arzt oder Therapeuten oft als normal eingestuft.

Sechsundzwanzig bis dreißig Jahre: Das Opfer tritt in die chronische Phase ein und spielt die Rolle des ›reifen‹ Erwachsenen.

Einunddreißig bis fünfundvierzig Jahre: Das Opfer ist verheiratet, hat Kinder und geht einer geregelten Arbeit nach, leidet jedoch unter einer tiefen Verzweiflung, die ihm sein Leben monoton und langweilig erscheinen läßt.

Über fünfundvierzig Jahre: Mit dem Näherrücken der Wechseljahre verstärken sich Unruhe und Depression. Das Opfer lehnt sich möglicherweise gegen einen als sinnlos und ungewollt empfundenen Lebensstil auf und versucht, eine ›zweite Jugend‹ zu erleben.

Sozioökonomische Stellung: Mittel- bis Oberklasse.

Äußeres Erscheinungsbild: Menschen, die ihn nicht sehr gut kennen, halten ihn für sympathisch und umgänglich. Er kann gewinnend lächeln und macht zunächst einen ausgezeichneten Eindruck.

Finanzieller Status: Jüngere Opfer stehen selten auf eigenen Beinen. Auch mit Anfang Zwanzig leben sie immer noch im Elternhaus oder von der Hand in den Mund. Finanziell sind sie von ihren Eltern oder von anderen Finanzquellen abhängig. Später kann es sein, daß sie finanziell abgesichert sind, obwohl es ihnen nicht so vorkommt. Sie sind oft geizig, außer wenn es um die Befriedigung ihrer eigenen Leidenschaften geht.

Familienstand: Jüngere Opfer (unter fünfundzwanzig Jahre) sind gewöhnlich unverheiratet. Sie sind mit Frauen befreundet, die jünger sind als sie selbst, oder deren Verhalten Unreife erkennen läßt. In der Ehe stellen diese Frauen oft fest, daß sie ein wachsames Auge auf ihren Mann haben müssen. Das Opfer zieht seine Freunde gewöhnlich seiner Familie vor.

Ausbildung: Da sie sich nicht für eine bestimmte Studienrichtung entscheiden können, liebäugeln jüngere Opfer mit dem Gedanken, es bei einem Schulabschluß zu belassen. Nur selten beenden sie die Schule innerhalb der vorgegebenen Zeit. Ältere Opfer haben eine Ausbildung abgeschlossen, ohne jedoch mit sich zufrieden zu sein. Sie glauben, daß sie mehr hätten tun sollen. Gewöhnlich machen sie den Eindruck von Menschen, die es nicht so weit gebracht haben, wie es ihren Möglichkeiten entsprochen hätte.

Arbeitsverhalten: Jüngere Opfer legen ein sehr labiles Arbeitsverhalten an den Tag. Sie können nur unter Druck arbeiten. Sie streben eine Karriere an, wollen jedoch nichts dafür tun, und sehen Arbeiten, die sie für ›unter ihrer Würde‹ halten, als Beleidigung an. Durch ihre ausgeprägte Neigung, Dinge aufzuschieben, geraten sie in große Schwierigkeiten. Ältere Opfer fallen in das andere Extrem: Sie entwickeln sich zu regelrechten Arbeitstieren, um dadurch ihren Wert zu beweisen. Sie setzen unrealistische Erwartungen in sich selbst, ihre Kollegen und ihre Vorgesetzten. Die Vorstellung, nicht den ›richtigen‹ Job gefunden zu haben, macht ihnen zu schaffen.

Familienhintergrund: Das Opfer ist gewöhnlich der älteste Sohn in einer traditionell strukturierten Familie. Seine Eltern haben sich nie getrennt und sind finanziell gutgestellt. Der Vater ist meist Angestellter oder Beamter, während die Mutter es als ihre Hauptaufgabe ansieht, die Kinder zu erziehen und das Haus in Ordnung zu halten. Sie hat nie eine Karriere angestrebt, arbeitet jedoch vielleicht mit, damit der Familie mehr Geld zur Verfügung steht.

Interessen: Das Hauptinteresse jüngerer Opfer gilt Parties. Ältere Opfer geben sich alle Mühe, sich auf Festen zu vergnügen, und neigen auch dazu, sich in Mannschaftssportarten über ein vernünftiges Maß hinaus zu verausgaben.

Der dritte Schritt zur Identifizierung des Opfers besteht darin, die Rolle eines *psychologischen Detektivs* anzunehmen. Das Sozialprofil hat es Ihnen ermöglicht, Informationen über das äußere Leben des Opfers zu sammeln. Das psychologische Profil wird Ihnen dabei helfen, etwas über sein Innenleben zu erfahren.

Das psychologische Profil des Opfers

Das Leben eines Mannes, der am Peter-Pan-Syndrom leidet, wird von sieben psychologischen Hauptmerkmalen bestimmt. Sie sind in jedem Entwicklungsstadium des Syndroms vorhanden, stechen jedoch während der kritischen Phase am deutlichsten ins Auge. Im chronischen Stadium neigt das Opfer dazu, diese Charakterzüge hinter einer Maske von Reife zu verbergen.

Emotionale Lähmung: Die Gefühle des Opfers sind in ihrer Entwicklung gehemmt. Sie werden nicht im selben Maße ausgedrückt, wie sie erfahren werden: Aus Zorn wird Wut, aus Freude wird Hysterie, und aus Enttäuschung wird Selbstmitleid. Traurigkeit kann durch übertriebene Fröhlichkeit, kindische Späße oder nervöses Lachen überspielt werden. Ältere Opfer versichern Sie ihrer Liebe, sind offenbar jedoch nicht in der Lage, diese auch auszudrücken. Obwohl sie einst extrem sensible Kinder waren, ist das Verhalten dieser Männer ironischerweise von einer Egozentrik, die an Grausamkeit grenzt. Dies geht schließlich so weit, daß es den Anschein hat, als weigerten sie sich, ihre Gefühle zu zeigen. In Wirklichkeit jedoch haben sie den Kontakt zu sich selbst verloren und *wissen gar nicht mehr,* was sie eigentlich fühlen.

Die Neigung, Dinge auf später zu verschieben: Jüngere Opfer schieben während der Entwicklungsphase des Leidens alles so lange auf, bis sie schließlich gezwungen sind, es zu erledigen. Ihre Verteidigung gegen Kritik besteht aus ›Ich weiß nicht‹ und ›Es ist mir egal‹. Ihre Lebensziele sind unklar und verschwommen, und zwar hauptsächlich weil sie sich erst ›morgen‹ darüber Gedanken machen wollen. Schuldgefühle zwingen ältere Opfer, diese Sünden ihrer Vergangenheit durch die ständige Beschäftigung mit irgend etwas wettzumachen. Sie sind einfach nicht imstande, sich zu entspannen.

Die Unfähigkeit zu sozialem Verhalten: Trotz aller Anstrengungen sind Männer, die am Peter-Pan-Syndrom leiden, unfähig, wirkliche Freundschaften aufzubauen. Als Teenager lassen sie sich nur allzu leicht von ihren Altersgenossen beeinflussen. Impulsives Verhalten hat Priorität vor einem vernünftigen Abwägen von richtigen und falschen Handlungsweisen. Es ist ihnen wichtiger, Freunde zu suchen und flüchtigen Bekannten gegenüber freundlich zu sein, als ihrer eigenen Familie Liebe und Fürsorge entgegenzubringen. Das Opfer versucht verzweifelt, ›dazuzugehören‹; es fühlt sich schrecklich einsam und wird von Panik ergriffen, wenn es allein ist. Manchmal versucht es sogar, sich Freunde zu ›kaufen‹. Ein solcher Mann hat sein ganzes Leben lang Schwierigkeiten, sich wohl zu fühlen. Sein falscher Stolz macht es ihm unmöglich, seine menschlichen Grenzen anzuerkennen.

Wunschdenken: »Es wird weggehen, wenn ich nicht daran denke.« – »Wenn ich nur fest genug daran glaube, wird es auch anders sein.« Diese beiden Sätze sind Ausdruck des Wunschdenkens, dem sich das Opfer hingibt. Eine solche Geisteshaltung verhindert, daß es seine Fehler zugibt und macht es ihm fast unmöglich zu sagen: »Es tut mir leid.« Dieser irrationale Prozeß hindert das Opfer, seine Unfähigkeit zu sozialem Verhalten und seine emotionale Lähmung zu überwinden, da es sich ausgezeichnet darauf versteht, anderen die Schuld an seinen Problemen zuzuschieben. Dies führt oft zu Drogenmißbrauch, da der Betreffende meint, daß Drogen seine Schwierigkeiten verschwinden lassen.

Probleme mit der Mutter: Schuld und Zorn erzeugen widersprüchliche Gefühle von überwältigendem Ausmaß gegenüber der Mutter. Das Opfer will sich von ihrem Einfluß freimachen, empfindet jedoch Schuldgefühle bei jedem Versuch in dieser Richtung. Die Atmosphäre ist gespannt, wenn es mit seiner Mutter zusammen ist – diese Spannung wird akzentuiert durch sarkastische Bemerkungen, gefolgt von Schmeicheleien. In jüngeren Jahren versucht das Opfer, das Mitleid seiner Mutter zu erregen, um zu bekommen, was es will – insbesondere Geld. Bei Auseinandersetzungen mit der Mutter hat es Wutanfälle, für die es sich danach mit anhaltender Albernheit entschuldigt. Ältere Männer haben weniger zwiespältige Gefühle. Der Schmerz, den sie ihrer Mutter zugefügt haben, macht sie eher schuldbeladen.

Probleme mit dem Vater: Das Opfer fühlt sich seinem Vater entfremdet. Es sehnt sich danach, dem Vater nahe zu sein, ist jedoch zu dem Schluß gekommen, daß es seine Liebe und Anerkennung niemals erlangen wird. In späteren Jahren fährt es fort, den Vater zu verklären und ist zeit seines Lebens nicht imstande, die Grenzen seines Vaters zu verstehen, geschweige denn seine Fehler zu akzeptieren. Ein Großteil der Schwierigkeiten, die das Opfer mit Autoritätspersonen hat, rühren von seinen Problemen mit dem Vater her.

Probleme mit der Sexualität: Die Unfähigkeit zu sozialem Verhalten greift auf das Gebiet der Sexualität über. Junge Männer machen sich bald nach der Pubertät verzweifelt auf die Suche nach einer Freundin. Ihre Unreife und ihre Albernheit halten jedoch die meisten Mädchen davon ab, sich mit ihnen einzulassen.

Seine Angst vor Zurückweisung führt dazu, daß das Opfer seine Sensibilität hinter einer rabiaten und lieblosen ›Macho‹-Fassade verbirgt. In den meisten Fällen ist es bei seinem ersten Geschlechtsverkehr schon über zwanzig Jahre alt. Diese Tatsache ist ihm peinlich, und es versucht, sie durch Lügen zu verbergen. Oft geht es dabei so weit, sich gemeinsam mit anderen auszudenken, wie man ein Mädchen vergewaltigen könnte, oder damit zu prahlen, so etwas schon selbst einmal gemacht zu haben.

Nach der ersten sexuellen Erfahrung fällt das Opfer oft in das andere Extrem und schläft – um sich seine Potenz zu beweisen – mit jedem Mädchen, das dazu bereit ist. Wenn es eine engere Beziehung eingeht, bindet es die Frau ganz und gar an sich. Seine Eifersucht wird nur durch seine Fähigkeit übertroffen, ihr Mitleid zu erregen.

Eine Frau, die selbstsicher oder unabhängig ist, erregt den Zorn oder sogar die Wut des Opfers; er braucht eine Frau, die von ihm abhängig ist, damit es das Gefühl haben kann, sie zu beschützen. In Wirklichkeit ist es jedoch unfähig, eine selbstbewußte Frau als gleichwertige Partnerin anzuerkennen. Infolgedessen sieht es auf sie herab. Es sehnt sich danach, einer Frau seine Sensibilität zu zeigen. Gleichzeitig jedoch verleugnet es diese Seite seiner Persönlichkeit, aus Angst, seine Freunde könnten dies als Zeichen von Schwäche und Unmännlichkeit deuten.

Inzwischen haben Sie wahrscheinlich mindestens ein Opfer unter den Männern in Ihrer Umgebung ausgemacht. Es ist nicht anzunehmen, daß es in allen Punkten dieser objektiven Beschreibung entspricht, aber höchstwahrscheinlich besitzt es einige, wenn auch nicht alle, der oben aufgeführten Eigenschaften. *Der klassische Fall* tritt in der Realität nur selten auf. Im nächsten Kapitel werden wir uns von der objektiven zur subjektiven Wahrnehmung, also sozusagen von der Theorie in die Praxis begeben. Dabei werden Sie unter Umständen mit der Erkenntnis konfrontiert werden, daß dieses Leiden Ihr tägliches Leben beeinflußt.

Damit kommen wir zum nächsten Schritt: der Personalisierung des Erkenntnisprozesses. Zu diesem Zweck müssen Sie sich die Frage stellen: In welchem Umfang zeigt der Mann in meinem Leben Anzeichen dieses Leidens? Ihre Antwort darauf wird Ihnen helfen, sich darüber klar zu werden, ob Sie etwas daran ändern wollen und welche Maßnahmen Sie ergreifen können.

Zusammenfassung der Profile

Allgemeines Erkennungsmerkmal: Männer, die nie erwachsen geworden sind.

Codebezeichnung: Peter-Pan-Syndrom (PPS).

Kapitel 2

Das erwachsene PPS-Opfer – ein Test

Peter: »Wie heißt du?«

Wendy *(voller Stolz):* »Wendy Moira Angela Darling. Wie heißt du?«

Peter *(der seinen Namen beklagenswert kurz findet):* »Peter Pan.«

Wendy: »Ist das alles?«

Peter *(beißt sich auf die Lippen):* »Ja.«

Wendy *(höflich):* »Das tut mir leid.«

Peter: »Es macht nichts.«

Wendy: »Wo wohnst du?«

Peter: »Zweite rechts und dann immer geradeaus bis zum Morgen.«

Wendy: »Das ist eine komische Adresse!«

Peter: »Nein, ist es nicht.«

Wendy: »Ich meine, ist das die Adresse, die auf deinen Briefen steht?«

Peter: »Ich kriege keine Briefe.«

Wendy: »Aber deine Mutter bekommt doch sicher Briefe?«

Peter: »Ich habe keine Mutter.«

Wendy: »Peter...!«

Das Leiden trägt einen einfachen Namen, und auch seine objektive Erkennung ist relativ einfach. Ebenso schwierig wie das Auffinden der Adresse ›Zweite rechts und dann immer geradeaus bis zum Morgen‹ kann es jedoch sein, den Lebensraum eines Opfers dieses Leidens zu lokalisieren.

Hüten Sie sich davor, einen erwachsenen Mann als ein

Opfer des Peter-Pan-Syndroms zu bezeichnen – es besteht immer die Möglichkeit von ›richtigen Negativen‹ (er scheint davon betroffen zu sein, ist es in Wirklichkeit jedoch nicht) und ›falschen Positiven‹ (er scheint nicht betroffen zu sein, ist es in Wirklichkeit jedoch wohl).

Die Angelegenheit wird dadurch weiter kompliziert, daß viele erwachsene Männer ein oder zwei *Symptome* des Peter-Pan-Syndroms aufweisen, ohne an diesem Syndrom zu leiden: eine blühende Fantasie und eine Sehnsucht, innerlich jung zu bleiben. Und diese Eigenschaften sind ja Voraussetzungen für heitere Gelassenheit und geistige Beweglichkeit.

Lassen Sie sich nicht von Ihrem ersten Eindruck täuschen. Ein Mann wird erst dann zu einem Opfer des PPS, wenn seine Charaktereigenschaften in Konflikt mit seinem täglichen Leben geraten und den Aufbau fruchtbarer Beziehungen mit anderen Menschen behindern. Oder, anders ausgedrückt: Die Symptome des PPS werden dann zu einem Problem, wenn sich ein Mann nicht mehr kindlich, sondern nur noch kindisch verhält.

Ein einfacher Test wird es Ihnen erleichtern festzustellen, ob der Mann in Ihrem Leben ein Opfer des PPS ist. Für Männer, die den Mut haben, sich selbst zu prüfen, kann dieser Test sehr aufschlußreich sein. Aber seien Sie gewarnt: Wenn Sie am Peter-Pan-Syndrom leiden, werden Sie den Test albern, belanglos und stumpfsinnig finden. Vielleicht werden Sie sogar wütend werden. Wenn dies der Fall ist, fühlen Sie sich wahrscheinlich angegriffen und reagieren auf Ihr Testergebnis ebenso wie auf alles andere, das der Wahrheit zu nahe kommt: Sie nehmen eine zynische Haltung ein, wobei Sie nach außen hin lachen, sich innerlich jedoch zu Tode ängstigen.

Der PPS-Test

Dieser Test ist einfach. Lesen Sie die Beschreibungen der Verhaltensweisen und kreuzen Sie an, inwiefern sie auf die betreffende Person zutreffen. ›0‹ bedeutet, daß dieses Verhalten *niemals* auftritt; ›1‹ bedeutet, daß dieses Verhalten *manchmal* auftritt (sagen wir ein- oder zweimal, aber jedenfalls nicht sehr oft); ›2‹ bedeutet *›immer‹* (d. h. Sie können sich kaum daran erinnern, daß der betreffende Mann sich einmal nicht so verhalten hat).

Da dieser Test für die Ehefrauen oder Freundinnen dieser Männer konzipiert wurde, ist er auf weibliche Personen zugeschnitten. Verändern Sie also die Formulierung der Beschreibungen, wenn Sie in einem anderen Verhältnis zum potentiellen Opfer stehen.

0 1 2 Auf eigene Fehler reagiert er unangemessen und übertreibt entweder seine Schuld oder sucht nach Ausreden, die ihn von jeder Schuld freisprechen.

0 1 2 Er vergißt wichtige Daten, z. B. Jahrestage und Geburtstage.

0 1 2 Auf Parties kümmert er sich nicht um Sie, gibt sich jedoch alle Mühe, andere – insbesondere andere Frauen – zu beeindrucken.

0 1 2 Es ist ihm fast unmöglich, ›Es tut mir leid‹ zu sagen.

0 1 2 Er erwartet von Ihnen, mit ihm zu schlafen, wann immer *er* Lust dazu hat, ohne sich um Ihr Bedürfnis für Zärtlichkeit zu kümmern.

0 1 2 Er reißt sich fast ein Bein aus, wenn es darum geht, seinen Freunden zu helfen, erledigt für Sie aber nicht einmal kleinere Aufträge.

0 1 2 Um Sie und Ihre Probleme und Gefühle kümmert er sich erst, wenn Sie sich über seine Gleichgültigkeit beklagt haben.

0 1 2 Er macht nur Vorschläge und Pläne für Aktivitäten, auf die er selbst Lust hat.

0 1 2 Er hat offensichtlich sehr große Schwierigkeiten, seine Gefühle zu zeigen.

0 1 2 Er sehnt sich danach, seinem Vater nahe zu sein, aber alle seine Gespräche mit ihm (jetzt

oder früher) sind steif, formelhaft und oberflächlich.

0 1 2 Er hört nicht zu, wenn jemand eine andere Meinung vertritt als er.

0 1 2 Er hat grundlose Wutausbrüche und weigert sich dann, sich wieder zu beruhigen.

0 1 2 Er gibt den Wünschen seiner Mutter so bereitwillig nach, daß Sie sich darüber aufregen, wie fordernd sie ist.

0 1 2 Er glaubt, daß seine berufliche Stellung nicht seinen Fähigkeiten entspricht, aber außer sich zu beklagen tut er nichts, um daran etwas zu ändern.

0 1 2 Seinen Beziehungen zu anderen Menschen, besonders zu seinem ältesten Sohn (wenn vorhanden), fehlt es an Aufrichtigkeit und Wärme.

0 1 2 Er hat Probleme mit Alkohol. Wenn er getrunken hat, scheint sich seine Persönlichkeit zu verändern: Er wird dann sehr leicht wütend und zeigt entweder gespielte Tapferkeit oder übertrieben gute Laune.

0 1 2 Er hat das Gefühl, daß er kein Treffen mit seinen Freunden verpassen darf und tut alles, um auf jeden Fall dabeizusein.

0 1 2 Er vertritt chauvinistische Überzeugungen, wie z. B.: »Natürlich darf meine Frau arbeiten – solange der Haushalt dabei nicht verkommt.«

0 1 2 Er scheint unter unerklärlichen Ängsten und einem Mangel an Selbstvertrauen zu leiden, weigert sich jedoch, darüber zu sprechen.

0 1 2 Er wirft Ihnen vor, übermäßig emotional zu sein, während er über den Dingen zu stehen scheint. Wenn Sie auf ihn wütend werden, sitzt er reglos da wie ein Felsbrocken.

Zählen Sie jetzt die Zahlen zusammen, die Sie angekreuzt haben. Das Ergebnis zeigt Ihnen, in welchem Ausmaß der betreffende Mann vom Peter-Pan-Syndrom betroffen ist.

0 – 10 Kein PPS-Opfer. Seine Probleme treten vereinzelt auf und sind nicht sehr ernst. Wenn schwierige Situationen auftauchen, dann sprechen Sie mit ihm darüber. Meistens können diese in einer liebevollen Atmosphäre gegenseitigen Einverständnisses gelöst werden.

11 – 25 Hier stellt das Peter-Pan-Syndrom eine eindeutige Bedrohung dar. Befolgen Sie die Ratschläge, die ich im Anschluß an diesen Test geben werde, und seien Sie, falls Sie eine Frau sind, bereit, eine Selbstbefragung durchzuführen (siehe Kapitel 13). Es besteht die Möglichkeit, die Situation zum Positiven zu verändern, aber je höher der Zahlenwert innerhalb dieser Kategorie ist, desto mehr Schwierigkeiten erwarten Sie.

26 – 40 Das Verhalten dieses Mannes ist vom Peter-Pan-Syndrom bestimmt. Wenn er es ablehnt, sich von jemandem helfen zu lassen, sollten Sie erwägen, einen Psychologen zu Rate zu ziehen, der Ihnen sagt, was Sie tun können, um mit dieser Lage fertig zu werden. Lesen Sie Kapitel 13, damit Sie einschätzen können, welche Rolle Sie in dieser Situation spielen.

Ein Konzept für Veränderungen

Sehen Sie sich den Test noch einmal an. Je höher das Ergebnis, desto sorgfältiger sollten Sie versuchen einzuschätzen, wie schwerwiegend die jeweils vorhandenen Charaktereigenschaften sind. Selbst wenn das Verhalten des Mannes in großem Umfang vom Peter-Pan-Syndrom bestimmt wird (etwa bei einem Ergebnis von 30 Punkten), gibt es immer noch Hoffnung. Eine genaue Analyse des Tests ermöglicht es Ihnen, ein Konzept zu entwickeln, mit dessen Hilfe Sie Veränderungen herbeiführen können.

Nehmen Sie also ein Stück Papier und unterteilen Sie es in drei Spalten, die Sie mit den Überschriften ›Nie‹, ›Manchmal‹ und ›Immer‹ versehen. Gehen Sie jetzt den Test noch einmal durch. Richten Sie Ihr Augenmerk jedoch diesmal auf die letzten sechs Monate, und tragen Sie jedes Charaktermerkmal so genau wie möglich in die entsprechende Spalte ein. Das folgende Beispiel zeigt, zu welchem Ergebnis eine dreißigjährige Ehefrau hierbei gekommen ist:

Nie
Flirtet
Hört nicht auf
Wutanfälle
Distanziertes Verhältnis zu anderen

Manchmal
Keinen Sinn für Zärtlichkeiten
Vergißt Jahres- und Geburtstage
Ist egoistisch, wenn wir zusammen ausgehen
Probleme mit Alkohol
Muß unbedingt mit seinen Freunden zusammen sein
Chauvinistisch
Leugnet seine Ängste

Immer
Reagiert übertrieben auf eigene Fehler
Kein ›Es tut mir leid‹
Hilft seinen Freunden
Gleichgültigkeit gegenüber meinen Problemen
Beklagt sich über berufliche Stellung
Zeigt keine Gefühle
Distanz zu seinem Vater
Steht über den Dingen

Nach den Angaben eines Menschen, der ihn gut kennen sollte, ist dieser Mann im Test auf 25 Punkte gekommen.

Als ich zum ersten Mal mit seiner Frau darüber sprach, traten Widersprüche zutage – seine Beziehungen zu anderen Menschen waren aufrichtig und herzlich, aber dennoch zeigte er nie seine Gefühle. Diese Widersprüche deuteten darauf hin, daß es ihr, bei allem guten Willen, unmöglich war, völlig objektiv zu sein. Obwohl ganz offensichtlich ein Problem bestand, war es wahrscheinlich, daß sie einige Situationen falsch interpretierte, denn schließlich liebte sie ja diesen Mann und konnte ihn daher nicht objektiv beurteilen.

Aus der Analyse des Tests ist ein Konzept entstanden, das dieser Frau zeigt, wo ihre Bemühungen um eine Veränderung anzusetzen haben. Gleichzeitig führt es ihr jedoch vor Augen, daß sie darauf achten muß, in welchem Ausmaß sie selbst ihre Gedanken und Gefühle beeinflußt, wenn sie das Verhalten ihres Mannes beurteilt.

Wenn Sie einem potentiellen PPS-Opfer wirklich helfen wollen, werden Sie ein solches Konzept brauchen, denn daran müssen Sie sich orientieren bei der Überlegung, welches Ihr nächster Schritt sein soll.

Diese Entscheidung können Sie treffen, indem Sie sich drei Fragen stellen und diejenige heraussuchen, die Sie am ehesten beantwortet haben möchten. Die drei Fragen lauten:

Wie ist er so geworden?

Was geht in seinem Kopf vor?

Was kann ich tun, um ihm zu helfen?

Wenn die Frage: ›Wie ist er so geworden?‹ für Sie die wichtigste ist, sollten Sie die Kapitel 4 bis 9 lesen. Dort werden Sie etwas über die komplizierten Einzelheiten der Vorgänge erfahren, die zum Peter-Pan-Syndrom geführt haben: Was passiert, wenn ein Kind vor der Realität in die ›Sicherheit‹ von Niemalsland flieht?

Wenn Sie die Frage: ›Was geht in seinem Kopf vor?‹ am meisten beschäftigt, sollten Sie Kapitel 7, und insbesondere das letzte Unterkapitel, lesen. Die widersprüchliche Persönlichkeit eines solchen Mannes entwickelt sich nämlich zusammen mit dem sexuellen Rollenkonflikt in der späten Jugendzeit.

Wenn es Ihnen in erster Linie darum geht zu erfahren, wie Sie ihm helfen können, dann rate ich Ihnen, das Kapitel 13 zu lesen. Dort werde ich Sie auffordern, sich nicht nur mit den Charaktereigenschaften zu beschäftigen, die Sie an Ihrem Partner am meisten stören, sondern sich auch kritisch mit Ihnen selbst auseinanderzusetzen. Sie werden wahrscheinlich nicht erstaunt sein, wenn Sie dabei feststellen, daß Sie dem Peter-Pan-Syndrom unbewußt Vorschub leisten.

Aber was auch immer Ihr nächster Schritt sein wird – ich schlage vor, daß Sie sich zunächst im folgenden Kapitel einen Überblick über das Peter-Pan-Syndrom verschaffen. Das wird Ihnen eine solide Grundlage verschaffen und Sie vor der Versuchung bewahren, der Realität zu entfliehen, indem Sie so tun, als sei eigentlich alles in Ordnung.

Kapitel 3

Das Peter-Pan-Syndrom – ein Überblick

Peter: »Würden Sie mich zur Schule schicken?«

Mrs. Darling *(freundlich):* »Ja.«

Peter: »Und danach in ein Büro?«

Mrs. Darling: »Ja, wahrscheinlich schon.«

Peter: »Und bald würde ich ein Mann sein?«

Mrs. Darling: »Sehr bald.«

Peter *(leidenschaftlich):* »Ich will aber nicht zur Schule gehen und diese ernsten Sachen lernen! Es wird keinem je gelingen, mich zu fangen und einen Mann aus mir zu machen – auch Ihnen nicht! Ich will immer ein kleiner Junge bleiben und Spaß haben!«

Wir alle kennen die herrliche Geschichte vom unbekümmerten Peter Pan, jenem zarten, mädchenhaften Jungen, der nicht erwachsen werden wollte. Er hat uns gezeigt, wie wunderbar ewige Jugend ist. Er war es auch, der Captain Hook überlistete. Sein Singen und Tanzen brach dem grausamen Piraten das Herz und ließ ihn über die Reling springen, geradewegs in das aufgerissene Maul des ›tickenden‹ und überaus gierigen Krokodils.

Peter Pan symbolisiert das, was die Jugend ausmacht: Elan und Lebensfreude. Wenn Peter Pan die Piratenflagge erobert und mit Tinkerbell herumtollt, erwacht in jedem von uns das Kind. Wir fühlen uns zu Peter Pan hingezogen. Er ist wunderbar. Er ist ein immer verfügbarer Spielkamerad, der uns die Hand reicht. Wenn wir es zulassen, daß er unser Herz anrührt, labt sich unsere Seele am Brunnen ewiger Jugend.

Wie viele von uns sind sich jedoch der anderen Seite dieser von J. M. Barrie geschaffenen klassischen Figur bewußt? Gibt es Skeptiker unter uns, die diese spannende Geschichte eingehender untersucht haben? Haben Sie schon einmal darüber nachgedacht, warum Peter jung bleiben wollte? Natürlich – es ist nicht leicht, erwachsen zu werden, aber Peter Pan kämpfte geradezu leidenschaftlich dagegen an. Warum lehnte er alles ab, was mit dem Erwachsenenleben zu tun hatte? Worauf war er in Wirklichkeit aus? Waren seine Motive wirklich so einfach, wie sie klangen, oder stand hinter seinem Wunsch, für immer jung zu bleiben, nicht vielmehr die entschiedene Weigerung, erwachsen zu werden? Und wenn das stimmt, worin bestand dann sein Problem?

Eine sorgfältige Lektüre der Originalfassung von ›Peter Pan‹ öffnete mir die Augen: Auch wenn ich lieber das Gegenteil geglaubt hätte – Peter Pan war ein sehr trauriger junger Mann. Sein Leben war voller Widersprüche, Konflikte und Verwirrungen, seine Welt war feindselig und unerbittlich. Trotz all seiner Fröhlichkeit war er ein Junge mit großen Sorgen, der in einer schweren Zeit lebte. Er war hin- und hergerissen zwischen dem Mann, der er nicht werden wollte, und dem Jungen, der er nicht bleiben konnte.

Verzeihen Sie mir, daß ich mit psychologischen Mitteln eine Geschichte analysiere, die für die meisten nichts weiter als ein schönes Märchen ist. Ich habe dabei jedoch das Gefühl, richtig zu handeln. Eine eingehende Untersuchung von ›Peter Pan‹ ergibt nämlich nicht nur, daß es sich dabei um eine lehrreiche Allegorie jugendlicher Träume handelt, sondern führt heutigen Fachleuten auch eine bestürzende Tatsache vor Augen. Ohne Wissen ihrer Eltern und anderer Menschen, die sie lieben, treten viele Kinder ohne es zu ahnen in Peter Pans Fußstapfen.

Heutige Kinder wachsen in einer schwierigen Zeit auf; sie hat einige Ähnlichkeiten mit dem Wirbel, der Peter und sein immer heiteres Niemalsland umgab. Aber im Gegensatz zu unserem frohgemuten Helden können unsere Kinder nicht einfach davonfliegen und für immer jung bleiben.

Wie zu Peters Zeit leiden auch heute die männlichen Kinder am meisten. Überall in unserem Land weigern sich junge Männer, erwachsen zu werden. Tausende, vielleicht sogar Hunderttausende wachsen einem Leben entgegen, das ihnen Angst macht, und so schließen sie sich eilig der Legion der Verlorenen Jungen an. Früher oder später überwinden viele von ihnen die Angst vor dem Erwachsenendasein und verlassen die Legion wieder. Aber viele geben auch ihrer Angst nach und geloben ihrer Verlorenheit die Treue. Die Legion der Verlorenen Jungen besteht aus Menschen aller Altersklassen. Viele erwachsene Männer, die es ›zu etwas gebracht‹ haben, benehmen sich immer noch wie verlorene Kinder.

Die jüngeren Mitglieder sind leichter zu identifizieren als die älteren. Sie sind voller Gegensätze. Äußerlich ist an ihnen nichts auszusetzen. Im Gegenteil: Der Eindruck, den sie machen, ist ausgesprochen gut – sie sind aufgeweckt und schön, sensibel und aufrichtig, eine Freude für ihre Eltern. Wenn sie jedoch längere Zeit in der Legion bleiben, bekommt ihr Verhalten etwas Bizarres. Sie fliehen vor der Realität, berauschen sich mit wilden Kräutern, tollen mit Feen umher und drücken sich vor der Verantwortung, die das Leben eines Erwachsenen mit sich bringt.

Diese Verkörperungen Peter Pans würden sich bereitwillig seinem leidenschaftlichen Aufbegehren am Anfang dieses Kapitels anschließen. Sie wollen nichts mit Schule, Arbeit oder anderen Dingen zu tun haben, die sie mit dem Leben eines Erwachsenen verbinden. Ihr ganzes Trachten geht danach, alles zu tun, um zu bleiben, was sie sind: kleine Kinder, die nicht erwachsen werden wollen.

Die meisten von uns haben eine solche Entwicklungsphase durchgemacht. Es ist völlig normal, sich etwas Elfenstaub auf den Kopf zu streuen, besonders wenn man noch klein ist. Dann kann man nach Niemalsland fliegen und mit seinen Freunden ausgelassene Späße treiben oder der Realität auf den Flügeln der eigenen Fantasie davonfliegen. Es ist sicherlich nichts Schlechtes daran, wenn man den Wunsch hat, sich Peter und seinen lustigen Freunden anzuschließen – *vorausgesetzt, man kehrt aus Niemalsland zurück, wenn es an der Zeit ist, sich mit der wirklichen Welt auseinanderzusetzen.*

Die Realität neutralisiert die Kraft des Elfenstaubs. Wenn Eltern, Lehrer und andere Erwachsene dem Kind helfen, sich mit der Realität auseinanderzusetzen, wird die Anziehungskraft von Peter und seiner Legion bald verblassen und nur noch eine schöne Erinnerung sein. Aber wenn Kinder noch beim Eintritt in die Pubertät von dem Wunsch nach immerwährender Jugend besessen sind, entwickeln sich riesige Schwierigkeiten, denn die Wirklichkeit verschwindet für sie in einem Nebel. Wenn sie zu Beginn ihres dritten Lebensjahrzehnts immer noch dieselbe Einstellung haben, werden sie irgendwann Anfang Zwanzig eine ernsthafte Identitätskrise durchmachen.

Ihre Faszination für Peter hat für viele junge Männer schlimme Folgen. Anfangs sind sie, wie alle anderen auch, fasziniert von der Vorstellung immerwährender Jugend. Aber aus verschiedenen Gründen erreichen sie irgendwann einen Punkt, wo der Tagtraum von Niemalsland zu einem schrecklichen Alptraum wird. Manche erwachen aus ihm, eine immer größere Zahl von Männern jedoch träumt weiter. Ihr Sohn, oder auch Ihr Mann, könnte ein solcher Fall sein.

Kinder, die Peter Pan folgen, stehen schließlich vor einem ernsthaften psychischen Problem, das gewöhnlich eine unzureichende soziale Anpassung bewirkt. Viele von ihnen sind emotional verkrüppelt und unfähig zu Beziehungen. In einer Gesellschaft, die wenig Geduld mit Erwachsenen hat, die sich wie Kinder benehmen, wird das Gefühl der Isolation und des Versagens immer größer. Diese Männer sehen jedoch nicht den Grund ihrer schlechten Verfassung. Sie sind davon überzeugt, es mit einem vorübergehenden Problem zu tun zu haben und geben sich alle Mühe, es zu vergessen. Unnötig zu sagen, daß diese Haltung es nur noch schlimmer macht.

Da dieses Problem das Leben eines berühmten Romanhelden widerspiegelt (was die Erklärung und das Verständnis dieses Phänomens erleichtert), fand ich bald eine passende Bezeichnung für diesen Zustand. Ich nannte ihn das Peter-Pan-Syndrom, abgekürzt PPS.

Das PPS hat seine Wurzeln in der frühen Kindheit. Es tritt jedoch erst mit dem Beginn der Pubertät zutage, etwa im Alter von zwölf Jahren. Zwischen dem zwölften und dem achtzehnten Lebensjahr entwickeln sich bei Jungen, die die Sinnlosigkeit des Strebens nach immerwährender Jugend erst noch einsehen müssen, nach und nach vier Symptome. Jedes dieser Symptome ist eine Folge der Belastungen, der die Familie und letztlich auch das Kind durch die Gesellschaft ausgesetzt sind.

Zwischen dem achtzehnten und dem zweiundzwanzigsten Lebensjahr machen sich noch zwei weitere Symptome bemerkbar, die auf den vier vorher entstandenen aufbauen. Diese beiden Symptome verfestigen das Problem und leiten die kritische Phase ein. Während dieser Krise muß der junge Mann die vielen Jahre aufarbeiten, in denen er sich einem Wunschdenken hingegeben und sein Ego nur rudimentär entwickelt hat. Wenn ihm dies mißlingt, bleibt er wahrscheinlich lange Zeit, vielleicht sogar sein ganzes Leben lang, im Peter-Pan-Syndrom gefangen.

Ich werde nun kurz die sechs Symptome und die gesellschaftlichen Belastungen schildern, die einen Katalysator für die Entwicklung eines jeden Symptoms darstellen.

Abneigung gegen Verantwortung

Literatur, Medien und pädagogische Konzeptionen vertreten seit über dreißig Jahren die Auffassung, Freizügigkeit sei etwas Positives. Dadurch glauben Eltern, daß sie bei der Erziehung ihrer Kinder Autorität und Strafen vermeiden müssen und der Entwicklung des Kindes keine Grenzen setzen dürfen.

Eltern, die sich diese Haltung zu eigen machen, begünstigen dadurch das Entstehen von Verantwortungslosigkeit. Ich spreche hier nicht von Faulheit oder kleineren Verfehlungen, sondern von einer ausgewachsenen Verantwortungslosigkeit, in der das Kind glaubt, außerhalb aller Regeln zu stehen.

Wenn man es unterläßt, hier einzugreifen, wird das Kind nicht lernen, für sich selbst zu sorgen. Durch achtloses Verhalten in kleinen Dingen (Sauberkeit, Ordnung, gute Manieren) kann eine Lawine von Nachlässigkeit entstehen, die das Selbstvertrauen unter sich begräbt. Das Kind ist dann davon überzeugt: »Ich werde nie etwas Großes schaffen, wenn ich nicht einmal mit kleinen Dingen fertig werde.«

Angst

PPS-Opfer sind voller Angst. Schon in frühem Alter ist die Atmosphäre zu Hause für sie von Spannung erfüllt, einer Spannung, die mit jedem Jahr größer wird. Sie umgibt das Kind von allen Seiten, und schließlich spielt sich jede Situation seines Lebens vor diesem Hintergrund ab. Die Ursache für diese ungreifbare Angst ist die Tatsache, daß die Eltern nicht glücklich sind.

Die Eltern von PPS-Opfern sind unzufrieden mit sich selbst und ihrem Ehepartner. Die Gründe hierfür sind vielfältig und kompliziert. Einige der wichtigsten sind: das Fehlen emotionaler Wärme und die Bereitschaft, andere an seinen Gefühlen teilhaben zu lassen, eine Unausgewogenheit von Arbeit und Spiel, mangelhafte Selbstdisziplin und die Umwälzung traditioneller Rollen und Werte.

Bei jedem Elternteil wirkt sich die negative Einstellung

anders auf das Kind aus. Der Vater tarnt seinen Schmerz dadurch, daß er den harten Mann herauskehrt und seine Sorge nur in platten Phrasen äußert (»Komm schon, hör auf, dich selbst zu bemitleiden!«, oder: »Ach was, das wird schon wieder«). Das Ergebnis davon ist eine Entfremdung zwischen Vater und Sohn – der Sohn wird aus seinem Vater nicht schlau. Er hat das Gefühl, niemals die Liebe und Anerkennung seines Vaters erlangen zu können. Diese Angst ist wie ein dumpfer Schmerz.

Die Mutter versucht, still zu leiden, aber es gelingt ihr nicht. Sie trägt ihr Märtyrertum wie einen Orden zur Schau und gibt sich den Anschein, als befriedige es sie, ausschließlich für ihre Kinder zu leben (»Ich habe nie etwas für mich selbst gewollt – ich wollte immer nur, daß ihr glücklich seid«). Der Sohn sieht ihren Kummer und ihre Isolation. Er möchte zwar gern seinem Vater die Schuld dafür geben, wagt es jedoch nicht, denn er braucht die Liebe seines Vaters. So nimmt er die Schuld auf sich, da er glaubt, seine Mutter habe allen Grund, ihn abzulehnen. Diese irrationale Schlußfolgerung läßt ihm keine Ruhe und erzeugt eine Angst, die wie ein ohrenbetäubendes Brüllen ist.

In den meisten Fällen geben die Eltern vor, glücklich zu sein. Sie haben Angst, sich mit ihren Gefühlen auseinanderzusetzen und der Wahrheit ins Gesicht zu sehen. Dies wird ihnen durch die Tatsache erleichtert, daß sie nicht wirklich verzweifelt sind, sondern nur unter einem dumpfen Unbehagen leiden. So setzen sie dann ein falsches Lächeln auf und nehmen an gezwungenen Familienunternehmungen teil, wobei sie Plastikworte von sich geben, die schön klingen, aber in Wirklichkeit nur hohle Phrasen sind.

Für einen oberflächlichen Betrachter ist in diesen Familien alles in Ordnung. Sie fallen nicht aus dem gesellschaftlichen Rahmen und werden oft von ihren Nachbarn beneidet – aber dieses äußere Erscheinungsbild täuscht. In Wirklichkeit breitet sich die Unzufriedenheit aus wie ein emotionales Krebsgeschwür, das die Sicherheit und den Seelenfrieden der Kinder auffrißt. Auch wenn die Eltern es gewöhnlich nicht zugeben, bleiben sie nur wegen der Kinder zusammen. Das ist ein Fehler, denn es sind die Kinder, die darunter leiden.

Einsamkeit

Die Familien von PPS-Opfern sind finanziell meist besser gestellt, als ihnen guttut. Anstelle von Aufmerksamkeit und Zeit schenken die Eltern ihren Kindern Geld und verhindern dadurch, daß diese lernen, sich etwas zu verdienen. Die Kinder betrachten ihr Essen, ihr Zuhause und ihre Sicherheit als etwas Selbstverständliches und konzentrieren ihre Anstrengungen darauf, noch mehr Möglichkeiten zu finden, sich Vergnügen zu erkaufen.

Wohlstand ohne Beschränkungen hat bei Kindern einen Domino-Effekt. Wenn Kinder Vergnügen als ein Recht betrachten und nicht als ein Privileg, das man sich erst verdienen muß, bleibt zunächst der Wert der Arbeit auf der Strecke. Dann beginnen Kinder, die zu viel Zeit und zu wenig Rückhalt in der Familie haben, mit der Suche nach einer Gruppenidentität. Sie versuchen verzweifelt, irgendwo dazuzugehören.

In diesem fast panischen Zustand reden profitgierige Geschäftsleute den Kindern mit Hilfe eines Reklamebombardements in den Medien ein, daß sie ›dazugehören‹ können, wenn sie tun, was ›alle‹ tun. Infolgedessen nimmt die Gruppe der Gleichaltrigen auf jeden Aspekt ihres Lebens Einfluß und nötigt sie, um jeden Preis dazuzugehören. Die blinde Sucht nach Gleichheit beeinträchtigt ihr Freiheitsgefühl und nimmt ihnen das letzte bißchen Selbstvertrauen. Sie geben sich solche Mühe, eine Zurückweisung zu vermeiden, daß sie wenig oder gar keine Zeit mehr haben, die Annehmlichkeiten der Zugehörigkeit zu genießen. Die Folge davon ist Einsamkeit.

Einsamkeit ist heute das größte Problem in unserem Land. Erwachsene wie Kinder sind von ihr betroffen, aber die letzteren zahlen den höchsten Preis. Einsamkeit trifft PPS-Opfer, die ohnehin schon ängstlich und verantwortungslos sind, wie ein Keulenschlag. Sie stößt sie in einen bodenlosen emotionalen Sumpf. Sie haben ein verzweifeltes Bedürfnis nach Freundschaft, aber je mehr sie sich darum bemühen, desto schlechter geht es ihnen. Auf ihrer aussichtslosen Suche nach einem Ausweg suchen viele von ihnen Zuflucht in Drogenmißbrauch, sexueller Promiskuität oder anderen Lastern.

Einsamkeit und Wohlstand gehen oft Hand in Hand. Kinder, die den Wert der Arbeit nicht kennen, haben kaum jemals Gelegenheit, auf ihre Leistung stolz zu sein. Ohne diesen Stolz aber brechen sie eher unter dem Druck Gleichaltriger zusammen als Kinder, für die das tägliche Überleben keine Selbstverständlichkeit ist.

Stadtkinder aus armen Familien haben ein starkes Bedürfnis nach Zugehörigkeit zu einer Gruppe, aber dieser Drang wird eingeschränkt durch die Notwendigkeit, zum Verdienst der Familie beizutragen. Ärmliche Verhältnisse führen dazu, daß die Entwicklung des Peter-Pan-Syndroms gebremst wird. Jungen, die auf dem Land aufwachsen, haben mehr Gelegenheit, ein gesundes Arbeitsverhalten zu erlernen, was wiederum dem Wachstum des Syndroms entgegenwirkt. Wenn Sie mir zustimmen, daß Wohlstand zu Einsamkeit beiträgt, werden Sie verstehen, warum ich das Peter-Pan-Syndrom als Vorstadt-Leiden bezeichne. Abgesehen von wenigen Ausnahmen sind Kinder aus der Mittel- und Oberschicht von ihm betroffen. Im nächsten Abschnitt will ich erklären, warum dies ausschließlich bei Jungen der Fall ist.

Sexueller Rollenkonflikt

Während der letzten zehn bis fünfzehn Jahre haben politische Ereignisse und Medienstrategien unsere männlichen Kinder in einen sexuellen Rollenkonflikt von gigantischen Ausmaßen gestoßen. Die folgenden Aussagen haben bei unseren Kindern zu einem krassen Mißverhältnis zwischen ihren Erwartungen auf sexuellem Gebiet und der Realität geführt:

> Jungen und Mädchen müssen möglichst schnell erwachsen werden, und dies läßt sich am besten durch Leistungen auf sexuellem Gebiet verwirklichen. Wenn du dich anstrengst, kannst du sehr schnell erwachsen werden. Wenn du versagst, wirst du nicht mehr ›dazugehören‹.
>
> Mädchen dürfen alle Charaktereigenschaften zeigen, die bisher ausschließlich den Männern vorbehalten waren. Dazu gehören unter anderem: Hartnäckigkeit, Ausdauer, Selbstbewußtsein, finanzielle Unabhängigkeit und die Forderung nach sexueller Befriedigung. Wenn du diese Eigenschaften besitzt, wirst du politisch und gesellschaftlich anerkannt. Wenn du sie nicht besitzt, bist du eine Versagerin.
>
> Jungen, die zu ihrer Gruppe gehören und von ihr anerkannt werden wollen, müssen sich streng an die Rolle des ›Machos‹ halten. Darum darfst du dich auf keinen Fall benehmen wie ein Mädchen, und das heißt, daß du keine Gefühle zeigen, keine Schwächen zugeben, nicht sensibel sein, keine Möglichkeiten zu sexuellen Eroberungen auslassen oder dich von einer Frau abhängig machen darfst. Wenn du die Grenze zu weiblichem Verhalten überschreitest, werden dich deine Altersgenossen ablehnen. Sie werden dich einen Weichling nennen und dich ausschließen.

Mädchen dürfen heute sowohl die maskuline als auch die feminine Seite ihrer Persönlichkeit verwirklichen. Oft erwartet man von ihnen sogar beides gleichzeitig, ob sie nun wollen oder nicht. Es würde niemandem einfallen, ein Mädchen als ›Mannweib‹ zu bezeichnen, nur weil es Basketball spielt oder Bodybuilding treibt.

Diese Freiheit haben Jungen nicht. Trotz allem, was gesagt und geschrieben wird, dürfen die meisten Jungen noch immer nicht weinen, jedenfalls nicht vor ihren Freunden. Wenn sie jedoch eine starke Familienbindung haben, können sie aus diesem Kreis ausbrechen, in traditionell weibliches Territorium überwechseln und schließlich andere Gleichaltrige finden, die ebenso empfinden wie sie selbst.

Für Kinder ohne familiären Rückhalt gibt es nur zwei Möglichkeiten: Entweder lassen sie sich durch die mögliche Ablehnung der Gruppe erpressen und unterdrücken Zärtlichkeit, Sensibilität und alle anderen Verhaltensweisen, die ihnen als Weichheit ausgelegt werden könnten, ohne je zuzugeben, daß sie sich entfremdet und einsam fühlen, oder aber sie steigen aus dem heterosexuellen Konkurrenzkampf aus und verwirklichen die feminine Seite ihrer Persönlichkeit, indem sie sich bestimmten homosexuellen Kreisen anschließen, deren Mitglieder dies unterstützen. Damit möchte ich natürlich nicht behaupten, daß sich *alle* homosexuellen Männer aufgrund des Peter-Pan-Syndroms entschieden haben, nur noch Männer zu lieben (obwohl die Beschreibung des PPS-Opfers durchaus auf einige Homosexuelle zutrifft).

Es ist ironisch und traurig, daß die Homosexuellenbewegung von politischer Seite beträchtlich gefördert wird, während ein Mann, der sich in den Armen der Frau, die er liebt, ausweinen möchte, von niemandem moralisch unterstützt wird.

Narzißmus und Chauvinismus

Diese beiden Symptome treten in einem späteren Stadium des Peter-Pan-Syndroms auf. Gewöhnlich geht der Narzißmus dem Chauvinismus voraus und gibt dem Opfer eine systematische Methode an die Hand, mit deren Hilfe er seine Unsicherheit auf andere Menschen projizieren kann. Ein Wunschdenken, das das Opfer der Realität entzieht und Verhaltensweisen hervorbringt, die ans Bizarre grenzen, nimmt in dieser Phase einen erheblichen Raum ein. Narzißmus hält den jungen Mann in seinen eigenen Fantasien gefangen und verhindert eine Entfaltung der Persönlichkeit, für welche sinnvolle Beziehungen zu anderen Menschen unerläßlich sind.

Der Chauvinismus der PPS-Opfer ist wesentlich subtiler als das ziemlich auffällige Verhalten, das Angeber und ›harte Männer‹ an den Tag legen. Er schützt das narzißtische Opfer vor Enttäuschung und Verletzung seiner Gefühle. Sein Chauvinismus erlaubt es ihm, die Rolle eines Erwachsenen zu spielen, die ihm eine, wenn auch oberflächliche, Anerkennung Gleichaltriger einträgt. Eine Frau, die sich in ein älteres PPS-Opfer verliebt, fällt aus allen Wolken, wenn sie seinen Chauvinismus schließlich bemerkt. Er ist so gut getarnt, daß sie glaubt, das Problem liege bei *ihr*.

Im Verein mit Abneigung gegen Verantwortung, Angst, Einsamkeit und sexuellem Rollenkonflikt bilden Narzißmus und Chauvinismus die Basis für die kritische Phase des Peter-Pan-Syndroms.

Das Leben eines Piraten

Bei der sorgfältigen Lektüre von Barries Anmerkungen stieß ich auf ein Konzept, mit dem sich das Verhaltensmuster von PPS-Opfern zusammenfassen läßt. Am Ende der ersten Szene des fünften Aktes hat Peter Captain Hook endgültig besiegt. Der böse Pirat begeht Selbstmord, indem er über Bord und in den aufgerissenen Rachen des Krokodils springt. Anschließend merkt der Autor an:

Am Anfang der nächsten Szene steht Peter wie ein Napoleon auf seinem Schiff. Bevor sich der Vorhang wieder senkt, sehen wir ihn zigarrerauchend und mit Hooks Hut auf dem Kopf auf dem Heck des Schiffes stehen. An seiner Hand hat er einen kleinen eisernen Haken.

Barrie deutet an, daß Peters *Alter ego* ein Pirat ist. Peter könnte im Lauf der Zeit ebenso grausam und herzlos werden wie sein Widersacher Captain Hook. Das erscheint mir ganz plausibel, und darum bezeichne ich den Lebensstil des PPS-Opfers mit einem Wort als seeräuberisch.

Die Opfer des Peter-Pan-Syndroms sind lebenslustige, unbekümmerte Räuber. Sie haben eine Vorliebe für dröhnendes Gelächter und ein paar Gläser Bier und sind immer bereit, sich mit hübschen Mädchen zu vergnügen.

Sie sind zu skrupellosen Missetaten imstande und können singen und tanzen, während sie die Schätze stehlen, die Sie in Ihrem Leben gesammelt haben. Wenn sie das Gefühl haben, ungerecht behandelt zu werden, bekommen sie auf der Stelle einen Wutanfall und versenken Sie mit einem gezielten Schuß oder durchbohren Ihr Herz mit einem Versprechen und einer Lüge.

Wer das Opfer eines solchen Überfalls geworden ist, glaubt oft, daß dieser großspurige Pirat keinerlei Zweifel an seinem Verhalten hat. Und genau das sollen Sie ja auch denken. Aber überlegen Sie einmal: Piraten sind heimatlos. Sie sehnen sich nach einem Zuhause und sind gleichzeitig erfüllt von einer Rastlosigkeit, die sie dazu antreibt, unablässig umherzuschweifen, immer auf der Suche nach ihrem Seelenfrieden.

Obwohl das PPS-Opfer Ihr Vertrauen mißbraucht, kann es daher nichts damit anfangen. Vertrauen ist bedeutungslos ohne Selbstliebe, und genau das ist es, was diesem Mann fehlt. Sein räuberisches Verhalten ist nur eine kurze Erholung von einem ansonsten stürmischen Leben.

Beim Nachdenken über den Schmerz und die Freude, die ihm aus seinen feigen Taten erwachsen sind, drückt Captain Hook es besser aus als ich:

»Die Kinder auf diesem Boot werden jetzt über die Planke marschieren. Hol mich der Henker, aber das ist die Stunde meines Triumphs! Und doch treibt mich irgend etwas dazu, jetzt meine Sterberede zu halten, denn wenn ich sterbe, wird dafür vielleicht keine Zeit mehr sein. Alle Sterblichen beneiden mich, und doch – vielleicht wäre es für Hook besser gewesen, er hätte weniger Ehrgeiz gehabt!

(Nach einer kurzen Pause): Kleine Kinder mögen mich nicht. Ich habe gehört, daß sie ›Peter Pan‹ spielen, und dann will der Stärkste immer Peter sein. Sie sind lieber einer der Zwillinge als Captain Hook; es ist immer der Kleinste, der Hook spielen muß. Der Kleinste! Das trifft mich tief!«

Die Verzweiflung ist, ebenso wie die Reue, unverkennbar. Diese Reue entspringt jedoch nicht einer Einsicht in die Verwerflichkeit seiner Taten. Es handelt sich dabei eher um eine Art Bestürzung, die durch das vage Gefühl entsteht, daß nichts so läuft, wie es geplant war. Auffallend ist das Fehlen einer persönlichen Verantwortlichkeit. Einem Piraten wie einem Mann, der am Peter-Pan-Syndrom leidet, kommt es praktisch nie in den Sinn, er selber könne für sein Unglück verantwortlich sein. Anstatt die Schuld bei sich selbst zu suchen, geben sich alle beide lieber einfach jener Reue hin, die mit der Unfähigkeit einhergeht, einen Sündenbock zu finden.

Wenn unter Ihren Bekannten ein PPS-Opfer ist, werden Sie diese Analogie zum Piratentum zunächst zurückweisen. Sie klammern sich an die Vorstellung, daß dieser Mann für sein Alter eben nur etwas unreif ist. Es ist nicht leicht, sich damit abzufinden, daß ein so lebenssprühender Mensch ein Dieb, ein Betrüger erster Sorte sein könnte. Lieber soll er Ihnen Ihr Geld nehmen als Ihr Vertrauen. Dabei ist er weder ein Verbrecher, noch ist er geistesgestört. Er ist ein moderner Pirat, der auf dem Meer der Einsamkeit umherirrt.

Ist Hilfe möglich?

Das Peter-Pan-Syndrom ist keine tödliche Krankheit (allerdings begehen einige seiner Opfer Selbstmord). Es zerstört jedoch die emotionale Gesundheit des Betreffenden und die seiner Familie. Wenn das Peter-Pan-Syndrom sich voll entwickelt hat, ist dem Opfer der Weg ins Erwachsenendasein durch Fatalismus, irrationales Wunschdenken und ein geradezu bizarres Abwehrsystem versperrt.

Es ist unglaublich frustrierend, solche Männer zu lieben. PPS-Opfer wollen mit aller Macht aus ihrem Geleis heraus, aber wenn Sie ihnen Ihre Hilfe anbieten, weisen sie Sie mit ihrer emotionalen Abwehr zurück. Sie tun alles, um Ihre Aufmerksamkeit zu erregen, aber sie lachen Sie aus, gerade *weil* Sie sich um sie kümmern. Ältere Männer haben ihre Lage erkannt, lehnen es jedoch ab, nach Hilfe zu suchen oder sie anzunehmen, wenn sie ihnen angeboten wird. Diejenigen Leser, die in einem geliebten Menschen oder einem Freund ein Opfer des Peter-Pan-Syndroms erkannt haben, werden diese Frustration kennen – man weiß nicht, ob man sie in den Arm nehmen oder ihnen eine Ohrfeige geben soll.

Seit vielen Jahren arbeite ich mit diesen Männern. Ich habe das Peter-Pan-Syndrom in seinem Anfangsstadium erlebt und auch gesehen, wie zerstörerisch es in mittleren Jahren wirkt.

Meine erste Begegnung mit einem PPS-Opfer findet gewöhnlich zwischen seinem zwölften und fünfundzwanzigsten Lebensjahr statt. Meistens lebt er bei seinen Eltern und geht zur Schule oder arbeitet halbtags, ohne besondere Leistungen zu bringen. Er gibt vor, ein versierter Liebhaber zu sein, aber in Wirklichkeit machen Frauen ihn unsicher. Wegen seiner Leidenschaft für Parties und seiner Aufsässigkeit machen seine Eltern sich ernsthafte Sorgen um seine Zukunft.

Aus Gründen, die Sie später verstehen werden, ist es die

Mutter, die ihren Sohn dazu bringt, Hilfe zu suchen. Ihr Druckmittel ist unbestimmt, aber wirksam: »Wenn du dein Leben nicht bald in den Griff bekommst, dann...«

Meistens legt sich die Mutter nicht genauer fest, was auf dieses ›dann...‹ folgen soll, aber ihr Sohn weiß, was sie meint: »Tu etwas, oder du fliegst raus.«

Es ist nicht gesagt, daß die Mutter diese Drohung auch in die Tat umsetzen würde, aber ihr Sohn wagt nicht, es darauf ankommen zu lassen. Außerdem will er sich nicht die Gelegenheit entgehen lassen, die Gefühle seiner Mutter zu verletzen. Also läßt er sich wenigstens einmal in meiner Praxis sehen. Er ist zwar äußerst reserviert, aber er kommt.

Kaum hat er sich gesetzt, da beklagt er sich auch schon darüber, daß seine Mutter ihn so gedrängt hat. »Ich brauche keine Seelenklempner. Schließlich bin ich ja nicht verrückt. Aber sie wird so lange keine Ruhe geben, bis ich mit Ihnen gesprochen habe.«

Es geschieht selten, daß ein solcher junger Mann zugibt, seine Eltern auszunutzen, wo er doch schon längst auf eigenen Beinen stehen sollte. Er ist auch nicht willens, über seine Einsamkeit und seine Abneigung gegen Verantwortung zu sprechen. In diesem Fall ist die Prognose nicht gut, da die grundlegenden und die darauf aufbauenden Symptome bereits stark ausgeprägt sind. Wenn ich auf die Klagen über seine Mutter zurückkomme, reagiert er mit heftigen Schuldgefühlen. Beinahe panisch versucht er, das, was er gesagt hat, wieder zurückzunehmen: »Das wollte ich damit nicht sagen. Verstehen Sie mich nicht falsch. Meine Mutter ist großartig. Es ist nur ... na ja, ich schätze, sie macht sich Sorgen um mich. Sie wissen ja, wie Mütter sind.«

Wenn ich dann näher auf diese Abwehrhaltung eingehe, wird er sogar noch nervöser. Seine Feindseligkeit kommt zum Vorschein. »Aber ich wußte ja gar nicht, was ich da rede. Vergessen Sie's! Lassen Sie uns lieber über etwas anderes reden.«

Also wechsele ich das Thema, aber wir kommen nicht weiter. Ganz gleich, welches Problem ich anspreche – immer straft mich der junge Mann mit Verachtung, zuckt die Schultern und gibt einsilbige oder ablehnende Antworten, um meine Neugier abzubiegen. Er denkt, daß ich, wenn er sich negativ und unkooperativ verhält, aufhören werde zu fragen. Dann kann er heimgehen und sagen, er sei bei mir gewesen, aber ich hätte nichts finden können.

Die meisten jüngeren PPS-Opfer kommen nicht freiwillig zur Psychotherapie. In diesem Fall ist der Heilungsprozeß verhindert, bevor er noch richtig begonnen hat. Es gibt jedoch Fälle, in denen es sich auszahlt, immer wieder auf die extreme Abhängigkeit von der Mutter zurückzukommen. Aber auch dann kommt man nur langsam und mühselig voran.

Wenn man das potentielle Opfer erreichen kann, bevor der sexuelle Rollenkonflikt voll zum Tragen kommt, sind die Chancen für eine konstruktive Veränderung gut. Sobald die Schwierigkeiten mit der sexuellen Rolle jedoch unterdrückt werden, wird als Folge davon das Verhalten so stark von Narzißmus und Chauvinismus bestimmt, daß Konfrontationen nur zu noch größerer Feindseligkeit und Ablehnung führen.

Wenn es ihnen gelingt, alle Hilfsangebote auszuschlagen, ziehen die meisten Opfer schließlich aus dem Elternhaus aus und heiraten. Der Elfenstaub von Niemalsland haftet an ihrer Seele. Sie geben vor, mit ihrer Frau und ihrer Familie glücklich zu sein. Sie reden sich ein, daß ihre Arbeit sie befriedigt. Sie verweigern sich der schmerzhaften Erkenntnis, daß ihr Körper langsam verfällt. Sie haben viele Freundschaften, die sie für dauerhaft halten, die aber in Wirklichkeit flüchtig und oberflächlich sind. Und wie als Teenager gehen sie immer noch leidenschaftlich gern auf Parties. Für viele von ihnen gehört übermäßiger Alkoholgenuß zur Geselligkeit. Andere verspüren einen zwanghaften Drang, sich auf sexuelle Abenteuer einzulassen. Rücksichtslosigkeit wird mit dem Argument entschuldigt, man müsse ja schließlich auch einmal auf die Pauke hauen. Im selben Maß, wie die Einsamkeit sich zu einem bösartigen Monster auswächst, wird die Verzweiflung zu einem ständigen Begleiter.

Es ist wirklich traurig, daß diese Menschen schon als Kinder vor der Realität geflohen sind und nun so tun, als lebten sie in permanenter kindlicher Glückseligkeit. Wenn sie keine Aussteiger werden, verwandelt sich ihr Niemalsland in eine öde Wüste. Wenn sie dort bleiben, werden sie zu Erwachsenen, die in einem Gefängnis eingesperrt sind, aus dem ein Entkommen fast unmöglich ist.

In diesem Gefängnis werden sie von Einsamkeit heimgesucht, obwohl sie vorgeben, Freunde zu haben; Zweifel nagen an ihnen, obwohl sie so tun, als seien sie zuversichtlich; sie sehnen sich nach Glück, geben sich jedoch den Anschein, als fehle ihnen nichts; und was das Schlimmste ist: Sie leiden unter ihrer Isolation, versuchen aber den Anschein zu erwecken, als würden sie geliebt.

Ich rate Ihnen, auf ihre Vorspiegelungen nicht hereinzufallen. Genau wie ihr fiktiver Held fühlen sich die Opfer des Peter-Pan-Syndroms einsam, schrecklich einsam. Und was ihre Behauptungen betrifft – »Ich will aber nicht zur Schule gehen und diese ernsten Sachen lernen! Es wird keinem je gelingen, mich zu fangen und einen Mann aus mir zu machen – auch Ihnen nicht! Ich will immer ein kleiner Junge bleiben und Spaß haben!« –, so sollten Sie nichts davon glauben. Diese Männer machen sich nur selbst etwas vor.

Teil II:

Das Peter-Pan-Syndrom

In diesem Teil werde ich die Entstehung des Peter-Pan-Syndroms erklären. Eltern werden Hinweise darauf finden, wie sie die Erziehung ihres Kindes verbessern können. Ehefrauen und Freundinnen werden eher als zuvor in der Lage sein zu verstehen, warum sie den Mann, den sie lieben, ebenso anziehend wie frustrierend finden. Das Einfühlungsvermögen der Freunde wird geweckt werden, so daß sie eher bereit sind zu helfen. Und die Opfer selbst werden vielleicht Einsicht gewinnen und den Mut fassen, sich aus dieser Falle zu befreien.

Meine Erklärungen befassen sich hauptsächlich mit den Entwicklungen, die grob gesagt, im Verlauf des zweiten Lebensjahrzehnts stattfinden. Meine Bemühungen, jungen Menschen beim Erwachsenwerden zu helfen, haben mich gelehrt, daß diese Zeitspanne mit der Pubertät – also etwa mit elf oder zwölf Jahren – beginnt und ungefähr mit dem fünfundzwanzigsten Lebensjahr endet, zu einer Zeit also, da die meisten jungen Menschen sich mit ihrem Erwachsensein arrangiert haben. Ich nenne dies die ›Zeit des Erwachsenwerdens‹.

Wie ich schon vorher bemerkt habe, besteht das Peter-Pan-Syndrom aus sechs Hauptsymptomen. In den folgenden sechs Kapiteln werde ich der Reihe nach auf jedes von ihnen eingehen. Ich bin dabei chronologisch vorgegangen und habe die Symptome nach dem Alter geordnet, in dem sie am stärksten auftreten. Die Ergebnisse meiner Untersuchungen deuten darauf hin, daß dies zwei Jahre lang der Fall ist und daß das betreffende Symptom während dieser Zeit im Vergleich zu den fünf anderen überwiegt.

Am besten erfaßt man den Aufbau des Peter-Pan-Syndroms, wenn man sich ein dreidimensionales Gebilde vorstellt, das aus sieben Blöcken besteht. Denken Sie sich zunächst vier Blöcke, die zusammen ein Quadrat bilden. Jeder dieser Blöcke symbolisiert eines der vier grundlegenden Symptome des PPS – es sind sozusagen die Grundsteine. Auf ihnen baut sich das Peter-Pan-Syndrom auf.

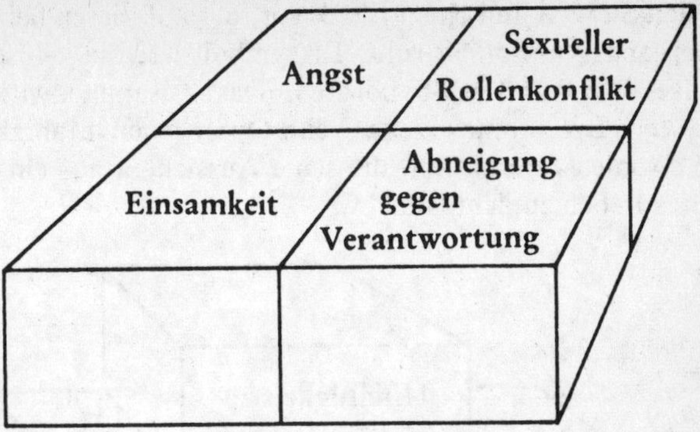

Der entscheidende Faktor hierbei ist der sexuelle Rollenkonflikt. Ist er erst einmal vorhanden, dann schreitet das Leiden mit Sicherheit weiter fort.

Stellen Sie sich nun zwei weitere Blöcke vor, die auf diese vier Grundsteine gelegt werden. Diese symbolisieren zwei weitere Symptome des PPS und stellen das Verbindungsstück zwischen den Grundsteinen und der anschließenden kritischen Phase dar. Diese Übergangssymptome bauen auf den vier grundlegenden Symptomen auf und bilden selbst wiederum die Grundlage für die abschließende Entwicklungsphase des PPS.

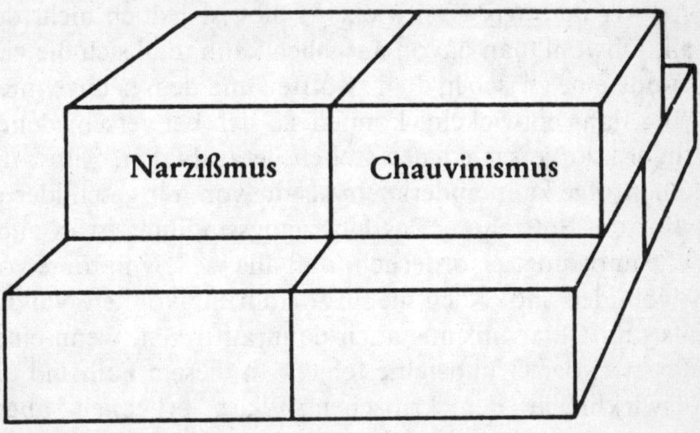

Stellen Sie sich nun einen Block vor, der auf diesen beiden Übergangssymptomen ruht. Er symbolisiert die kritische Phase des Peter-Pan-Syndroms. Das Zusammenwirken der sechs Symptome erzeugt beim Opfer jene Unfähigkeit zur sozialen Interaktion, die seine Aussichten auf ein erfülltes Leben zunichte macht.

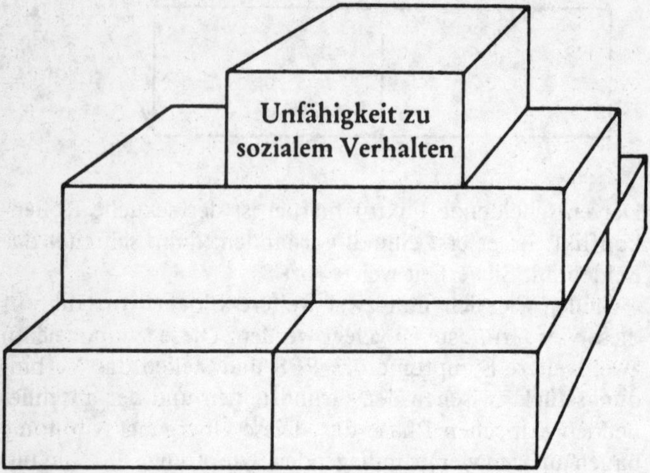

Durch dieses Denkmodell wird für Sie vielleicht der Eindruck entstehen, daß diese Symptome sich auf vorhersagbare Art und Weise entwickeln; dies ist jedoch nicht der Fall. Obwohl man davon ausgehen kann, daß sich die vier Grundsteine zwischen dem zwölften und dem neunzehnten Lebensjahr entwickeln, können sie sich bei verschiedenen Kindern zu verschiedenen Zeiten herausbilden. Selbst die Reihenfolge kann anders sein als die von mir geschilderte.

Für die Entstehung des Übergangsstadiums ist es auch nicht unbedingt erforderlich, daß alle vier Symptome voll ausgebildet sind. Nach meiner Erfahrung können Narzißmus und Chauvinismus auch dann auftreten, wenn einer oder zwei der Grundsteine fehlen. In diesem Fall sind die Auswirkungen der kritischen Phase erheblich abgeschwächt, was eine Beseitigung der Unfähigkeit zu sozialer Interaktion erleichtert.

Die Behinderungen der Persönlichkeitsentwicklung in der kritischen Phase des Peter-Pan-Syndroms sind verschieden stark ausgeprägt. Manche junge Männer stolpern einfach in eine Ehe oder eine berufliche Laufbahn, die lange Jahre schmerzhafter, aber erträglicher Frustration versprechen. Bei anderen Opfern dagegen übersteigt eine zufriedenstellende Anpassung an die Anforderungen der Arbeit oder eine erfüllte Liebesbeziehung ihre Fähigkeiten. Das Ausmaß ihres Unvermögens steht in direkter Relation zur Quantität und Qualität der sechs Symptome, die die Basis für die kritische Phase bilden.

In Kapitel 10 werde ich die kritische Phase des PPS am Beispiel des Falles von Randy schildern, einem dreiundzwanzigjährigen Mann, an dessen Leben man mit schmerzhafter Deutlichkeit erkennen kann, was geschieht, wenn alle sechs Symptome zusammenwirken. Sie werden sehen, wie das Peter-Pan-Syndrom zu einer das ganze Leben beherrschenden Unfähigkeit zu sozialer Interaktion geführt hat, die die Lebensqualität dieses jungen Mannes erheblich beeinträchtigt.

Das letzte Kapitel dieses Teils befaßt sich mit Männern, die nie erwachsen geworden sind. Sie werden sehen, wie der sexuelle Rollenkonflikt sich auf jeden bedeutenderen Aspekt ihres Lebens auswirkt. Und Sie werden sehen, was geschieht, wenn die kritische Phase vorüber ist und tiefe Verzweiflung alle Bereiche des Lebens beherrscht.

Kapitel 4

Abneigung gegen Verantwortung

Peter: »Ich bin die Jugend, ich bin die Freude, ich bin ein Küken, das seine Schale zerbrochen hat.«

Wendy: »Warum bist du weggelaufen?«

Peter: »Weil ich Vater und Mutter darüber reden hörte, was ich werden soll, wenn ich groß bin. Aber ich will immer ein kleiner Junge bleiben und meinen Spaß haben.«

Kann es denn so furchtbar sein, ein Mann zu werden? Was Peter seine Eltern sagen hörte, muß ihm schreckliche Angst eingejagt haben. Ich kann mir gut vorstellen, wie er die Treppe hinunterschleicht, um sich ein Glas Milch zu holen, und zufällig seine Eltern belauscht, die sich über seine Zukunft unterhalten.

»Unser armer Peter«, sagt der Vater vielleicht. »Er wird Überstunden machen, in der Firma alles mögliche über sich ergehen lassen und sich um seinen Arbeitsplatz sorgen müssen. Er wird sich nicht aufregen dürfen, wenn er sieht, wieviel Steuern man ihm abzieht und wieviel er dann noch behält, um die laufenden Rechnungen zu bezahlen. Er ist wirklich nicht zu beneiden.«

»Und ich mache mir Gedanken um seine Familie«, sagt die Mutter. »Peter ist ein Mensch, der sich ständig Sorgen um seine Frau und seine Kinder machen wird. Und so, wie die Wirtschaftslage sich entwickelt, wird seine Frau wohl mitarbeiten müssen, und dann wachsen die Kinder ohne Eltern auf. Es ist wirklich eine Schande! Der arme Junge!«

Versetzen Sie sich in Peters Lage: Angenommen, Sie würden eine solche Schreckgeschichte über das Erwachsenwerden hören – würden Sie dann nicht auch lieber bleiben wollen, was Sie sind? Sie bräuchten sich nur darauf zu konzentrieren, ein Kind zu bleiben. Das wäre gewiß nicht schwierig.

Sie würden immer spielen und Spaß haben, ganz gleich, was passiert, und so tun, als sei die Realität nur ein Witz. Und vor allen Dingen würden Sie täglich, jahrein, jahraus, hart daran arbeiten müssen, sich so verantwortungslos wie möglich zu benehmen.

Das klingt ganz logisch, nicht wahr? Verantwortungslosigkeit ist der Schlüssel zur ewigen Jugend. Die Rolle ist sehr einfach – Sie brauchen nur den völlig verantwortungslosen Trottel zu spielen; rühren Sie keinen Finger, wenn es darum geht, Kleider aufzuräumen, den Hund zu füttern, gute Noten zu bekommen oder im Haushalt zu helfen.

Um die besten Resultate zu erzielen, sollten Sie sich eine Zermürbungstaktik angewöhnen: Hinterlassen Sie das Badezimmer unordentlich; in Ihrem Schlafzimmer sollte ständiges Durcheinander herrschen; lassen Sie ausgetrunkene Milchgläser, verschmierte Pizza-Packungen und schmutzige Socken im Wohnzimmer liegen; seien Sie vor allen Dingen möglichst gleichgültig und kurz angebunden, wenn Erwachsene zu Besuch kommen. Unter keinen Umständen sollten Sie ›bitte‹ oder ›danke‹ sagen, wenn Ihre Mutter Sie und Ihre Freunde mit dem Auto zur Spielhalle fährt.

Wenn Sie meinen, einen gewissen Grad von Verantwortungslosigkeit erreicht zu haben, können Sie Vergleiche mit Gleichaltrigen anstellen. Wie groß sind die Staubflokken unter dem Bett Ihres Freundes? Wie lange ist es her, daß das Kind von gegenüber sich zum letzten Mal die Zähne geputzt hat? Wie viele Tage kann man sich ausschließlich von Hamburgern und Pommes frites ernähren?

Sie müssen mit dem Unsinn Schritt halten, den Ihre Altersgenossen veranstalten. Mit etwas Ehrgeiz und sogar noch weniger Mühe könnte aus Ihnen der beste Kindskopf der Nachbarschaft werden. Dann wären Sie dazu berechtigt, ein Kind zu sein, das nicht erwachsen werden will.

Ihre Freunde können Ihnen dabei helfen, Ihre Verantwortungslosigkeit beizubehalten. Von einem Klassenkameraden lernen Sie die hohe Kunst, Dinge aufzuschieben. »Das mach' ich nachher« ist ein wichtiger Satz für alle Lebenslagen.

Man muß kein Peter Pan sein, um sich dem Erwachsenwerden zu widersetzen, und Verantwortungslosigkeit ist nicht automatisch ein Vorzeichen späterer Unfähigkeit, sich in die Gesellschaft einzufügen. Es ist ganz natürlich, daß Kinder sich dagegen auflehnen, reifer zu werden. Erwachsenwerden macht Kindern Angst – und zwar heute mehr denn je.

Jeder von uns hat Phasen der Verantwortungslosigkeit durchlebt. Das gehört zur Kindheit. Aber die meisten haben dieses unreife Verhalten abgelegt, und wir haben uns so daran gewöhnt, verantwortlich zu handeln, daß wir sogar unsere Freizeit planen müssen. Irgendwann erreichen wir einen Punkt, wo wir der Verantwortung nicht mehr entkommen können.

Die Opfer des Peter-Pan-Syndroms haben das umgekehrte Problem: *Sie können der Verantwortungslosigkeit nicht entkommen.* Was als unschuldige, entwicklungsbedingte Rebellion begonnen hat, entwickelt sich beim Erwachsenen zum Lebensstil. Ein wichtiger Teil im Mosaik des Peter-Pan-Syndroms ist grobe Verantwortungslosigkeit, die eine Unfähigkeit, für sich selbst zu sorgen, nach sich zieht.

Das zwölfte und dreizehnte Lebensjahr – der Höhepunkt der Abneigung gegen Verantwortung

Wenn sich ein Dreijähriger Kartoffelbrei ins Gesicht schmiert, wird das keinen sehr überraschen. Wenn ein Sechsjähriger sein Bett macht und es nachher so aussieht, als liege er immer noch darin, wird man sagen, daß er es immerhin versucht hat. Wenn ein Neunjähriger das Essen für die Familie kocht, aber die Küche danach aussieht, als habe eine Bombe eingeschlagen, wird man immerhin seine Mühe anerkennen. Irgendwann jedoch kommt der Moment, wo ein Erwachsener sagen sollte: »Für diese Art von Unsinn bist du wirklich zu alt.«

Diesen Satz bekommen PPS-Opfer nie zu hören – und wenn, dann vergessen sie ihn sofort wieder. Gegen Ende ihrer Jugend hat sich ihre Abneigung gegen Selbstdisziplin verfestigt. Aber wenn inzwischen zehn bis fünfzehn Jahre vergangen sind, haben die meisten von ihnen immer noch schlechte Tischmanieren, können ihr Bett nicht machen und glauben, die Vorbereitungen für ein großes Essen bestünden darin, eine Tiefkühlpackung aufzutauen.

Abneigung gegen Verantwortung ist einer der sechs Grundsteine des Peter-Pan-Syndroms. Sie tritt am deutlichsten während des zwölften und dreizehnten Lebensjahres hervor; die plötzliche Ausschüttung von Hormonen im Organismus des Kindes scheint diesen Charakterzug zu verfestigen.

Im folgenden werde ich vier Arten pubertärer Verantwortungslosigkeit schildern. Sie werden sehen, in welch verschiedenen Formen sie sich äußert und wie jede Spielart letztlich ein reifes Verantwortungsbewußtsein zerstören kann, wenn man nichts dagegen unternimmt.

›Das Engelchen‹: Dieses Kind versteht es, in Sekundenschnelle die Unschuld in Person zu sein, und zwar immer dann, wenn alles darauf hindeutet, daß es etwas ausgefressen hat. Der kleine Kerl bekommt auf der Stelle tränenfeuchte Augen und sagt zum Beispiel: »Glaubst du wirklich, daß ich so etwas machen könnte?« Und sein trauriges Gesicht und seine zitternde Unterlippe greifen Ihnen so ans Herz, daß Sie ganz vergessen zu antworten: »Ja.«

›Der Aufsässige‹: Er ist davon überzeugt, daß Angriff die beste Verteidigung ist. Durch seine Beschwerden schafft er es, seine Eltern aus dem Gleichgewicht zu bringen. Er beklagt sich lauthals über ihre Ungerechtigkeit und benimmt sich so aufsässig, daß seine Eltern gewöhnlich die Aufgaben, die eigentlich er übernehmen sollte, lieber selber erledigen.

›Der Unaufmerksame‹: Wenn die Eltern es nicht besser wüßten, könnten sie meinen, daß diese Art der Verantwortungslosigkeit auf einen Gehirnschaden zurückzuführen ist. Es gibt jedoch viele völlig gesunde Kinder, die, um Verantwortung zu vermeiden, die ›Taub, dumm und blind‹-Strategie einsetzen. Man erkennt sie an ihren Reaktionen. Taub: »Ich habe gar nicht gehört, daß du mir das gesagt hast.« Dumm: »Daran kann ich mich nicht erinnern«, oder: »Das habe ich vergessen.« Blind: »Den Zettel auf dem Tisch habe ich nicht gesehen.« Jedes dieser Kinder glaubt auf seine Weise, es könne der Verantwortung aus dem Weg gehen, wenn es nur so tut, als sei es nicht ganz richtig im Kopf.

›Der Liebenswerte‹: Wie kann man einem Kind böse sein, das einen Charakter wie ein junger Hund hat? Viele Eltern sind außerstande, diese Frage zu beantworten. ›Das liebe Kind‹ tut immer, was man ihm sagt, und lächelt, ganz gleich, wie schlecht es ihm geht. Das Problem ist nur, daß es nie etwas erledigt, bevor man es mehrere Male daran erinnert hat. Diese Methode, sich vor Verantwortung zu drücken, ist am gefährlichsten, denn die Eltern vermeiden strenge Erziehungsmaßnahmen, durch die das Kind lernen könnte, daß es für seine Handlungen verantwortlich ist.

Lassen Sie uns einen kurzen Blick auf vier Fälle von Kindern werfen, die zum Zeitpunkt der Gespräche elf, beziehungsweise zwölf Jahre alt, also auf dem Höhepunkt der Ablehnung von Verantwortung waren.

Rickey

Der Hausarzt sagte, er sei ein lebhaftes Kind, das zuviel Hamburger und Pommes frites esse. Der Kinderarzt äußerte die Vermutung, daß der elfjährige Rickey Sharp hyperaktiv sei. Der Sozialpädagoge seiner Schule sagte, Rickey brauche, da er kurz vor der Pubertät stehe, viel Verständnis und Geduld. Seine Großmutter war der Ansicht, daß ihr geliebter Enkel nur durch eine Entwicklungsphase gehe, die er bald wieder hinter sich haben werde. In gewisser Hinsicht hatten sie alle recht. Aber seiner Mutter war das mittlerweile egal. Sie wollte, daß ihr Sohn endlich aufhörte, sich wie ein kleines Kind zu benehmen.

Rickey war ein typisches ›Engelchen‹. Er hatte große blaue Augen, die noch genauso klar und intensiv leuchteten wie kurz nach seiner Geburt. Bei jedem anderen Kind hätte sein blondes, zerzaustes Haar unordentlich gewirkt, aber bei Rickey sah es einfach süß aus. Seine Stimme war ebenso unterentwickelt wie sein Körper. Wenn er sprach, hörte man nur ein Piepsen, und er war so klein, daß er auf der Toilette nur mit Mühe das Urinbecken benutzen konnte.

Rickey verstand sich ausgezeichnet darauf, ein Engelsgesicht zu machen und setzte es mit einem hervorragenden Gefühl für den richtigen Zeitpunkt ein. Wenn er wegen etwas zur Rede gestellt wurde, sah er sein Gegenüber mit großen blauen Augen an und beteuerte seine Unschuld. Wenn er gewonnen hatte, hüpfte er glücklich davon; hatte er jedoch verloren, dann machte er dem Sieger ein schlechtes Gewissen, indem er stöhnte und seufzte wie ein schwerverwundeter, aber tapferer Krieger. Er verlor nur selten eine Schlacht.

Aber Rickeys Engelhaftigkeit hatte auch noch eine Kehrseite. Unbewußt hatte er die geheime Macht entdeckt, die seine Unschuld ihm verlieh, und er setzte sie ein, um Autoritäten anzugreifen, sich das Leben angenehm zu machen und weiterhin die Übernahme von Verantwortung zu vermeiden. Er machte sich seine engelhafte Erscheinung zunutze, wo es nur ging, und stieß dabei auf das *Alter ego* eines jeden Engels – den Teufel.

Seine Streiche waren sehr verblüffend. Er experimentierte mit den Blumen seiner Mutter, indem er sie mit heißem Fett goß – er hatte nämlich gehört, daß Pflanzen Kohlehydrate brauchen. Er wollte herausfinden, ob Hunde auch auf ihren Füßen landen wie Katzen und warf den Hund der Familie vom Dach der Garage. Er sah sich jeden Samstag morgen alte Tarzanfilme im Fernsehen an und versuchte eines Nachmittags, es seinem Helden nachzutun, indem er sich von einem Baum schwang. Unglücklicherweise landete er auf Mrs. Wilson, einer achtzigjährigen gehbehinderten Frau, die ein paar Häuser weiter wohnte.

Wer kann schon einem Jungen böse sein, der im Dschungel für Gerechtigkeit sorgen und Pflanzen zu einer ausgewogenen Diät verhelfen will? Nun, Mrs. Sharp zum Beispiel. Dabei war sie nicht einmal besonders aufgebracht über den hinkenden Hund oder die Sache mit Mrs. Wilson. Sie hatte einfach die Nase voll von Rickeys täglichen unverantwortlichen Kindereien.

Während eines kurzen Gesprächs, das ich mit Rickey in meiner Praxis hatte, entdeckte ich das Geheimnis seiner ›Engelchen‹-Masche.

Nachdem wir uns zehn oder fünfzehn Minuten lang über dies und das unterhalten hatten, grinste ich ihn breit an und beugte mich vor. »Du bist ja ein ganz toller Bursche, was, Rickey?«

»Wie meinen Sie das?« fragte er.

»Na ja, du machst ja ganz schön komische Sachen. Zum Beispiel diese Sache mit Mrs. Wilson.«

»Ach, das war doch gar nicht so schlimm.« Rickey blieb völlig gelassen. »Sie hätte ja zur Seite gehen können. Jedenfalls habe ich sie kaum berührt.«

Ich beschloß, sein Erinnerungsvermögen in Zweifel zu ziehen.

»Kaum?«

»Klar.«

»Wirklich?« Ich beugte mich noch ein wenig weiter vor. »Deine Mutter hat mir erzählt, daß Mrs. Wilson am Bein verletzt ist. Sie hat eine Prellung.«

»Das wollte ich nicht.« Rickey begann unruhig hin- und herzurutschen. »Was hat meine Mutter Ihnen noch erzählt?«

»Nun, sie hat mir erzählt, daß du eine Menge anstellst, ziemlich faul bist und weißt, wie man davonkommt, wenn man etwas ausgefressen hat.«

»Was?«

»Du weißt schon. Wenn sie dich bei etwas erwischt, brauchst du sie nur anzusehen. Du machst große Augen und tust so, als wärst du völlig unschuldig.« Ich machte es ihm vor.

Es kam unerwartet für Rickey, einen Erwachsenen zu sehen, der ihn nachmachte. Offenbar fühlte er sich dadurch ebenso angegriffen wie durch seinen Vater oder seine Mutter, wenn sie ihn wegen irgend etwas zur Rede stellten. Kaum hatte ich zu Ende gesprochen, da merkte ich, daß Rickeys Augen mich festnagelten.

Ein Elfjähriger bearbeitete mich mit seinem magischen Blick. Eine Ewigkeit schien zu verstreichen, bevor mir bewußt wurde, was sich hier abspielte. Er probierte es bei mir mit derselben Methode wie bei allen Erwachsenen, die ihn mit unangenehmen Dingen konfrontierten: Er entfesselte seine ›teuflischen‹ Kräfte.

Als ich mich wieder gefangen hatte, tat ich das einzig Sinnvolle – ich machte ihn weiter nach. »Junge, Junge, das kannst du wirklich gut.«

Rickey zuckte nicht mit der Wimper. Er starrte mich einfach weiter an. Ich glaubte eine Träne in seinem Auge schimmern zu sehen.

Wenn ich ihm helfen sollte, durfte ich mich nicht auf diese stumme Anklage einlassen. Also sprach ich ganz ruhig weiter. »Bei mir funktioniert das nicht, Rickey. Ich weiß – du hast herausgefunden, daß Erwachsene dich in

Ruhe lassen, wenn du sie so ansiehst. Aber das ist nicht in Ordnung. Und jetzt wird es dir nichts helfen. Ich werde dich nicht in Ruhe lassen. Du brauchst meine Hilfe. Du mußt lernen, anders damit umzugehen.«

Da ich wußte, daß Rickey nicht das Gesicht verlieren wollte, ließ ich ihm einen einfachen Ausweg. »Weißt du was? Ich hole mir jetzt ein Glas Wasser, und wenn ich wieder da bin, werden wir darüber sprechen.«

Ich blieb etwa eine Minute lang draußen. Als ich zurückkehrte, saß Rickey reglos, mit gesenktem Kopf, auf seinem Stuhl. Ich nahm den Faden wieder auf, gab dem Gespräch jedoch eine andere Richtung. Ich setzte ein breites Lächeln auf und gab meiner Stimme einen aufgeregten Klang. »Donnerwetter, das kannst du wirklich gut! Einen Augenblick lang hattest du sogar mich richtig im Schwitzkasten. Ich wette, deine Mutter kannst du damit fertigmachen, was?«

Er nickte, ohne den Blick zu heben.

»Das macht irgendwie Spaß, was? Damit machst du sie richtig kirre, oder?« Ich wollte ihn dazu bringen, mir seine Geheimnisse zu verraten.

Er hob den Kopf und sah mich mit einem fragenden Blick an.

»Was heißt ›kirre‹?«

»Ach, komm«, antwortete ich. »Du weißt schon, was ich meine. Du stellst etwas an, wirst dabei erwischt, deine Eltern wollen dich bestrafen, du gibst ihnen – zack! – deinen Blick, und schon hast du deine Ruhe. Das macht deine Eltern kirre, stimmt's?«

Rickey wußte nicht, was er mit mir anfangen sollte. Sein alter Trick hatte nicht funktioniert. Wie die meisten Kinder in einer solchen Lage entschied Rickey sich für die einzige andere Alternative, die er kannte: Er sagte mir die Wahrheit. »Ja, das klappt wirklich gut.«

»Und darauf bist du wirklich stolz, was?«

Nun war er an der Reihe, zu grinsen. »Ja.«

Ich wurde wieder ernst.

»Aber du hast nicht immer ein gutes Gefühl dabei, oder?«

»Was meinen Sie damit?«

»Na ja, macht es dir nicht ein bißchen Angst, daß du immer noch so dumme Sachen machst?«

»Ja.«

»Und wünschst du dir nicht manchmal, daß dich deine Eltern dafür bestrafen?«

»Ja.«

»Aber das wirst du ihnen natürlich nicht auf die Nase binden, was?«

Rickeys Gesicht hellte sich auf. »Nee.«

Ich dirigierte ihn weiter in die Richtung, die mir am erfolgversprechendsten erschien. »Na, dann rate mal, wer es ihnen sagen wird.« Er sah mir in die Augen. Ich nickte langsam und sah ihn bedauernd an. »*Ich* werde es tun.«

Er gab nicht so schnell auf. »Sie *müssen* ja nicht.«

»Aber ich will dir helfen, damit du langsam erwachsen wirst und mehr Verantwortung übernimmst.«

Rickey begann sich wieder sicherer zu fühlen, und seine Durchtriebenheit kehrte zurück. Ein schwacher Abglanz seines ›Engelchen‹-Blicks kehrte in seine Augen zurück, als er sagte: »Aber ich muß es nicht mögen, oder?«

Rickey würde nie lernen, gern Verantwortung zu übernehmen. Als ich mit seinen Eltern sprach, wußte ich, daß er früher oder später zu den Kindern gehören würde, die sich frustriert wunderten: »Warum bringt eigentlich niemand diesen Dr. Dan um!«

Steven

Steven Jolly war kein freundliches Kind. Er war nicht nur boshaft, frech und sarkastisch, sondern konnte auch von einem Moment auf den anderen einen Wutanfall bekommen. Er war seit zehn Jahren in der Trotzphase. Es gibt sicherlich Kinder, die frecher sind als Steven, aber ich habe nie eins kennengelernt. Ich werde seinen Fall hier schildern, damit Sie sehen, daß die Entstehungsgeschichte von unkontrollierter Wut oft Teil des Peter-Pan-Syndroms ist.

Stevens Eltern hatten wahrscheinlich Jahre gebraucht, um sich an seine Aufsässigkeit zu gewöhnen. Anders war es nicht zu erklären, daß sie sich ein solches Verhalten gefallen ließen. Sharon und Joe Jolly brachten Steven zu mir, weil seine Leistungen in der Schule nachgelassen hatten. Sie hatten gelernt, darüber hinwegzusehen, daß er sich zu Hause schon immer nur sehr schlecht eingefügt hatte, aber als seine Lehrer sich über sein Verhalten beschwerten, wußten seine Eltern, daß sie Stevens Probleme nicht mehr ignorieren durften. Mrs. Jolly hatte schließlich ihre Angst davor überwunden, was die Nachbarn sagen würden, und gab zu, daß sie mit ihrem Sohn nicht mehr fertig wurde.

In allen Fächern, mit Ausnahme von Sport, waren Stevens Leistungen mangelhaft. Er wurde regelmäßig aus dem Klassenzimmer gewiesen, weil er den Lehrern gegenüber unverschämt war oder andere Kinder schlug. Wenn seine Lehrerin versuchte, Steven zu bestrafen, machte er Bemerkungen wie: »Ich brauche nicht zu tun, was Sie sagen – Sie sind schließlich nicht meine Mutter!« Beim Schuldirektor war es nicht anders: »Mein Vater wird es nicht zulassen, daß Sie mich bestrafen.«

Es dauerte eine Weile, bis ich herausfand, warum seine Lehrer sich nicht früher schon über ihn beschwert hatten: Sie hatten Angst. Sie fühlten sich durch Stevens Verhalten in die Ecke getrieben. Folgender Gedankengang lag ihrem Schweigen zugrunde: »Wenn Steven in der Schule solche Schwierigkeiten macht, *müssen* seine Eltern davon wissen. Trotzdem unternehmen sie nichts dagegen. Wenn wir sie jetzt davon in Kenntnis setzen, werden sie ihren Zorn an uns auslassen.«

Angesichts der Tatsache, daß Beamte im allgemeinen Angst davor haben, zu ›strengen‹ Maßnahmen zu greifen, war es verständlich, daß weder der Schuldirektor noch die Lehrer bereit waren, ihre Stellung zu gefährden, indem sie sich für einen Schüler einsetzten, für den sie nichts übrig hatten.

Daß die Lehrer schließlich doch handelten, gab Mrs. Jolly den Mut, dasselbe zu tun. Es fiel ihr schwer, mir konkrete Beispiele für Situationen zu geben, in denen Steven krasse Respekt- und Verantwortungslosigkeit gezeigt hatte. Jedesmal wenn ich sie nach Details fragte, schien sie sich nicht mehr erinnern zu können. Ich stellte fest, daß Stevens Verhalten ihr so weh tat, daß sie eine Schutzmauer um ihre Gefühle errichtet hatte. Diese Mauer schützte sie vor dem Gefühl, versagt zu haben, machte es ihr jedoch auch immer schwerer, die Notwendigkeit einer Veränderung einzusehen.

Während Mrs. Jolly versuchte, sich schmerzhafte Erinnerungen wieder ins Gedächtnis zu rufen, blieb Mrs. Jolly gelassen. Seine Frau bemühte sich, der Wahrheit ins Gesicht zu sehen, aber Stevens Vater leugnete weiter, daß irgend etwas nicht in Ordnung war. Seine Ausdrucksweise paßte zu seiner maßgeschneiderten Kleidung. »Stevens Benehmen ist erst in den letzten paar Monaten wirklich schlecht geworden«, sagte er. Mrs. Jolly erinnerte sich an ein typisches Beispiel für Stevens Aufsässigkeit:

Am letzten Sonntag waren sie nach der Kirche zu einem ausgedehnten Frühstück in ein Restaurant gegangen. Mrs. Jolly hatte Steven, nachdem er ihr lange genug damit in den Ohren gelegen hatte, versprochen, er dürfe sich auf dem Heimweg im Lebensmittelladen etwas aussuchen.

Im Laden sagte Steven kurz angebunden: »Ich hole mir eine Tüte Bonbons. Wir treffen uns dann wieder an der Kasse.« Seine Mutter versuchte, Einwände zu machen: »Ich finde, du solltest dir diesmal lieber einen Apfel nehmen, Steven.«

Stevens Aufsässigkeit brach durch. »Du hast gesagt, ich darf mir etwas aussuchen, und ich will Bonbons. Ich will keinen Apfel. Äpfel sind blöd. Ich will Bonbons.«

Mrs. Jolly versuchte es mit Strenge. »Steven, ich habe gesagt: keine Bonbons. Hol dir einen großen, saftigen Apfel.«

Wie immer reizte das ›Nein‹ Steven nur noch zu stärkerem Widerstand. »Das ist blöd. Ich bin alt genug, um mir selber etwas auszusuchen, und ich will Bonbons.« Er sprach so laut, daß die anderen Kunden sich umdrehten und zusahen, wie die Mutter sich mit ihrem widerspenstigen Kind auseinandersetzte. Sharon Jolly wich vor der Aufsässigkeit ihres Sohnes und der Peinlichkeit, diese Auseinandersetzung in der Öffentlichkeit austragen zu müssen, zurück.

Steven gab nicht nach. »Wenn du so blöd bist, dann gehe ich eben zu Fuß nach Hause.« Er öffnete die Tür.

Mrs. Jolly ging auf diesen Erpessungsversuch ein. »Du kannst nicht zu Fuß gehen – es ist sehr kalt, und außerdem schneit es. Du wirst dich erkälten, und dann kannst du morgen nicht in die Schule gehen.«

Stevens letzte Bemerkung ist wahrscheinlich die unverschämteste, die ich je von einem Kind seines Alters gehört habe: »Du brauchst gar nicht so zu tun, als würdest du dir Sorgen um mich machen. Du sagst, ich darf keine Bonbons haben, und wenn ich eine Erkältung kriege, ist das deine Schuld.«

Vor der Tür holte Mrs. Jolly ihren Sohn ein. Sie war sehr bestürzt und bat ihn, ein braver Junge zu sein und wieder mit ihr in den Laden zu gehen. Bevor er dazu bereit war, verlangte er, daß sie seiner Forderung nach Bonbons nachgab. Das tat sie, und der Zwischenfall war so unvermittelt beendet wie er begonnen hatte.

Glauben Sie jedoch nicht, daß ein Kind durch und durch unverschämt sein kann! Im Grunde seines Herzens litt Steven unbeschreibliche Qualen. Zwei- bis dreimal pro Woche erwachte er schreiend aus einem Alptraum. Soweit er sich erinnern konnte, wurde er unablässig von schrecklichen Ungeheuern gejagt, die ihn auffressen wollten.

Es brauchte keine lange Traumanalyse, um zu dem vorläufigen Schluß zu kommen, daß Steven ein Opfer seiner eigenen Aufsässigkeit geworden war. Er ging jeder Verantwortung aus dem Weg, indem er Autoritätspersonen mit seinem ungeheuerlichen Betragen angriff. Mit seiner Verantwortungslosigkeit wuchs auch das Ungeheuer in ihm. Ohne ein Gefühl von Verantwortung litt Steven an mangelndem Selbstwertgefühl und unterentwickeltem Selbstvertrauen. Das machte ihn verwundbar für die Angriffe des Ungeheuers, das er selber geschaffen hatte – es kehrte sich gegen seinen eigenen Herrn.

Steven Jollys Aufsässigkeit vergrößerte seine Angst vor Verantwortung. In der irrigen Annahme, der Übernahme von Pflichten durch feindseliges Verhalten aus dem Weg gehen zu können, wurde er schnell zu einem Meister emotionaler Erpressung. Er entwickelte einen Charakterzug, der bei Opfern des Peter-Pan-Syndroms häufig auftritt: Sie sind schwer zu lieben und leicht zu hassen.

Stevens Geschichte hat noch einen interessanten Nebenaspekt. Mit sieben Jahren hatte seine Mutter ihn zu einem Kinderpsychologen gebracht, weil sein Benehmen ihr Sorgen machte. Damals hatte der Psychologe gesagt: »Versuchen Sie nicht, ihn zu bestrafen, denn dadurch riskieren Sie, daß er Aggressionen aufstaut.«

Mrs. Jolly befolgte den Rat des Psychologen. Fünf Jahre später hatte sie es mit einem Kind zu tun, das eine enorme Menge von Aggressionen aufgestaut hatte.

Billy

Nur wenige Eltern müssen mit einem so unerträglichen Kind wie Steven Jolly zurechtkommen. Bei den meisten Kindern äußert sich Aufsässigkeit in Widerworten und der Bereitschaft, sich zu streiten. Wenn aus einem Jungen ein Mann wird, spielt Aggressivität in gewissem Umfang eine Rolle. Rickey setzte sein ›Engelchen‹-Gesicht offensiv ein, und Steven war einfach nur aggressiv.

Billy Winters bediente sich einer bewährten Technik, die so alt ist wie die Auflehnung der Kinder gegen ihre Eltern: Er tat gar nichts. Er stand einfach da und gab, wenn man ihn wegen schlechter Leistungen zur Rede stellte, eine von drei Standardantworten von sich: »Das habe ich nicht gehört«, »Ich hab's vergessen« und »Das habe ich nicht gesehen« waren die Sätze, mit denen Billy es vermied, Verantwortung zu übernehmen. Er tat so, als sei er taub, dumm und blind.

Als seine Eltern mich zum ersten Mal konsultierten, waren seine Ausreden dem elfjährigen Billy so zur Gewohnheit geworden, daß man ihn fast als behindert hätte bezeichnen können. Oft überhörte er die Anweisungen der Lehrer, rannte beim Spielen auf die Fahrbahn und verlor durch reine Vergeßlichkeit persönliche Dinge (Mütze, Handschuhe, Tennisschläger).

Seine Eltern waren äußerst aufgebracht über Billys Verhalten. Sie hatten alles versucht, ihm seine Gedankenlosigkeit abzugewöhnen. Manchmal waren sie sogar gefährlich weit gegangen, um seine Aufmerksamkeit zu erregen. Aber nichts fruchtete. Meiner Ansicht nach lag der Grund für ihre Scheitern darin, daß sie Billy *mit Worten* von der Notwendigkeit, Verantwortung zu übernehmen, zu überzeugen versuchten.

Peg und John Winters waren gebildete, vernünftige Leute, die ihr einziges Kind sehr liebten. Peg las leidenschaftlich gern Elternmagazine und besprach die Artikel mit ihrem Mann. John teilte ihre Meinung nicht, daß Freizügigkeit und Nachsicht wichtig seien. Er hielt mehr von der strengen Erziehung seines Vaters und seines Großvaters. Peg wollte über alles sprechen, während John mehr die harte Linie vertrat, und mit diesen Methoden versuchten sie, mit der stoischen Gleichgültigkeit ihres Sohnes fertig zu werden.

Billy erhielt drei verschiedene Informationen als Reaktion auf seine ›Blind, dumm und taub‹-Methode. Bei seiner Mutter war das: »Ich mache sie traurig«, bei seinem Vater: »Ich mache ihn wütend.« Wenn beide Eltern da waren, bekam er den Eindruck: »Ich bin der Grund, daß sie sich streiten.«

Hier sind drei Momentaufnahmen von typischen Situationen:

Mrs. Winter saß mit Billy am Küchentisch und begann das Gespräch wie folgt: »Du weißt doch, daß du Hausaufgaben machen mußt, Billy?«

»Mhm«, antwortete er.

»Und du weißt, daß ich dir Zettel hinlege, auf denen steht, was du außerdem noch erledigen sollst?«

»Mhm.«

»Warum, zum Donnerwetter, tust du es dann nicht?« Peg bekam jedesmal ein schlechtes Gewissen, wenn sie ärgerlich auf ihren Sohn wurde. »Du weißt doch, wie sehr es mich verletzt, wenn du dich nicht bemühst, ein bißchen im Haus zu helfen.«

Billy versuchte es mit seiner besten Ausrede: »Manchmal übersehe ich die Zettel einfach.«

Seine Mutter gab sich Mühe, ihren Zorn zu bezähmen. »Das sagst du jedesmal. Aber das ändert nichts daran, daß es mich traurig macht. Sag mir doch, was mit dir los ist – bitte.«

Mit Billys Antwort begann das Gespräch sich im Kreis zu bewegen: »Ich weiß nicht.«

Wie Sie sich denken können, verliefen diese Diskussionen – trotz ihrer täglichen Wiederholung – ergebnislos. Und die strengere Methode des Vaters wirkte ebenfalls nicht.

Billys Hang, Dinge zu verlieren, machte seinen Vater wütend. »Du denkst wohl, Geld wächst auf Bäumen. Oder vielleicht denkst du auch gar nicht. Was zum Teufel ist eigentlich mit dir los, Billy?«

Eingeschüchtert antwortete Billy mit weinerlicher Stimme: »Ich weiß auch nicht. Ich hab's einfach vergessen.«

»Ach was, vergessen! Du verlierst alle schönen Sachen, die ich dir kaufe!«

Wenn sein Vater ihn anschrie, ließ Billy den Kopf hängen und blieb stumm.

»Antworte mir! Ich will wissen, warum es dir solchen Spaß macht, mich wütend zu machen.«

»Ich weiß nicht.«

Die Strenge des Vaters richtete ebensowenig aus wie die übermäßige Fürsorglichkeit der Mutter. Von beiden fühlte Billy sich in die Ecke getrieben und verteidigte sich mit dem Standardsatz: »Ich weiß nicht.« Wenn beide Eltern an der Auseinandersetzung beteiligt waren, stoben die Funken in alle Richtungen.

Meistens war es der Vater, der die Geduld verlor und anfing: »Verdammt noch mal, Billy, das ist jetzt das dritte Mal in diesem Monat, daß du dein Hausaufgabenheft verloren hast. Ich will diese Ausrede nicht mehr hören! Wenn du dich nicht zusammenreißt, werde ich dich einfach versohlen wie ein kleines Kind.«

Billy saß bewegungslos und stumm da, während seine Mutter versuchte, die Drohung ihres Mannes abzuschwächen. »Billy, sag uns doch, warum du solche Schwierigkeiten hast, etwas zu behalten. Was beschäftigt dich so?«

An Billys Stelle antwortete sein Vater auf diese Frage. »Ach, hör doch auf, Peg. Alles, was Billy fehlt, ist ein Klaps auf den Hintern.«

»John«, sagte Peg darauf verärgert, »Billy wird uns nie sagen, was ihm auf der Seele liegt, wenn du ihn immer wie ein kleines Kind behandelst.«

Mit dieser Bemerkung wandten die Eltern ihre Aufmerksamkeit von Billy ab und begannen eine ausgedehnte Auseinandersetzung. Niemals wurde Billy für seine ›Taub, dumm und blind‹-Tour zur Rechenschaft gezogen.

Es bestand aller Grund zu der Annahme, daß Billy, während er lernte, wie man Verantwortung aus dem Wege geht, zu der Überzeugung kam, einen negativen Einfluß auf die Familie auszuüben.

Sam

Alle mochten den liebenswürdigen Sam. Wenn den Nachbarn ihr Hund weggelaufen war, konnten sie auf ihn zählen. Die Damen im Kirchenvorstand erklärten, er sei der höflichste Junge in der Gemeinde. Die Spielplatzaufsicht lobte an Sam, daß er den kleineren Kindern ein geduldiger und netter Anführer war. Selbst der Schuldirektor rühmte Sams guten Charakter, beklagte sich jedoch darüber, daß Sam gelegentlich über die Stränge schlug.

Es gab jedoch ein größeres Problem. Sams Mutter, die sowohl in ihrem Beruf als auch im Haushalt schwer arbeitete, konnte sich nicht vorstellen, von wem all diese Leute sprechen mochten. »Das kann doch unmöglich mein Sam sein«, wunderte sie sich. »Natürlich – er ist ein netter, liebenswürdiger Junge, aber die einfachsten Dinge erledigt er erst, wenn ich ihn auf Knien darum gebeten habe.«

Die Geschichte vom liebenswürdigen Sam ist die vieler PPS-Opfer. Sie sind nicht aufsässig, stoisch oder engelsgleich. Sie sind nicht besonders gemein oder gerissen. Tatsächlich sind sie mit der Fähigkeit, sich selbst in einem günstigen Licht erscheinen zu lassen, ihrem Alter weit voraus. Sie sind jederzeit bereit, ihre Hilfe jedem anzubieten, der sie braucht. Sie setzen sich sogar Gefahren aus, um jemandem zu helfen. Aber wenn man sie nicht ständig darum bittet, rühren sie zu Hause keinen Finger.

Wie kann ein Kind, das anderen so bereitwillig hilft, sich zu Hause derart vor der Verantwortung drücken? Die Zusammenfassung einer psychologischen Untersuchung, die ich an dem zwölfjährigen Sam Koler vorgenommen habe, scheint mir am besten geeignet, diesen Widerspruch zu erklären. Sams Methode, Verantwortung zu vermeiden, ist die gefährlichste von allen, weil Kinder sich so leicht an sie gewöhnen und sie, wenn man nichts dagegen tut, zu einem unverrückbaren Grundstein des Peter-Pan-Syndroms wird.

Sam war der älteste von drei Jungen im Alter von zwölf, neun und sieben Jahren. Er ging in die sechste Klasse und brachte gute Noten nach Hause, ohne sich dafür sehr anstrengen zu müssen. Seine Lehrerin sagte, Sam sei ein sehr liebenswerter Junge, nur spiele er manchmal den Klassenclown. Als sie ihn einmal wegen seines Unfugs mit einer Stunde Nachsitzen bestrafte, hörte sie, wie er beim Hinausgehen ›dumme Tussie‹ murmelte. Sie war entsetzt, daß

Sam solche Ausdrücke gebrauchte – es paßte einfach nicht in das Bild, das sie von ihm hatte. Aber es entsprach der Wirklichkeit. Sam war ein ›zorniger junger Mann‹.

Sams Wut entsprang vielen Quellen. Sein Körper veränderte sich, und damit auch sein kindliches Weltbild. Er entdeckte den Wunsch nach Unabhängigkeit, war jedoch in einer abhängigen Situation. Er wollte sich seiner übermäßig fürsorglichen Mutter entziehen, was völlig natürlich ist, in ihm jedoch Schuldgefühle wachrief. All diese Gefühle sind typisch für die Pubertät und könnten unerwähnt bleiben. Es gab jedoch einen Grund für Sams Wut, der nicht harmlos war und der ihm noch lange Schwierigkeiten machen konnte: Er fühlte sich von seinem Vater nicht geliebt.

Sams Vater arbeitete wie ein Besessener. Er hatte wenig Zeit für seine Frau und noch weniger für Sam. Um die Liebe seines Vaters zu gewinnen, warf Sam sich mit einem Eifer, zu dem sonst nur erwachsene Männer fähig sind, auf die Rolle eines Erwachsenen – und richtete nicht mehr aus als ein Dreijähriger. Sam brauchte unbedingt die Liebe seines Vaters, aber er bekam sie nie. So führte ihn seine Suche in die Welt der Erwachsenen, wo er hoffte, daß seine Handlungen andere Leute veranlassen würden, seinem Vater zu sagen, was für ein netter Junge sein ältester Sohn sei.

Sam befand sich unter einem enormen Leistungsdruck, und dadurch verkrampfte er sich. Er war ständig besorgt, sein Vater könnte schlecht über ihn denken, und das machte ihn nervös und ängstlich. ›Ich sollte‹, ›ich müßte‹ und ›ich muß‹ beherrschten sein Leben, und das machte ihn wütend.

Sams einziges Ventil bestand darin, sich zu Hause aufzulehnen. Da er sich der Liebe seiner Mutter sicher sein konnte, wurde sie logischerweise das Opfer seiner Rebellion. Wenn Sam in der Lage gewesen wäre, seine Einstellung in Worte zu fassen, hätte er vielleicht gesagt: »Mamma liebt mich auch dann, wenn ich böse bin.«

Außerdem rechtfertigte er seine entschlossene Weigerung, Verantwortung zu übernehmen, mit der Tatsache, daß er sich genauso verhielt wie sein Vater. »Wenn ich bin wie Papa, wird Papa mich mögen«, dachte er. Leider hielt sein Vater an der chauvinistischen Einstellung fest, die Hausarbeit sei Sache der Frau. Auch wenn Sam es nicht sagte, benahm er sich so, als glaube er das auch.

Wir dürfen nicht vergessen, daß Sams Abneigung gegen Verantwortung zum Teil auch daher rührte, daß er ein Kind war. Er war zwölf Jahre alt, und wie jeder andere normale Junge kurz vor der Pubertät tat er sein Bestes, nicht erwachsen zu werden. Aber dieser Teil der normalen Entwicklung war aus dem Gleichgewicht geraten. Als ich das bemerkte, begann ich zu ahnen, daß mit Sams Liebenswürdigkeit etwas nicht stimmte.

Sam war braver als ihm guttat. Er gab sich große Mühe, es allen recht zu machen. Ich machte mich also daran herauszufinden, was der Grund dafür war, und stellte fest, daß Sams Verhalten irreführend war. Dem Anschein zum Trotz lernte Sam nicht, Verantwortung zu übernehmen. Sein ›verantwortungsbewußtes‹ Verhalten war durch starke Gefühle der Unsicherheit motiviert. Nur die Anerkennung durch andere verschaffte ihm kurzfristig Erleichterung.

Infolge dieses Teufelskreises stauten sich natürlich Emotionen auf. Sam fühlte sich seinem Vater entfremdet und versuchte zwanghaft, sich so zu verhalten, daß er von allen anerkannt wurde, denn dies, so hoffte er, würde seine Probleme lösen. Aber sie wurden dadurch nur verstärkt. Also gab er sich immer größere Mühe und baute im Lauf der Zeit eine starke Aversion gegen die Übernahme von Verantwortung auf. Er entwickelte die Vorstellung, daß verantwortliches Handeln nur ein fauler Zauber sei – etwas, das man tut, um Anerkennung zu finden. Infolgedessen entwickelte er nie irgendeine Art von Verantwortungsbewußtsein.

Als ich Sam und seine Familie kennenlernte, war einer der Grundsteine des Peter-Pan-Syndroms bereits fest verankert. Eine Umkehrung dieser Entwicklung würde die Anstrengungen der gesamten Familie erfordern. In Kapitel 12 werde ich schildern, wie man sowohl Sams Problem als auch dem der drei anderen Jungen begegnen kann.

Kapitel 5

Angst

John: »[Peter] ist nicht wirklich unser Vater. Er wußte nicht einmal, was man als Vater tun muß. Das mußte ich ihm erst zeigen.«

Peter: »Was Mütter betrifft, bist du im Irrtum, Wendy. Über das Fenster dachte ich genauso wie du [nämlich, daß es hätte offen bleiben sollen]. Also blieb ich viele Monde lang fort, aber als ich dann zurückflog, war das Fenster geschlossen, denn meine Mutter hatte mich völlig vergessen, und in meinem Bett schlief ein anderer kleiner Junge.«

Peter war ein Nervenbündel. Seine Angst schlich leise durch Niemalsland und machte alle zappelig. Sie alle kennen so jemanden. Er ist so angespannt, daß er die Atmosphäre zum Knistern bringt. Wenn Sie ihn fragen, ob es ihm gutgeht, unterbricht er Sie mitten im Satz. »Ich? Mir geht's prima! Ausgezeichnet! Mit mir ist alles in Ordnung! Stimmt mit dir was nicht?«

Der klarste Beweis für Peters Angst ist die Tatsache, daß sein Sinn für Gefahr aus dem Gleichgewicht geraten war. So spielte er zum Beispiel seelenruhig auf seiner Flöte, während Captain Hook die Lunte der Bombe anzündete. Die Aussicht, zu ertrinken, faszinierte ihn, denn sterben erschien ihm als eine großartige Nachmittagsbeschäftigung. Man muß kein Hysteriker sein, um angesichts dieser beiden Gefahren in Aufregung zu geraten. Peter jedoch blieb völlig gelassen.

Der Verlust seines Schattens aber beunruhigte ihn außerordentlich. Er bekam einen Wutanfall, als seine loyalen Gefolgsjungen nicht die Rolle spielen wollten, die er ihnen zuwies. Und er war sehr darauf bedacht, sich nie von jemand anderem berühren zu lassen. Alles in allem hatte Peter seine Prioritäten eindeutig falsch gesetzt.

Wenn Sie ebenso wie ich davon überzeugt sind, daß Peter nicht geistesgestört war, müssen Sie daraus schließen, daß etwas an ihm nagte. Er war außerstande, es zu verstehen, fühlte aber trotzdem die negativen Auswirkungen. Er spürte, daß da etwas war, konnte es aber nicht in Worte fassen.

Wie alle ängstlichen Menschen versuchte Peter, seine Sorgen zu verbergen, aber seine Tarnung verriet die Ursache. Das soll heißen, daß Peter, indem er seine Nervosität zu vertuschen versuchte, den Grund seiner Angst offenbarte. Die beiden Zitate am Anfang dieses Kapitels sind deutliche Hinweise: Peter fühlte sich seinem Vater entfremdet und war tief beunruhigt durch das Verhalten seiner Mutter, das er als Ablehnung interpretierte. Diese Kombination rief ungeheure Angst in ihm wach. Er kannte keinen vertrauenswürdigen Menschen, an den er sich wenden konnte. Und er brauchte Hilfe.

Wenn ich Peter bei der Bewältigung seiner Angst hätte helfen sollen, hätte ich meine Aufmerksamkeit auf seine Eltern gerichtet und Peters Nervosität als ein Zeichen von Spannungen innerhalb der Familie gewertet. Mit der Ehe seiner Eltern lief irgend etwas schief.

Eine Auseinandersetzung mit der Beziehung zwischen Mr. und Mrs. Pan würde ein Licht auf die Atmosphäre werfen, in der Peter aufgewachsen war – eine Atmosphäre voller Ängste und Spannungen. Irgendwie vermittelten Mr. und Mrs. Pan ihrem Sohn, daß er eine zu enge Beziehung zu seinem Vater zu vermeiden hatte und sich Sorgen darüber machten mußte, ob seine Mutter ihn liebte.

Jene Angst, die einen Grundstein des Peter-Pan-Syndroms darstellt, hat ihren Ursprung in ehelichen Problemen der Eltern und wird durch sie weiter verstärkt. Das Verhältnis der Eltern zueinander ist in gewisser Hinsicht gestört. Meist bestehen keine tiefgreifenden Meinungsverschiedenheiten, und daher sieht keiner von beiden einen Grund dafür, eine Eheberatung aufzusuchen. Auch wenn so etwas abgedroschen klingt: Ihr Problem rührt von dem Unvermögen her, miteinander zu kommunizieren.

Die Eltern von PPS-Opfern sind überzeugt, dieselben Wertvorstellungen zu haben. In Wirklichkeit stellen sie jedoch mit der Zeit fest, daß sie in bezug auf bestimmte Werte völlig verschiedener Meinung sind. Aber sie haben sich aneinander gewöhnt und glauben aufgrund der Tatsache, daß sie immer noch zusammen sind, ihre Ehe sei *de facto* in Ordnung. Ein solches Wunschdenken macht eine sinnvolle Kommunikation unmöglich. Sie spüren zwar ein dumpfes Unbehagen, glauben aber, das sei nun einmal so in jeder Ehe.

Die Frustration, die daraus entsteht, daß man mit jemandem zusammenlebt, dem man sich nicht wirklich nahe fühlt, erfaßt schließlich auch andere Mitglieder der Familie, einschließlich der Kinder.

PPS-Opfer sind meistens sehr sensible Kinder. Sie hören auf ihre Eltern und geben sich Mühe, zu tun, was man ihnen sagt. Auch wenn sie es oft nicht zeigen (siehe Kapitel 4 – ›Abneigung gegen Verantwortung‹), besitzen sie ein gut entwickeltes Gefühl dafür, was richtig und was falsch ist. Bei der Behandlung älterer Männer, die vom Peter-Pan-Syndrom betroffen waren, habe ich mir oft gewünscht, sie wären weniger empfänglich für die Einflüsse gewesen, die von ihren Eltern ausgingen. Wenn sie in dieser Hinsicht mehr Widerstandskraft gehabt hätten, wären sie vielleicht nicht in solche Schwierigkeiten gekommen. Es liegt eine traurige Ironie darin, daß Kinder, die so offen für die Einflüsse ihrer Eltern waren, sich später so wankelmütig gegenüber den Menschen verhalten, an denen ihnen am meisten liegt.

Ich habe acht Botschaften entdeckt, die dem Peter-Pan-Syndrom Vorschub leisten. Ich nenne sie unterschwellige

Botschaften, weil sie aus negativen Aussagen bestehen, die die Eltern vermitteln, ohne sich dessen bewußt zu sein. Ich werde hier darlegen, inwiefern diese Botschaften bereits vorhandenen Eheproblemen entspringen und Ängste hervorrufen. Diese Informationen entstehen, wenn Eltern versuchen, ihre Angst zu verbergen, indem sie zu ihren Kindern anstatt miteinander sprechen.

Vier dieser unterschwelligen Botschaften nenne ich ›Mutter-Sohn-Informationen‹, weil sie von der Mutter an den Sohn weitergegeben werden. Sie lauten:

»Laß deinen Vater in Ruhe.«

»Du benimmst dich genau wie dein Vater.«

»Dein Vater kann nicht mit Gefühlen umgehen.«

»Es ist wirklich schade, daß seinem Vater seine Arbeit wichtiger ist als seine Familie.«

Die anderen vier Informationen sind ›Vater-Sohn-Informationen‹, weil der Vater sie seinem Sohn vermittelt. Sie lauten:

»Halte mir deine Mutter vom Leib.«

»Tu deiner Mutter nicht weh.«

»Deine Mutter versteht Männer nicht.«

»Nimm's nicht so schwer – du weißt doch, wie Frauen sind.«

Bevor ich auf diese Botschaften eingehe, werde ich erklären, warum sie in der frühen Jugend den größten Schaden anrichten.

Dreizehn bis vierzehn Jahre – die Angst auf ihrem Höhepunkt

Die Bestimmung des Alters, in dem die Angst ihren Höhepunkt erreicht, ist etwas willkürlich. Sobald Kinder alt genug sind, die Atmosphäre in ihrem Elternhaus zu spüren, haben Eheprobleme immer negative Auswirkungen auf sie. Untersuchungen haben ergeben, daß diese emotionale Sensibilität bereits bei ungeborenen Kindern vorhanden ist. Die Unfähigkeit der Eltern, miteinander zu kommunizieren und die daraus resultierende Spannung wirkt also schon in dem Moment auf das potentielle PPS-Opfer ein, in dem die Probleme zwischen Vater und Mutter entstehen. Dennoch deutet einiges darauf hin, daß die Angst ihren Höhepunkt im vierzehnten und fünfzehnten Lebensjahr erreicht.

In diesem Alter sind Kinder besonders interessiert an der Art der Beziehungen zwischen den Geschlechtern, und es ist kein Wunder, daß die erste Beziehung, die sie genauer untersuchen, die ihrer Eltern ist. Wenn sie die Probleme ihrer Eltern bis dahin nicht wahrgenommen haben, werden sie ihnen mit Sicherheit im Alter von etwa dreizehn Jahren bewußt. Und wenn dieses Bewußtsein erst einmal geschärft ist, werden sie alle Informationen, die ihre Eltern ihnen geben, sehr aufmerksam aufnehmen.

Ein dreizehn- bis vierzehnjähriger Junge befindet sich in einer Phase, in der er sich als strahlender Ritter sieht. Die Tatsache, daß die Informationen verdeckt sind, erregt seine Neugier, und er versucht, ihre verborgene Bedeutung zu entschlüsseln. Er wird nicht lange brauchen, um dahinterzukommen, daß seine Eltern in Schwierigkeiten sind, und als der tapfere Ritter, der er ist, springt er auf sein weißes Schlachtroß und sprengt davon, um sie zu retten. Da er jedoch noch ein unerfahrenes Kind ist, das seinen Heldenmut zu beweisen versucht, kommt er zu dem Fehlschluß, daß *er* das Problem ist. Das macht ihm Angst, aber er weiß, daß er seine Eltern vor seiner eigenen Schlechtigkeit bewahren muß.

Unterschwellige Botschaften

Hierbei handelt es sich um sehr gefährliche, unbedachte Bemerkungen, die der Angst Auftrieb geben. Sie sind unabsichtlich – die Eltern sind entsetzt, wenn sie erfahren, was das Kind gehört hat. Sie sind spontan – es ist den Eltern peinlich, wenn sie sich der verborgenen Bedeutung bewußt werden. Sie richten außerordentlich großen Schaden an – die Eltern bereuen sie sehr, wenn die Zeit sie lehrt, daß ihre Kinder sich nur so zu verhalten versuchen, wie ihr Vater und ihre Mutter es immer von ihnen verlangt haben.

Die unterschwelligen Botschaften, die mir Sorgen machen, sind diejenigen, bei denen ein Elternteil seine Unzufriedenheit in der Ehe auf das Kind abwälzt.

Bei der Untersuchung der Struktur der Familien von PPS-Opfern bin ich zu dem Ergebnis gelangt, daß unterschwellige Botschaften mit zwei Aussagen zu tun haben, von denen eine von der Mutter, die andere aber vom Vater ausgeht. Die Mutter vermittelt ihrem Sohn: *Du darfst deinem Vater nicht nahe sein.* Die unausgesprochene Botschaft des Vaters lautet: *Deine Mutter ist zu nachgiebig, und du verletzt sie ständig.*

Für das Gefühl drohenden Untergangs gibt es keine Linderung – außer vielleicht magische Gesänge. Der Sohn weiß, daß irgend etwas absolut nicht stimmt. Zwar mahnt ihn sein gesunder Menschenverstand mit leiser Stimme, die Möglichkeit in Betracht zu ziehen, daß seine Eltern unrecht haben könnten, aber seine Loyalität und seine entwicklungsbedingte Egozentrik sorgen gemeinsam dafür, daß er die alleinige Verantwortung sich selbst gibt. Er kommt gezwungenermaßen zu dem Schluß, daß er die Schuld trägt.

Mit dieser ›Ich bin nicht in Ordnung‹-Einstellung beginnen in seinem Kopf verschiedene Prozesse. Während seine Bereitschaft, sich selbst die Schuld zu geben, zunimmt, wird sein Selbstbewußtsein immer schwächer. In stillen Momenten überkommt ihn ein nagendes Gefühl der Traurigkeit, und so vermeidet er es möglichst, allein zu sein. Er kommt zu unlogischen Schlüssen, die seine Fähigkeit betreffen, seine Eltern zu verletzen und/oder zu beschützen. Dies wird zu einem Teil eines irrationalen Machtgefühls, wobei der Junge glaubt, er könne seine Eltern vor emotionalem Schmerz bewahren. Wenn ihm dies nicht gelingt, verachtet er sich.

Diese seelischen Prozesse führen schließlich zu einem Gefühl der Verzweiflung. Er stellt insgeheim Behauptungen über die Art seines Charakters auf, die für ihn äußerlich schädlich sind. Obwohl er sieht, daß seine Eltern ihn lieben, ist er der Meinung, daß es ihm unmöglich ist, diese Liebe zu erwidern. Er hat das Gefühl, daß irgendwo in ihm ein Dämon lauert, der ihn zu einem Menschen macht, den man nicht lieben kann.

Dieses negative Bild von sich selbst läßt ihn Handlungen begehen, die diese Vorstellung bestätigen. Da er sich selbst als einen Menschen sieht, der nicht fähig ist zu lieben, gibt er sich keine Mühe mehr, rücksichtsvoll und höflich zu sein. Seine innere Stimme sagt ihm: »Es hat ja doch keinen Zweck, daß ich versuche, mich zu benehmen, denn ich bin ja ein richtiges Ekel.«

Es vergehen Jahre, bevor das PPS-Opfer in der Lage ist, den Teufelskreis zu erkennen, den es sich durch sein negatives Bild von sich selbst geschaffen hat. In diesem Stadium des Leidens jedoch, mit dreizehn oder vierzehn Jahren, spürt der Junge nur das Bedürfnis, seinem emotionalen Schmerz zu entfliehen. In diesem Zusammenhang nehmen die Probleme mit Mutter und Vater Gestalt an.

Die Beziehung des Opfers zu seinen Eltern wächst nie über diesen Punkt hinaus. Seine Flucht nach Niemalsland führt zu einem Stillstand des emotionalen Reifungsprozesses. Viele Opfer versuchen ihr ganzes Leben lang, ihrem Vater nahe zu sein, ohne in Panik zu geraten, und sich von der Mutter zu lösen, ohne Schuldgefühle zu bekommen. Und immer wieder werden sie von dem Gedanken gequält, es stehe in ihrer Macht, den Eltern Leid zu ersparen. Aber das ist natürlich völlig illusorisch.

Schließlich bekommt das PPS-Opfer Schwierigkeiten mit männlichen Autoritätspersonen. Er erwartet Unmögliches von Lehrern, Chefs, Professoren, Trainern. Seine Bemühungen, es diesen Männern recht zu machen, gehen über alle Grenzen der Vernunft hinaus. Dafür erwartet er, daß sie ihm einen speziellen Status einräumen, und wenn dies geschieht, interpretiert er das als symbolische Verbindung zu seinem Vater. Er erhofft sich davon eine Absolution für seine Unfähigkeit, den Vater zufriedenzustellen. Diese Probleme mit dem Vater beeinträchtigen seine Beziehungen mit männlichen Autoritätspersonen und führen in den meisten Fällen dazu, daß sich die Distanz zum Vater noch mehr vergrößert.

Die Probleme mit der Mutter kommen zum Vorschein, wenn er eine Beziehung mit einer Frau eingeht. Seine Art, eine Frau zu lieben, besteht im wesentlichen darin, daß er sie zu einem Muttersatz macht. Er erwartet, daß sich die Frau in seinem Leben nach einem ganz bestimmten Muster verhält. Wenn sie seine Erwartungen nicht erfüllt (von denen die erste und wichtigste lautet, daß sie allem, was er sagt und tut, immer zustimmen muß), bekommt er einen Wutanfall oder wird, was noch schlimmer ist, ausfallend und beleidigend. Indem es diese Ersatzmutter in jeder Hinsicht zufriedenstellt, hofft das Opfer, daß es schließlich doch noch lernen wird, ein liebevoller Mensch zu sein.

Infolge seiner Spannkraft und der Unbeständigkeit seines Teenager-Lebens kommt ein Teil dieser inneren Konflikte erst nach einigen Jahren zum Tragen. Es kommt zu Stillstand und Verfall, ohne daß sich der junge Mann dessen bewußt ist. Es gibt jedoch zwei bedeutende Indikatoren für negative Selbsteinschätzung und erdrückende Angstgefühle.

So kann es zum Beispiel sein, daß Sie miterleben, wie ein Junge von etwa vierzehn Jahren auf jemandem herumhackt, der ihm nahesteht. Wenn er eine jüngere Schwester hat, wird sie die Zielscheibe seiner Gehässigkeiten sein. Ein paar Jahre zuvor noch hat dieser Junge sie geradezu vergöttert. Als sie ein Baby war, hat er sie gefüttert und wollte immer in ihrer Nähe sein. Jetzt hackt er gnadenlos auf ihr herum. Er zieht sie auf. Sein Neid und seine Eifersucht kommen in boshaften Bemerkungen zum Ausdruck. Es handelt sich hierbei nicht um eine normale Rivalität zwischen Geschwistern, sondern um eine schonungslose Kritik, die die Schwester oft sogar zum Weinen bringt und sie zu ihrer Mutter sagen läßt: »Tu doch etwas – sonst ist es bald soweit, daß ich meinen Bruder hasse.«

Die Angst in diesem Alter manifestiert sich auch in einem plötzlichen Nachlassen der schulischen Leistungen – die Noten werden immer schlechter. Die Lehrer sagen von dem Jungen, er sei zwar intelligent, mache jedoch seine Aufgaben nicht. Sie nennen ihn faul. Nach ihrer Einschätzung bleiben seine Leistungen hinter seinen Fähigkeiten zurück. Seine Konzentration läßt zu wünschen übrig. In einigen Fällen übernimmt er die Rolle des Klassenclowns. Weder Nachhilfestunden noch Ermahnungen, Erziehungsmaßnahmen oder Drohungen scheinen zu fruchten. Dem Jungen ist wirklich alles egal.

Abneigung gegen Verantwortung + Angst

Diese indifferente Haltung ist eine Folge der negativen Selbsteinschätzung. Zusammen mit der im vorangegangenen Kapitel beschriebenen starren Abneigung gegen Verantwortung führt sie zur Bildung eines der Hauptmerkmale im psychologischen Profil des PPS-Opfers: der Neigung, Dinge auf später zu verschieben.

Bei einem Opfer des Peter-Pan-Syndroms nimmt eine solche Neigung weitaus schädlichere Formen an als bei anderen Menschen. Bei jedem von uns kommt es einmal vor, daß wir Dinge ein oder zwei Tage lang aufschieben, weil wir müde oder überlastet sind oder einfach keine Zeit haben. Aber *schließlich erledigen wir sie doch.*

Ein PPS-Opfer dagegen erledigt sie meistens *nicht*. Er schiebt Dinge auf, weil er, wenn überhaupt, nur wenig Veranlassung dafür sieht, etwas in die Zukunft zu investieren. Seiner Meinung nach wird das Ergebnis nur neues

Versagen sein. Durch diese Art von Fatalismus wird aus der normalen Neigung, Dinge aufzuschieben, eine Katastrophe: Alles wird *immer* auf morgen verschoben – und so natürlich nie erledigt.

Die Summe von Verantwortungslosigkeit und Angst ist fatalistisches Zögern. In dem verzweifelten Wunsch ›dazuzugehören‹ verschwendet er seine Energien. Im nächsten Kapitel werden wir sehen, wie der Druck Gleichaltriger als soziologischer Zement wirkt, der die von Peter Pan angeführte Legion der Verlorenen Jungen zusammenhält.

Darlings von heute

Am Anfang und am Ende der Geschichte von Peter Pan macht uns der Autor mit den Familienverhältnissen im Haus der Darlings vertraut. George und Mary Darling haben drei Kinder: Wendy, Michael und John. Zu Beginn der Geschichte macht Peter Wendy zu seiner Ersatzmutter und Michael und John zu Mitgliedern seiner Legion der Verlorenen Jungen.

Es deutet vieles darauf hin, daß das Peter-Pan-Syndrom im Haus der Darlings bereits fest Fuß gefaßt hat. Mr. Darling ist voller Chauvinismus und Selbstmitleid – ein Kind im Körper eines Mannes. Mrs. Darling ist langmütig, bemuttert ihren Mann und opfert sich für ihre Kinder auf. Wir wissen nichts von den persönlichen Problemen der Eltern, aber wir hören viele verdeckte Informationen. Mit der Ehe von George und Mary steht es nicht zum besten, und die Kinder sind gefangen zwischen den Fronten. Wenn Sie die ersten Seiten der Geschichte gelesen haben, werden Sie verstehen, warum Peter sich zum Schlafzimmerfenster der Darling-Kinder hingezogen fühlte.

Auch heute gibt es zahllose Familien wie die Darlings, Familien, die Peter Pan und seiner Legion der Verlorenen Jungen unwissentlich den Weg bereiten. Zwei von ihnen will ich hier vorstellen.

Mary war peinlich berührt und zornig darüber, daß sie ihre Kindheit in ärmlichen Verhältnissen hatte verbringen müssen. Die Eisenbahnlinie, die ihre kleine Heimatstadt durchschnitt, erschien ihr wie ein Doppelzaun. Die südliche Schiene war die Grenze eines Gebietes, in dem Kinder spielten, die von ihren Eltern anerkannt und geliebt wurden. Die nördliche Schiene jedoch schien aus Stacheldraht zu bestehen, so sehr kratzte und schmerzte sie jedesmal, wenn Mary sie zu überschreiten versuchte. Obwohl sie auf der Nordseite keinen Hunger zu leiden brauchte, verzieh sie es ihrem Vater nie, daß er gern bei eben jener Eisenbahn arbeitete, die sie gefangenhielt.

Mary wuchs zu einer attraktiven jungen Frau heran, die unablässig zwei Ziele verfolgte: schöne Kleider zu besitzen, damit jeder sehen konnte, daß sie ein anständiges Mädchen war, und immer erstklassige schulische Leistungen zu erbringen, um ein Stipendium für eine gute Universität zu bekommen und dadurch bessere Heiratschancen zu haben. Damit würde sie dann die Schatten der Vergangenheit für immer abgeschüttelt haben.

Inzwischen hatte Barry Pilsen nur eins im Sinn: seine Mutter für das schwere Dasein zu entschädigen, unter dem sie angeblich zu leiden hatte. Sein Vater war gestorben, als Barry vier Jahre alt war. Er hinterließ seiner Frau genug Geld für die Ausbildung seines Sohnes, aber nicht genug, um die täglichen Ausgaben zu bestreiten. Es verging kaum ein Tag, an dem Barrys Mutter ihren Sohn nicht daran erinnerte, wie sehr sie sich für ihn aufopferte. Mehr als einmal sagte sie ihm, all ihre Entbehrungen würden vergessen sein, wenn er nur die richtige Frau heiraten und sich um sie, seine Mutter, kümmern würde. Der Druck, dem er sich hierdurch ausgesetzt sah, war die Ursache der meisten Probleme, mit denen Barry Pilsen zu kämpfen hatte.

Auf ihrem ersten Universitätsfest fühlten Mary und Barry sich sofort zueinander hingezogen. In Barrys Ernsthaftigkeit und Besonnenheit sah Mary die Erfüllung ihrer Hoffnungen und Träume, und für Barry war sie die Frau, mit deren Hilfe er den Vertrag mit seiner Mutter erfüllen konnte. Noch während ihres ersten Jahres auf der Universität sprachen sie vom Heiraten.

Barrys Bereitschaft, sich still für andere aufzuopfern, prädestinierte ihn für eine Karriere in einer großen Firma. Auf der gesellschaftlichen Ebene hielt Mary mit dem kometenhaften beruflichen Aufstieg ihres Mannes mit. Ihre Mitgliedschaft in mehreren Vereinen wurde durch die Einladung an ihren Mann abgerundet, einem exklusiven Klub beizutreten.

Die Schatten von Marys Vergangenheit waren beinah verschwunden. Sie log so regelmäßig und ausdauernd über ihre Kindheit, daß sie fast selbst glaubte, sie sei ein Waisenkind gewesen, das von einer ältlichen Tante und einem Onkel in North Dakota aufgezogen worden war.

Barrys Mutter war von Mary entzückt. Sie brachte bei jeder Gelegenheit ihre Zufriedenheit mit der Wahl ihres Sohnes zum Ausdruck. Außerdem bat sie ihn ständig, zahllose kleine Dinge für sie zu erledigen. Da sie hundert Meilen voneinander entfernt lebten, verbrachte Barry Stunden am Telefon und sprach mit Rechtsanwälten, Bankiers, Buchhaltern und sogar mit Klempnern, um seine Mutter zufriedenzustellen. Obwohl er es haßte, von seiner Mutter derart vereinnahmt zu werden, verspürte er schon bei dem geringsten Versuch, sich dagegen aufzulehnen, ungeheure Schuldgefühle.

Barry und Mary hielten sich auch weiterhin an das Drehbuch ihrer Filmehe und hatten drei Kinder, zwei Jungen und ein Mädchen. Dadurch wurde das empfindliche Gleichgewicht, das in ihrer Beziehung herrschte, gestört. Die emotionalen Bedürfnisse ihrer Kinder zwangen Mary dazu, nach Möglichkeiten für Veränderungen zu suchen. Äußerlich war sie angesehen, aber innerlich fühlte sie sich leer. Barry war fast die ganze Woche über beruflich unterwegs, und die Einsamkeit bestärkte sie in ihrem Entschluß, die Qualität ihres Lebens zu verbessern. Sie war entschlossen, die Regeln ihrer Ehe zu verändern.

Das meiste von dem, was seine Frau über Teilen, emotionales Wachstum und bessere Kommunikation sagte, verstand Barry nicht. Er tat ihre Unzufriedenheit mit den gegebenen Verhältnissen als verfrühte *Midlife-Crisis* ab und empfahl ihr, sich einen Job zu suchen und mehr Tennis zu spielen. Insgeheim überkam ihn Panik bei dem Gedanken, es könnten jetzt *zwei* Frauen unrealistische Forderungen an ihn stellen. Er versuchte, mit seinen eigenen Gefühlen fertig zu werden, indem er mehr Squash spielte und seinen Alkoholkonsum steigerte. Er hätte zwar gern einen Seitensprung unternommen, aber dazu fehlte ihm der Mut.

Als Colin Pilsen langsam ein Teenager wurde, lebte er in einem Elternhaus, das voller unausgesprochener Vorwürfe war. Er hatte nicht die Reife, den Grund für die ehelichen Probleme seiner Eltern zu erkennen, und auch sonst nahm er kaum etwas um sich herum wahr, seine Verpflichtungen eingeschlossen. Mary geriet immer wieder in Wut über ihren aufsässigen, faulen Sohn, der früher einmal so sensibel gewesen war, aber jetzt die Menschen in seiner Umgebung wie Leibeigene behandelte.

Ein Psychotherapeut hätte Mary Pilsen gezeigt, daß ein Großteil ihrer Frustration mit Colin in Wirklichkeit fehlgeleitete Wut auf ihren Mann war. Er hätte sie auch darauf hingewiesen, daß sie sich unbewußt dafür verurteilte, ihre Kindheit zu verbergen, die unendlich viel besser gewesen war als die ihrer eigenen Kinder.

Soviel ich weiß, hat diese Geschichte ein trauriges Ende. Mary und Barry sind immer noch verheiratet und verwenden den größten Teil ihrer Energien darauf, sich aus dem Weg zu gehen. Mary ist Vorsitzende mehrerer Komitees, von denen sich die meisten verwahrloster Kinder annehmen. Barry steht kurz vor der Berufung zum Aufsichtsratsvorsitzenden seiner Gesellschaft und hat ein Verhältnis mit einer jungen Frau, die er sehr liebt. Wegen der Bedeutung seines Ansehens in der Öffentlichkeit und den finanziellen Konsequenzen eines solchen Schrittes kommt eine Scheidung für ihn jedoch nicht in Frage.

Colin ist vierundzwanzig und versucht immer noch, seinen College-Abschluß zu machen. Er ist auf dem besten Weg, Alkoholiker zu werden, hat es noch nie fertiggebracht, einen Ferien- oder Teilzeit-Job länger als einen oder zwei Monate zu behalten, und beginnt, Anfälle von Depressionen zu haben, in denen er mit dem Gedanken an Selbstmord spielt.

Colins jüngerer Bruder und seine Schwester scheinen die Spannungen im Elternhaus unbeschadet überstanden zu haben. Wie gewöhnlich haben sich auch hier die verdeckten Informationen am verheerendsten auf den ältesten Sohn ausgewirkt. Er ist derjenige, der eine Antwort sucht und sie in Niemalsland findet.

Die Tolsons

Jim Tolsons Vater war niemals ein richtiger Vater gewesen. Bis zu seinem Tod blieb er für seinen Sohn eine rätselhafte Person. Jim hatte Angst vor seinem Vater, verachtete ihn jedoch – eine Kombination, die oft zu Rebellion führt. So war es auch bei Jim. Er war ein Tunichtgut, ›ein richtiger Junge‹, wie er sich später ausdrückte. Tatsächlich wäre er durch sein Verhalten mehrmals fast ins Gefängnis gekommen.

Jim wuchs auf einem Bauernhof auf und mußte mit anpacken, sobald er laufen konnte. Die harte Arbeit war für ihn Segen und Fluch zugleich. Er war davon überzeugt, daß sie ihn davor bewahrte, straffällig zu werden, aber andererseits war sie auch eine schwere Last für ihn. Als junger Mann konnte Jim sich nicht entspannen, wenn er nicht vorher eine mühselige, anstrengende Arbeit verrichtet hatte. Er hoffte, die Anerkennung seines Vaters zu finden, aber er trat nur in die Fußstapfen eines Mannes, der sein Leben lang wie ein Besessener gearbeitet hatte. Als Jim in das Erwachsenenleben eintrat, war er fest entschlossen, es in seinem Leben zu etwas zu bringen und hatte ein brennendes Verlangen, zu lernen, wie er seinem eigenen Sohn ein liebevoller Vater sein könnte.

Jims Frau Edna war die Tochter eines Vaters, der sie geradezu anbetete, und einer Mutter, die psychisch äußerst labil war. Edna glaubte, daß ihr Vater nur bei ihrer Mutter blieb, weil er Mitleid mit ihr hatte. Neben Schuldgefühlen wegen seines übermäßigen Alkoholkonsums fesselte ihn dieses Mitleid an eine Frau, die vier Nervenzusammenbrüche hatte, für die sie ihren Ehemann verantwortlich machte.

Emotionale Ausbrüche waren häufig in Ednas Elternhaus. Die Palette der Dinge, derer die Mutter den Vater regelmäßig beschuldigte, reichte vom Verbrennen des Toasts bis zum Seitensprung mit der Nachbarin. Der Vater entgegnete darauf gewöhnlich erst etwas, wenn er betrunken war. Dann wurde er mit Worten und Taten ausfallend. Edna verzieh ihm das, seine Frau niemals.

Edna bekam Angst, wenn ihre Eltern sich stritten. Sie tat alles, um diese Auseinandersetzungen zu vermeiden. Sie stellte ihre eigenen Bedürfnisse zurück und spielte die Rolle des Vermittlers. Sie sagte Verabredungen ab, um zu vermeiden, daß ihre Eltern sich über ihre Aufmachung stritten. Sie begrub ihre Pläne, auf ein College zu gehen, weil sie die Streitigkeiten über ihre finanzielle Unterstützung nicht ertragen konnte. Ohne es zu wissen, begann sie damals bereits, *allen Frauen* die Schuld dafür zu geben, daß sie unfähig war, ein vollwertiger Mensch zu werden. Sie hatte für ihre Mutter nur bittere Verachtung übrig, verehrte ihren Vater und war zutiefst enttäuscht darüber, daß sie als Mädchen zur Welt gekommen war.

Nach einem Kurs für Steno und Maschinenschreiben verließ Edna das Elternhaus und arbeitete für eine Baufirma, die einen Millionenumsatz machte und einen aufgeweckten jungen Vorarbeiter namens Jim Tolson beschäftigte. Ednas Schüchternheit verbarg ihren Mangel an gesellschaftlicher Gewandtheit. Jim fand ihre Bescheidenheit anziehend. Es dauerte nicht lange, und sie dachten ans Heiraten.

Ihr erstes Kind wurde während ihrer in sexueller Hinsicht katastrophalen Flitterwochen gezeugt. Keiner von ihnen verbarg seine Enttäuschung, und das fanden beide völlig in Ordnung, denn Jim war mehr daran interessiert, eine gute Mutter für seine Kinder als eine Frau für sich selbst zu bekommen, und Edna suchte in Wirklichkeit einen Ersatzvater, der sie vor den seelischen Schmerzen des Lebens beschützte. Wie so oft in den Familien von PPS-Opfern paßten Jim und Edna perfekt zusammen – wenn auch aus den falschen Gründen.

Mit dreiunddreißig Jahren war Jim zum Juniorpartner in der Baufirma aufgestiegen und hatte zwei kleine Söhne, die er vergötterte. Da er achtzig Stunden in der Woche arbeitete und jede freie Minute mit seinen Kindern verbrachte, hatte er nur wenig Zeit für seine Frau. Er wäre verblüfft gewesen, wenn ihm jemand gesagt hätte, daß Edna sich fühlte wie das fünfte Rad am Wagen.

Sie hatte sich die antiseptische Umgebung geschaffen, nach der sie sich gesehnt hatte, aber sie war bestürzt über den Preis, den sie für ihr Paradies bezahlen mußte.

Ednas Selbstverleugnung erreichte ein kritisches Stadium, als Jims Entschluß, eine eigene Firma zu gründen, sie zwang, wieder zu arbeiten. Sie haßte sich dafür, daß sie ihren Mann haßte. Während sich ihre Emotionen immer gefährlicher aufstauten, überkamen sie Erinnerungen an ihre Kindheit. Ihr ältester Sohn, ein verzogener und fauler Teenager, hatte am meisten unter ihrer inneren Unruhe zu leiden.

»Laß deinen Vater in Ruhe«, lautete die unterschwellige Botschaft, mit der Edna ihren Unmut zum Ausdruck brachte. Verschiedene Variationen über dieses Thema führten schließlich dazu, daß Jim seinem Sohn sagte: »Nimm's einfach nicht so schwer – deine Mutter versteht Jungen eben nicht.« Jim jun. stand zwischen einem Vater, der für alle Wünsche – mit Ausnahme seiner eigenen –

taub war, und einer Mutter, die es leid war, bei der leisesten Andeutung einer emotionalen Erschütterung zurückzustecken.

Ihre Jobs führten schließlich die Wende in ihrer Ehe herbei.

Ednas neuer Chef war nett und höflich – ein willkommener Balsam für ihr angegriffenes Ego. Sie gingen in der Mittagspause zusammen essen, unternahmen lange Spaziergänge und sprachen über ihre Unzufriedenheit mit ihrem Eheleben. Ihre Freundschaft entwickelte sich zu einer leidenschaftlichen Liebesaffäre. Edna war elektrisiert von dem Gefühl, sich selber akzeptieren zu können. Sie empfand jedoch auch Schmerz, denn sie war hin- und hergerissen zwischen dem aufregenden Gefühl, in einen Mann *verliebt* zu sein, und der beruhigenden Gewißheit, daß sie ihren Mann immer noch liebte.

Eines Abends, als sie gerade aus dem Haus gehen wollte, um sich mit ihrem Liebhaber zu treffen, wurde Edna von der Baustelle aus, die ihr Mann leitete, angerufen. Jim hatte sich bei einem Sturz schwer verletzt, sein Zustand war kritisch. Ohne daran zu denken, ihre Verabredung abzusagen, fuhr sie in höchster Eile zum Krankenhaus. In ihr tobten Gefühle, aber merkwürdigerweise fand sie Trost in der ruhigen Erkenntnis, daß ihr Leben, was auch immer geschah, nie mehr so sein würde, wie es gewesen war.

Edna kündigte ihren Job, um sich ganz und gar der Pflege ihres Mannes widmen zu können. Sie war tolerant, geduldig und liebevoll, merkte jedoch, daß Jim außerordentlich fordernd und unsensibel war. Früher hätte sie die Schuld dafür auf sich genommen, aber inzwischen gab ihr die Erfahrung, einen Mann und auch sich selbst geliebt zu haben, den Mut, sich den Problemen ihrer Ehe zu stellen.

Die Wende kam eines Abends, als Jim schlecht gelaunt zu Hause herumsaß. Edna tat etwas, das sie nie für möglich gehalten hätte: Sie begann einen Streit mit ihrem Mann.

Edna befreite sich von jahrelang aufgestauten Frustrationen. Ihre Katharsis bestand größtenteils darin, daß sie übertriebene Anschuldigungen erhob. Sie war wütend und kümmerte sich nicht darum, ob sie Jims Gefühle verletzte. Und das war gut so. Wäre sie zurückhaltender gewesen, dann hätte Jim sich weiterhin gleichgültig verhalten. Aber so war er entsetzt. Alles, was er sagen konnte, war: »Meine Güte, ich wußte ja gar nicht, was für Gefühle du hast.« Auch Edna staunte: Statt Angst verspürte sie Erleichterung. Obwohl sie alles herausgelassen hatte, war nichts Schreckliches passiert. Sie hatte ihre Angst überwunden.

In der nächsten Woche begannen Jim und Edna Tolson, einen Eheberater aufzusuchen. Sie hatten viele schlechte Angewohnheiten, die sie ablegen mußten, aber sie machten sich mit Eifer an die Bewältigung ihrer Probleme. Sie schienen ständig miteinander zu sprechen, und jeder entdeckte beim anderen Dinge, die überaus anregend waren. Das machte sich auch im Schlafzimmer bemerkbar, wo sie plötzlich merkten, daß ihnen der Sex miteinander ungeheuren Spaß machte. Nach ein paar Monaten stellten sie fest, daß sie sich nicht nur liebten, sondern auch *verliebt* waren.

Außer den Schwierigkeiten in ihrer Ehe gingen Jim und Edna auch mit Schwung ihre Probleme mit der Kindererziehung an. Jim jun. ging, ebenso wie ihr jüngerer Sohn, mit ihnen zur Familienberatung. Als ›Vierergespann‹ bemühten sie sich, neue Wege zu finden, wie jeder von ihnen etwas Positives zum Familiengeschehen beitragen konnte. Jim entwickelte sich zu einem Mann, der über seine eigenen Bedürfnisse hinaussehen konnte. Edna wurde zu einer Frau, die bereit war, um Liebe zu kämpfen. Und das in diesem Zusammenhang vielleicht Wichtigste war, daß Jim jun. der Legion der Verlorenen Jungen den Rücken kehrte und das Peter-Pan-Syndrom hinter sich ließ.

Jim und Edna Tolson vermittelten ihren Söhnen den Mut und die Fähigkeiten, die sie brauchten, um Männer zu werden. Dazu mußten sie jedoch selber erst erwachsen werden. Und das taten sie – spät, aber nicht zu spät.

»Es muß an mir liegen«

Die Pilsens und die Tolsons vermittelten ihren Kindern ein Gefühl inneren Unbehagens. Das taten sie nicht absichtlich. Tatsächlich fiel ihnen nicht einmal auf, daß das, was sie sagten, diese Wirkung hatte. Wie alle Arten verdeckter Kommunikation luden ihre unterschwelligen Botschaften zum Erraten der dahinterliegenden Motive und zum Gedankenlesen ein. Eltern unterschiedlichster Herkunft verwenden zu verschiedenen Zeiten und in verschiedenen Situationen bestimmte Wörter, um ihren Kindern unterschwellige Botschaften zu vermitteln. Trotz dieser Vielfalt haben PPS-Opfer eines gemeinsam – sie alle kommen zu demselben Schluß: »Irgend etwas stimmt hier nicht, und *es muß an mir liegen.*«

Wenn er im Lauf der Zeit die vielen verschiedenen Beziehungen eingeht, die das Leben eines Erwachsenen mit sich bringt, wird das Verhalten eines solchen Mannes durch die Konditionierung seiner Kindheit bestimmt, die ihn veranlaßt, sich selbst die Schuld zu geben, wenn irgend etwas schiefgeht. Das bißchen Integrität, das er noch besitzt, versucht er durch Verleugnung zu schützen. Er befreit sich von der Scham und den irrationalen Schuldgefühlen, die ihn bedrängen, indem er so tut, als könne er nie im Unrecht sein. ›Es tut mir leid‹ kommt in seinem Wortschatz nicht vor, denn er kann diesen Satz nicht aussprechen, ohne sich wertlos zu fühlen.

Die beiden Geschichten zeigen uns auch, daß die Eltern von PPS-Opfern Probleme mit sich selbst haben. Reste jener Unsicherheit, der sie als Kind ausgesetzt waren, beeinflussen ihr tägliches Leben und führen dazu, daß sie halb in der Gegenwart und halb in der Vergangenheit leben. Sie haben geheiratet, ohne ihren Partner wirklich zu kennen, und es fehlt ihnen jene Fähigkeit zur Kommunikation, die sie brauchen, um dieses Defizit auszugleichen. In den meisten Fällen tritt das Familienleben zugunsten eines übertriebenen Drangs nach Geld und gesellschaftlichem Status zurück. Sie vermeiden eine rationale Konfrontation, weil sie Angst haben, ihren Partner zu verletzen. Anstatt ehrlich zu sein, ziehen sie sich in den schönen Schein einer glücklichen Ehe zurück. Das Vorhandensein unterschwelliger Botschaften deutet auf die Tatsache hin, daß diese Eltern oft selber nicht erwachsen geworden sind.

Das älteste Kind

Im allgemeinen psychologischen Profil (siehe Kapitel 1) habe ich angedeutet, daß das PPS-Opfer mit einiger Wahrscheinlichkeit das älteste Kind in der Familie ist. Obwohl es natürlich Ausnahmen von dieser Regel gibt, erscheint es mir wichtig, darauf hinzuweisen, daß es sich bei dem PPS-Opfer in zweiundachtzig Prozent der von mir verzeichneten Fälle um das älteste Kind der Familie handelte.

Das erscheint mir plausibel. Das älteste Kind ist meistens auch das ›Versuchskind‹, das im Mittelpunkt der Aufmerksamkeit und der Meinungsverschiedenheiten steht. In den Erstgeborenen setzt man sehr wahrscheinlich die höchsten und am wenigsten realistischen Erwartungen. Sein Fehlverhalten zieht übermäßig große Ablehnung sowohl durch ihn selbst als auch durch seine Eltern nach sich, und er ist es, an den sich die unterschwelligen Botschaften in erster Linie richten.

Die klassische Definition von ›Angst‹ besagt, daß eine Person Angst empfindet, wenn sie vor einer Situation steht, in der sie gezwungen ist zu handeln, wobei die möglichen Alternativen aussichtslos erscheinen. Von dieser Art der Angst werden die Opfer des Peter-Pan-Syndroms gequält. Die Dechiffrierung der unterschwelligen Botschaften, die sie als Folge der Streitigkeiten ihrer Eltern erhalten, führt sie zu der Erkenntnis, daß irgend etwas nicht in Ordnung ist und »daß es an mir liegen muß«. Um dies Problem zu lösen, müssen die Kinder einen Weg finden, wie sie ihre Eltern vor sich, den Kindern, schützen können.

Wenn sie am Leben bleiben wollen (und das wollen die meisten von ihnen), gibt es für sie keinen logischen Weg aus dieser Falle. Die Nebenwirkungen der sich verfestigenden Angst sind unabsehbar. Ein allgemeines Gefühl, abgelehnt zu werden, wird zum ständigen Begleiter, ebenso wie Wut, verbunden mit Schuldgefühlen, auf die Mutter und ein Gefühl der Entfremdung vom Vater. Wunschdenken und die Einbildung, Macht zu besitzen, nehmen Gestalt an. Sobald das Kind merkt, daß es seinen Kopf einsetzen kann, um die Schmerzen in seinem Herzen zu betäuben, beginnen Gedanken die Gefühle zu beherrschen. Für den Aufschub des seelischen Sturms, der loszubrechen droht, bezahlt das Kind mit emotionaler Lähmung. Seine Einschätzung seiner selbst und sein Selbstwertgefühl werden schwer in Mitleidenschaft gezogen, aber es lebt weiter, so gut es kann.

Kapitel 6

Einsamkeit

Wendy: »Wo lebst du jetzt?«
Peter: »Bei den Verlorenen Jungen.«
Wendy: »Wer ist das?«
Peter: »Das sind die Kinder, die aus ihren Betten fallen, wenn das Kindermädchen gerade nicht hinsieht. Wenn man sie nicht innerhalb von sieben Tagen vermißt, werden sie nach Niemalsland geschickt. Ich bin ihr Anführer.«
Wendy: »Das macht sicher viel Spaß.«
Peter: »Ja, aber wir sind ziemlich einsam.«

Tootles *(einer der Verlorenen Jungen):* »Da ich ja niemand Wichtiges sein kann – soll ich euch vielleicht ein Kunststück zeigen?«

Was für eine Lieblosigkeit! Es ist einfach unglaublich. Können Sie sich etwas Schlimmeres vorstellen? Sie sind ein kleines Kind und fallen aus dem Bett. Das ist schon schlimm genug, aber besonders verletzend ist es, daß das Kindermädchen sieben Tage lang nicht merkt, daß das Kind verschwunden ist. Wenn Ihr Geist erst einmal gebrochen ist, weht der Wind der Einsamkeit die Splitter wie Spreu davon und verstreut sie in Niemalsland. Wenn Kinder nicht so robust wären, würden sie wahrscheinlich regelrecht verrückt werden.

Peter Pan gehörte zu denjenigen, die diesen Schlag überstanden. Als er, von Einsamkeit gequält, in Niemalsland erwachte, geriet er nicht in Panik. Er sah sich um, bemerkte, daß andere von einem ähnlichen Schicksal betroffen waren, und verwandelte die potentielle Katastrophe in einen Sieg. Er bildete eine Legion aus all diesen Verlorenen Jungen, deren bitter empfundene Gemeinsamkeit darin bestand, daß sie alle auf die schlimmste Art und Weise zurückgestoßen worden waren. Er besiegelte ihren Bund, indem er sich zu ihrem Anführer machte. Und das war er tatsächlich. Nur ein geborener Anführer konnte die Fähigkeit besitzen, aus dem Gefühl des Abgelehnt-werdens einen Daseinszweck zu machen.

Trotz ihrer Kameradschaft und ihrer Gruppenidentität wurden Peter und seine Legion der Verlorenen Jungen von Einsamkeit heimgesucht. Um sie zu bewältigen, waren sie gezwungen, aus der Not eine Tugend zu machen. Kinder spielen gern, und so ist es kein Wunder, daß sie ihre Einsamkeit durch Fröhlichkeit und kleine Tricks tarnten. Tootles ist ein gutes Beispiel für diese Kompensationshaltung. Die meisten von Ihnen werden das aus Ihrer Schulzeit kennen: Die treibende Kraft hinter den Späßen des Klassenclowns ist Einsamkeit.

Wir alle haben schon einmal Einsamkeit erfahren. Sie erscheint jedem von uns anders. Manchmal fühlt sie sich an wie ein grauer, bewölkter Tag, der nie zu Ende geht. Manche Leute erfahren sie als riesige Leere, die bis in ihren Bauch hinabreicht. Andere betrachten sich von außen und sehen sich als winzige Staubteilchen, die vom Wind der Bedeutungslosigkeit umhergeweht werden. Wieder andere sehnen sich so sehr nach menschlichem Kontakt, daß sie große Mühsale auf sich nehmen, um einem anderen Menschen nahe sein zu können.

Diese letzte Art der Einsamkeit überkommt vor allem Teenager. In diesem Alter haben die meisten weder die Erfahrung noch die Reife, um ihre Einsamkeit poetisch betrachten zu können. Sie wissen nur, daß sie das Bedürfnis nach menschlicher Nähe haben, und wenn diese ihnen vorenthalten wird, versuchen sie, sie um jeden Preis zu bekommen.

Wenn ein Kind sich in seinem Elternhaus unerwünscht fühlt, wird die Einsamkeit zu einem Grundstein des Peter-Pan-Syndroms.

Daß die Eltern den Mangel an Liebe durch Geld und materielle Dinge zu kompensieren versuchen, macht die Einsamkeit für diese Kinder nur noch schlimmer. In diesem Fall wirkt Wohlstand wie ein Katalysator, der den Eintritt in die kritische Phase des Peter-Pan-Syndroms beschleunigt. Die Einstellung, daß man Liebe mit Geld kaufen könne, vermittelt dem Kind ein falsches Gefühl von Sicherheit und trägt zum raschen Verfall seines bereits angegriffenen Egos bei. Das Kind beginnt zu glauben: »Wenn ich Geld und Sachen habe, brauche ich keine anderen Menschen mehr.« Diese Lüge verführt es dazu, seine Einsamkeit auf eine Art und Weise zu bewältigen, die nur noch mehr Probleme schafft.

Junge PPS-Opfer werden zwischen Einsamkeit und Wohlstand aufgerieben. Sie glauben, daß Zugehörigkeit eine Ware ist, etwas, das durch Tausch oder Kauf erworben werden kann. So versuchen sie, die Bewunderung anderer zu erlangen, indem sie – wie Tootles – eine Rolle spielen, die ihnen eigentlich nicht entspricht; oder sie versuchen, Anerkennung zu finden, indem sie sich die richtige Art von Kleidung anschaffen; viele überspringen diese mittlere Stufe und versuchen gleich, sich Freunde zu ›kaufen‹.

Dazugehörigkeit ist eine Folge von Anteilnahme. Kinder, die auf ein Leben mit dem Peter-Pan-Syndrom zusteuern, sind unfähig, das einzusehen. Sie sind so mit dem Versuch beschäftigt, sich Liebe zu kaufen, daß sie nie erfahren, wie schön es sein kann, sich um andere zu kümmern. Und da auch ihre Eltern der irrigen Überzeugung sind, mit Geld könne man Glück kaufen, gibt es weit und breit niemanden, der den Kindern sagt, daß man nur dann Freunde finden kann, wenn man an den Problemen anderer Menschen Anteil nimmt.

Die Bemühungen der PPS-Opfer, ihre Einsamkeit zu überwinden, werden langsam immer verzweifelter. Je schlechter es ihnen geht, desto mehr umgeben sie sich mit einer immer größeren Anzahl von Gleichaltrigen, und immer größer wird auch ihre gezwungene Fröhlichkeit und die Bereitschaft, jede Mode mitzumachen und sich dem Diktat der Anpassung zu unterwerfen. Das Ergebnis ist eine hysterische Angst vor der Meinung ihrer Altersgenossen, die eine echte freundschaftliche Anteilnahme erstickt und die Einsamkeit nur verstärkt.

Der Druck der Altersgenossen ist deswegen so wirksam, weil er mit drohender Ablehnung arbeitet: »Du mußt tun, was alle tun, sonst wirst du abgelehnt werden, und keiner wird dich mögen.« Für ein Kind, das sich zu Hause zurückgewiesen fühlt, wird dieser Satz zu einer ständigen Erinnerung daran, daß seine einzige Chance auf menschliche Nähe darin liegt, zu einer Gruppe zu gehören. Es wird alles daransetzen, diese Chance nicht zu vergeben.

Fünfzehn bis sechzehn Jahre – die Einsamkeit auf ihrem Höhepunkt

Jeder von uns wird einmal von Einsamkeit überfallen, aber ihre Wirkung auf einen Teenager ist regelrecht niederschmetternd. Meiner Ansicht nach wird die Einsamkeit im sechzehnten und siebzehnten Lebensjahr zum bestimmenden Faktor, weil Jugendliche in diesem Alter soziale Verhaltensmuster entwickeln. Wenn ein Fünfzehnjähriger seine Einsamkeit dadurch bewältigt, daß er sich blind den Ansprüchen der nächstbesten Gruppe unterwirft, ist seine Widerstandskraft gegenüber den drei folgenden Stadien des Peter-Pan-Syndroms ernstlich geschwächt.

Abneigung gegen Verantwortung + Angst + Einsamkeit

Sie sehen es, wenn die Schule vorbei ist und fünf oder sechs Jugendliche auf dem Weg nach Irgendwo an Ihrem Haus vorbeikommen. Sie hören es, wenn im Kino der Vorspann läuft. Sie spüren es nachts, wenn jugendliche Stimmen durcheinanderreden und jeder spricht, aber niemand zuhört. Sie werden wütend auf diese Kinder, die nicht wissen, wie man sich benimmt. Aber es ist nicht ihr ungehobeltes Betragen, das Ihnen Sorgen macht.

Es ist etwas Grundlegenderes, Beunruhigenderes. Diese Kinder klingen aufgeregt und zufrieden. Aber ihre Fröhlichkeit ist aufgesetzt, ihr Lachen hysterisch. Ihr angebliches Glück wirkt drohend und unheimlich.

Sie können vielleicht nicht den Finger darauf legen, aber irgendwie liegt eine alles durchdringende Panik in der Luft. Nicht einmal diese Jugendlichen selbst wissen, daß sie eigentlich Angst haben. Die Panik erzeugt in ihnen das Bedürfnis, den anderen immer um eine Nasenlänge voraus zu sein. Wenn ein Jugendlicher bereit ist, seine moralischen Wertvorstellungen wegzuwerfen, um Anerkennung zu erlangen, verliert er alles Gleichgewicht, das er sich bis dahin aufgebaut hat. Seine Handlungen werden von Impulsen diktiert, die die Panik ihm eingibt.

Diese Art von Panik ist es, der das PPS-Opfer unterworfen ist. Die Jahre, in denen es sich geweigert hat, Verantwortung zu übernehmen, haben ihm seinen Stolz geraubt. Die Ängste, denen ein solcher Junge zu Hause unablässig ausgeliefert ist, führen zu dem Gefühl, abgelehnt zu werden und nehmen ihm damit die Hoffnung auf eine bessere Zukunft. Sein unbefriedigtes Bedürfnis nach menschlicher Nähe zwingt ihn dazu, ein Zusammengehörigkeitsgefühl außerhalb der Familie zu suchen; er treibt sich auf den Straßen herum, wo er schließlich andere Jugendliche findet, denen es nicht anders geht als ihm selbst. Einige, die sich nirgends einordnen können, bleiben allerdings auch auf der Straße einsam.

Das Peter-Pan-Syndrom in den Vorstädten

Die Ironie der panischen Suche des PPS-Opfers nach Anerkennung in der Gruppe besteht darin, daß sein Wunsch sich nie ganz erfüllt, so sehr es sich auch darum bemüht. Er mag an vielen gemeinsamen Aktivitäten teilnehmen, aber nur selten betrachtet man ihn als vollwertiges Mitglied der Gruppe.

Die ›Rowdies‹ ignorieren ihn, weil er zuviel Mitgefühl hat, um sich an ihren destruktiven Handlungen zu beteiligen. Die ›Chauvies‹ lehnen ihn ab, weil er sensibler ist als sie; sie nennen ihn ›Softi‹ oder machen Andeutungen über seine angebliche Homosexualität. Die ›Paradiesvögel‹ schließen ihn aus, weil er nicht in ihre Glitzerwelt paßt. Die ›Karrierebewußten‹ nehmen ihn nicht zur Kenntnis, weil er nichts mit ihnen gemeinsam hat. In der Drogenszene läßt man ihn zwar an Rauschgiftparties teilnehmen, traut ihm aber nicht.

Seine Panik macht es ihm unmöglich, wirkliche Freundschaften zu schließen. Die Möglichkeit, abgelehnt zu werden, macht ihm solche Angst, daß er ständig zur falschen Zeit die falschen Dinge tut. Sein Lachen klingt überdreht und albern, seine vulgären Anspielungen wirken gezwungen und fehl am Platz. Er geht in Worten und Taten bis zum Äußersten, um Anerkennung zu finden, aber all seine Anstrengungen erweisen sich als Fehlschläge. Seine Panik in Verbindung mit der ungenügend entwickelten Fähigkeit zu sozialem Verhalten führt zu weiterer Zurückweisung und einer Verstärkung des Gefühls der Einsamkeit.

Ein Junge in dieser Situation gibt zwar vor, Freunde zu haben – aber diese sogenannten Freunde melden sich nur selten bei ihm (wenn er etwas von ihnen will, muß er sie anrufen), und sie vermeiden es absichtlich, ihm von geplanten Aktivitäten zu erzählen, weil sie nicht wollen, daß er dabei ist. Das Schlimmste dabei ist vielleicht, daß er nichts davon merkt. Die einzige dauerhafte Beziehung, die er hat, ist die zu zwei oder drei anderen Jugendlichen, die so sind wie er – Ausgestoßene, die eine eigene Gruppe bilden und deren Identität auf der Tatsache basiert, daß niemand etwas mit diesen Jungen zu tun haben will.

Seltsamerweise findet man die Opfer dieser traurigen Verkettung von Umständen hauptsächlich in einer Umgebung, die angeblich der Inbegriff von Sozialisation und gutnachbarschaftlicher Solidarität ist: in den Vorstädten, in denen die Mittel- und Oberschicht wohnt. Ich habe jedoch festgestellt, daß die Menschen in vielen Vorstadtgebieten derart süchtig nach einem ›guten Leben‹ sind, daß sie vergessen haben, was das Leben gut macht. Sie haben Geld, aber in ihrem Herzen sind sie einsam. Dieses Mißverhältnis öffnet der Werbeindustrie Tür und Tor, und sie bombardiert diese Familien mit den unzähligen Abwandlungen einer einzigen Botschaft: »Wenn du dies kaufst, gehörst du dazu!«

Die Eltern glauben das, und die Kinder folgen ihrem Beispiel. ›Zugehörigkeit‹ steht auf der Einkaufsliste der Familie ganz oben an. Geplagt von Einsamkeit sind die Familienmitglieder eine leichte Beute für diejenigen, die ihnen einreden, man könne sich das Gefühl der Zugehörigkeit mit Geld erkaufen. Bei der Ikone, die man erwirbt, mag es sich um ein Auto handeln, oder um ein Haus, einen Urlaub, einen Pelzmantel, einen Videorecorder oder irgendein anderes Spielzeug für Erwachsene. Für die Kinder ist die Ikone der Zugehörigkeit eine neue Stereoanlage, ein Rock-Konzert, teure Jeans oder eine Party, die man für Freunde gibt.

Eine solche Ikone verliert bald ihren Wert. Ein einziger Moment der Einsamkeit, und der stolze Besitzer merkt, daß er nicht das Richtige gekauft hat. Daß man Zugehörigkeit nicht kaufen kann, geht ihm nicht auf. Und tatsächlich verhält es sich ja so, daß jemand dieses Gefühl gerade dadurch, daß er es mit einem Preisschild versieht, für sich unerreichbar macht. Der Versuch, Zugehörigkeit zu kaufen, vergrößert nur die Einsamkeit.

In Familien, in denen Freizügigkeit und Eheprobleme mit dem Anstieg des Einkommens Schritt gehalten haben, fallen die Kinder, insbesondere die Erstgeborenen, mangelndem Selbstbewußtsein und dem Gefühl, abgelehnt zu werden, zum Opfer. Sie erhalten die doppelte Dosis Einsamkeit. Verzweifelt suchen sie nach Freunden – daher die Panik, von der ich zuvor gesprochen habe. Oft spüren die Eltern diese Panik und tun dann etwas, das sie unbedingt vermeiden sollten: Sie geben ihren Kindern noch mehr Geld und materielle Dinge, anstatt sich für sie Zeit zu nehmen und ihnen Liebe und Aufmerksamkeit zu schenken. Wenn die Dinge so stehen, ist es dem Geist Peter Pans ein leichtes, sich in das Schlafzimmer der Kinder zu schleichen und ihr Herz zu stehlen.

Das schmerzliche Gefühl, ausgeschlossen zu sein

Es ist äußerst schwer, ein PPS-Opfer zu erkennen, wenn man zufällig mit einer Gruppe von Teenagern zu tun hat, die dabei sind, sich selbst zu finden. Es ist bei Jugendlichen nichts Ungewöhnliches, daß sie versuchen, sich der Verantwortung zu entziehen, und daher läßt dies allein keine weiteren Schlüsse zu. Angst und Einsamkeit überkommen gelegentlich jeden Menschen und stellen, wenn sie nicht zu stark werden, keine ernsten Gefahren dar. Aber wenn die Kombination dieser Faktoren das Leben eines jungen Menschen ganz und gar beherrscht, kann er das Gefühl haben, von allem ausgeschlossen zu sein.

Alle Kinder stehen von Zeit zu Zeit am Rande der Aktivitäten einer bestimmten Gruppe – das gehört zu dem Auf und Ab, aus dem die Jugendzeit besteht. Ich werde Ihnen jedoch die Geschichten zweier junger Männer erzählen, die nie eine Gruppe fanden, zu der sie sich zugehörig fühlten. Wenn Sie glauben, Ihr Sohn könne zu denjenigen gehören, die von allem ausgeschlossen sind, sollten Sie sich diese beiden Teenager ansehen. Falls Ihnen gewisse Muster bekannt vorkommen, werden Sie daraus möglicherweise schließen, daß Ihr Sohn sich mit dem Gedanken trägt, nach Niemalsland zu fliehen. Sie könnten jedoch auch zu dem Schluß kommen, daß es ihm gelingen wird, seine vorübergehende Faszination für Elfenstaub zu überwinden, wenn er sich zu der einen Gruppe zugehörig fühlt, die sich von anderen durch ihre Beständigkeit unterscheidet: seiner Familie.

Tom

Der sechzehnjährige Tom war viel mit älteren Jungen im Alter zwischen achtzehn und fünfundzwanzig Jahren zusammen. Seine Begründung dafür war, daß sie reifer seien und dumme Kinderspäße hinter sich gelassen hätten. Da er zu dieser Gruppe gehörte, nahm er regelmäßig an Parties teil, auf denen es Alkohol und Drogen gab, kam mit Mädchen zusammen, deren albernes, unreifes Verhalten ihm vorgaukelte, er sei ein Mann, und war dem Einfluß von Jugendlichen ausgesetzt, die Erziehung, Arbeit und die Autorität Erwachsener ablehnten.

Die unmittelbare Folge davon war ein dramatischer Rückgang seiner schulischen Leistungen. Wenn er den Unterricht nicht schwänzte, döste er einfach vor sich hin. Er beklagte sich andauernd über langweilige, unfähige Lehrer und Klassenkameraden, die ›schwul‹ seien. Wenn seine Eltern ihn wegen seiner schlechten Leistungen zur Rede stellen wollten, erwiderte er, sie sollten sich aus seinem Leben heraushalten. Das einzige, was Tom davor bewahrte, ein Aussteiger zu werden, war die Tatsache, daß er in den Jahren zuvor ein ausgezeichneter, lernwilliger Schüler gewesen war. In der Grundschule und in den ersten Klassen der High School hatte er nur gute Noten gehabt und Pläne gemacht, ein College zu besuchen und Mathematik und Naturwissenschaften zu studieren. Innerhalb von ein, zwei

Jahren jedoch war das alles für ihn nur noch ›kindischer Blödsinn‹.

Toms Eltern gaben die Schuld an seiner neuen Einstellung seinen Freunden. Sein Vater nannte sie ›Gammler‹ und ›Versager‹. Seine Mutter bat Tom immer wieder, sich gleichaltrige Freunde zu suchen. Tom wies die Klagen seiner Eltern zurück, ohne auch nur richtig hinzuhören. Seine Eltern ahnten nicht, daß Tom *wußte,* daß diese Burschen Gammler und Versager waren – eben darum mochte er sie ja. Er hatte das Gefühl, daß er vieles mit ihnen gemeinsam hatte.

Tom wurde von seinen älteren Freunden ausgenutzt. Wahrscheinlich wußte er das und akzeptierte es als eine der Tatsachen des Lebens. Er bekam fünfundzwanzig Dollar Taschengeld pro Woche, und für den größten Teil davon kaufte er Bier und Marihuana für seine Freunde. Sie amüsierten sich auf seine Kosten. Außerdem fanden sie es eine interessante Abwechslung, auszuprobieren, zu was sie diesen dummen, sechzehnjährigen Jungen bringen konnten. Tom nahm diese herablassende Behandlung in Kauf, weil er dafür das – wenn auch sehr oberflächliche – Gefühl haben durfte, zu ihnen zu gehören.

Nicht, daß Tom keine Gelegenheit gehabt hätte, mit netten Jungen seines Alters zusammenzukommen. Es gab kirchliche Veranstaltungen und nachbarschaftliche Feste, zu denen er von anderen, normalen Teenagern eingeladen wurde. Aber diese Einladungen lehnte er rundweg ab. Er nannte diese anderen Jugendlichen ›blöde Schwachköpfe‹ und weigerte sich, etwas mit ihnen zu tun zu haben. Natürlich hatten diese Jungen ihre Schwächen – immerhin waren sie ja noch nicht erwachsen. Aber Tom ritt auf ihren kleinsten Fehlern herum und übertrieb sie derart, bis auch seine Eltern einigen Punkten seiner Kritik zustimmten. Darauf schlug er einen Haken und schwor seinen Freunden unverbrüchliche Treue – Jugendliche, deren Fehler so gewaltig waren, daß es seinen Eltern die Sprache verschlug.

Der selbstzerstörerische, pessimistische Lebensstil seiner älteren Freunde vermittelte Tom den Eindruck, daß ihn etwas mit ihnen verband. Sie waren Versager, und er gehörte zu ihnen. Er hatte eine in moralischer Hinsicht ausgezeichnete Erziehung genossen, und daher wußte er, daß seine Freunde auf Abwege geraten waren, aber gerade aus diesem Grund hatte er sich ihnen angeschlossen. Die Angst und die Ablehnung, die er in seinem Elternhaus fühlte, hatten ihn davon überzeugt, daß auch er einen falschen Weg eingeschlagen hatte.

Erst nach einer mehrstündigen harten Auseinandersetzung waren seine Eltern bereit, sich der Realität zu stellen. Sie waren zu mir gekommen, weil sie Tom helfen wollten, aber sie hatten sich nicht träumen lassen, daß sie sich dazu auch mit ihren Eheproblemen auseinandersetzen mußten. Da sie dem Verfall ihrer Familie nicht länger tatenlos zusehen wollten, gingen sie schnell auf meine Vorhaltungen ein. Innerhalb einiger Wochen schafften sie es, ihrem Sohn gegenüber Fehler zuzugeben und gaben ihm zu verstehen, daß sie von ihm dasselbe erwarteten.

Tom kämpfte dagegen an. Er beklagte sich, stieß Drohungen aus und stellte die Geduld seiner Eltern auf eine harte Probe. Als er sah, daß seine Eltern nicht bereit waren, sich erpressen zu lassen, begann er, sich zusammenzureißen. Er gab zwar nie zu, Fehler gemacht zu haben, aber sein besseres Benehmen ließ seine Eltern wieder hoffen.

Da Tom in der Schule einen so schlechten Ruf hatte und sein soziales Verhalten zu wünschen übrigließ, beschlossen seine Eltern, ihn auf ein Internat zu schicken. Wir sprachen lange darüber, wie Tom die Bindung an seine Familie wiederherstellen könnte, wenn er die meiste Zeit nicht zu Hause war. Seine Eltern waren der Meinung, daß ein totaler Bruch mit der Vergangenheit Toms einzige Chance auf einen neuen Anfang sei. Zu Hause sei es ihm wahrscheinlich unmöglich, seine schlechten Angewohnheiten abzulegen. Zögernd stimmte ich ihnen zu.

Tom kam auf eine Privatschule, die einige hundert Kilometer entfernt lag. Für seine Eltern war das ein finanzielles Opfer, und Tom hatte große Schwierigkeiten, weil ihm in dem eingespielten sozialen Verhalten seiner Altersgenossen auf dem Internat vieles neu war. Tom erhielt Nachhilfestunden in schulischen und sozialen Bereichen. Das letzte, was ich von ihm gehört habe, ist, daß er wieder ein sehr guter Schüler ist und sich in der Hockeymannschaft der Schule ausgezeichnet hat. Seine Eltern haben ihr gemeinsames Leben völlig neu gestaltet und stellen voller Freude fest, daß ein Familienleben auch heiter und entspannt sein kann. In den Ferien hat Tom einen sehr guten Eindruck gemacht. Er ist ein Vorbild, an dem seine jüngeren Geschwister sich orientieren können.

Seine Eltern überlegen nun, ob sie Tom für das Abschlußjahr der High School nach Hause holen sollen. Sie wägen die Vor- und Nachteile gewissenhaft ab. Letzten Endes jedoch überlassen sie Tom die Entscheidung. Und das ist richtig so – schließlich ist er jetzt kein Versager mehr.

Toby

Bei oberflächlicher Betrachtung traf die Beschreibung eines PPS-Opfers nicht auf den fünfzehnjährigen Toby zu. Er war der zweite Sohn, verbrachte viel Zeit mit seinem Vater und war der Anführer einer Gruppe von Jungen aus der Nachbarschaft. In den meisten Fällen deutet dies darauf hin, daß es sich hierbei um einen Jugendlichen handelt, der der Legion der Verlorenen Jungen den Rücken gekehrt hat. Bei Toby jedoch täuschte der erste Eindruck.

Toby war zwar nicht der älteste Sohn in der Familie, aber seine Eltern waren ihm gegenüber immer extrem nachsichtig gewesen. Seinen Bruder, der fünf Jahre älter war, hatten sie streng erzogen, und das hatte sich so positiv auf sein Verhalten ausgewirkt, daß sie nachlässig geworden waren. Da die Erziehung ihres ersten Kindes so gute

Erfolge gezeigt hatte, glaubten sie, beim zweiten nicht so sehr aufpassen zu müssen. Während man von seinem Bruder erwartet hatte, sich sein Taschengeld zu verdienen, wodurch dieser einen gesunden Stolz auf die eigene Leistung entwickelte, bekam Toby alles, was er wollte, ohne auch nur einen Finger zu rühren. Seine Abneigung gegen Verantwortung machte ihn anfällig für die persönlichen Schwierigkeiten seines Vaters.

Tobys Vater war ein verbitterter Mann. Er besaß weder die Ausbildung noch die Stellung, die er angestrebt hatte, und war der Meinung, die ärmlichen Verhältnisse in seinem eigenen Elternhaus hätten ihn um seine Zukunft gebracht. Er hatte ein cholerisches Temperament und tendierte dazu, der Umwelt die Schuld an seinen Problemen zu geben. Kurz gesagt: Tobys Vater war ein zorniger Mann. Da er sich unsicher fühlte und die Anerkennung seines Vaters suchte, gab sich Toby alle Mühe, ihm in seinen Fußstapfen zu folgen. Das Rollenmodell, dem Toby gerecht zu werden versuchte, besaß aggressive Züge, und so entwickelte er sich zu einem Kämpfer. Es stellte sich heraus, daß die Zeit, die er mit seinem Vater verbrachte, einen schlechten Einfluß auf Toby hatte.

Auch seine Identität in der Gruppe war nicht das, was sie zu sein schien. Er war zwar tatsächlich der Anführer, aber die anderen Jungen taten, was Toby sagte, weil sie vor ihm Angst hatten, und nicht, weil sie ihn respektierten. Seine Stellung beruhte darauf, daß er von einer Sekunde auf die andere aggressiv werden konnte. Mit anderen Worten: Toby war ein Schläger.

Toby war immer streng ermahnt worden, nie einen Streit anzufangen; andererseits hatte sein Vater ihm jedoch eingeschärft, keiner Auseinandersetzung aus dem Weg zu gehen. Anstatt seine Intelligenz auf schulischem Gebiet einzusetzen, dachte sich Toby raffinierte Methoden aus, einen Streit vom Zaun zu brechen. Besonders gut verstand er es, andere durch gemeine Bemerkungen zu provozieren. Er stellte fest, daß er mit dem Vorwurf der Homosexualität meistens eine Schlägerei herbeiführen konnte. Er kleidete sich schlampig und trug mit vulgären Slogans bedruckte T-Shirts, alles, damit aus verbalen Auseinandersetzungen Handgreiflichkeiten wurden. Er schwang sich zum Beschützer kleinerer Jungen auf, allerdings nicht, weil er so viel für Fairneß übrig gehabt hätte, sondern weil er dadurch ausgiebig Gelegenheit hatte, sich mit anderen zu schlagen.

Toby gewann die meisten Kämpfe. Er war über einen Meter achtzig groß, durchtrainiert und wog fünfundsiebzig Kilo. Wenn andere Eltern anriefen, um sich über Tobys aggressives Verhalten zu beklagen, verlangte sein Vater eine genaue Schilderung der Auseinandersetzung, angeblich, um entscheiden zu können, ob er Toby bestrafen solle oder nicht. In Wirklichkeit jedoch bereitete es ihm insgeheim Vergnügen, zu sehen, daß sein Sohn die Wut herausließ, die er selbst in sich hineingefressen hatte.

Tobys Mutter spürte, daß etwas aus dem Gleichgewicht geraten war, und tat ihr Bestes, um diese Entwicklung aufzuhalten. Anstatt sich mit ihrem Mann auseinanderzusetzen, gab sie ihrem Sohn, ohne es zu wollen, die unterschwellige Botschaft, daß er seinen Vater enttäuschte. Daraufhin bemühte sich Toby noch intensiver als zuvor um Anerkennung, indem er sich noch aggressiver verhielt.

Das einzige Gute an diesem Teufelskreis war, daß Toby sich in der Rolle des Schlägers nicht wohl fühlte. Er war kein gemeines Kind, und eigentlich verabscheute er Gewaltanwendung. Im Grunde seines Herzens wußte er, daß andere ihn nicht wirklich mochten; dieses Gefühl der Einsamkeit aber erzeugte nur noch mehr Panik und Aggressionen.

Als ich Toby kennenlernte, war er sowohl in seiner Rolle als auch in seiner Angst, in seiner Weigerung, Verantwortung zu übernehmen, und in seiner Einsamkeit gefangen. Er wußte, daß er, wenn er sein Verhalten änderte, nicht nur eine Menge Freunde verlieren würde, sondern daß es auch viele gab, die nur darauf warteten, eine Rechnung mit ihm zu begleichen. Er hatte Angst, daß er würde kämpfen müssen, um mit dem Kämpfen aufhören zu können. Er brauchte dringend die Hilfe seines Vaters.

Zu meiner Überraschung bekam er sie. Tobys Vater war mit seinen Frustrationen sich selbst gegenüber ziemlich ehrlich, und er war zutiefst erschrocken, als er erfuhr, welche Auswirkungen seine eigenen Gefühle auf seinen Sohn hatten. Ich war als Vermittler bei mehreren Gesprächen zwischen Vater und Sohn anwesend, bei denen Toby von der Bürde befreit wurde, die Frustrationen seines Vaters ausleben zu müssen. Sobald Toby verstanden hatte, daß die Schwächen seines Vaters nicht sein Problem waren, konnte er die Art seines Umgangs mit anderen verändern.

Toby beklagte sich nicht einmal (oder jedenfalls nicht sehr laut), als seine Eltern strengere Maßnahmen ergriffen. Er mußte abends früher zu Hause sein, und sein Lernpensum wurde genau überwacht. Man erwartete von ihm, daß er sich zu Hause gut benahm, daß er nicht ungepflegt herumlief und sich ordentlich anzog. Diese Regeln zwangen Toby, die Rolle des Schlägers aufzugeben und belohnten ihn für seine Bemühungen, ein netter, hilfsbereiter Teenager zu werden. Toby vertraute mir auch an, daß diese Erziehungsmaßnahmen ihm geholfen hätten, neue Freunde zu finden und seine guten schulischen Leistungen mit Selbstbewußtsein zu betrachten. Aber am aufschlußreichsten war eine Bemerkung, die er ganz nebenbei fallenließ: »Ich glaube, meine Eltern haben mich jetzt genauso gern wie meinen Bruder.«

Inflexibilität der sozialen Rolle

Toby und Tom hatten vieles gemeinsam. Unter anderem hatte ihr Kampf gegen die Einsamkeit bei beiden dieselbe Folge: eine Inflexibilität in bezug auf die soziale Rolle. Sie verstanden es meisterhaft, ihre Fehler zu vertuschen und sich davor zu drücken, irgend etwas Neues auszuprobieren. Sie hatten eine Methode gefunden, mit ihrer Einsamkeit fertig zu werden, und *wollten* und *konnten* schließlich keine Ablehnung riskieren, indem sie mit neuen, angemesseneren Verhaltensweisen experimentierten. Ihre sozialen Verhaltensmuster waren so fest verankert, als seien sie in Beton gegossen. Dieser Mangel an Flexibilität machte sie äußerst anfällig für den sexuellen Rollenkonflikt, den vierten und am deutlichsten zu erkennenden Grundstein des Peter-Pan-Syndroms.

Die Inflexibilität der sozialen Rolle zwingt das PPS-Opfer zu einer sehr beschränkten Sicht seiner selbst in seiner Funktion als Mann. Im nächsten Kapitel werden wir sehen, wie sie zusammen mit Angst, Einsamkeit und der Weigerung, Verantwortung zu übernehmen, zur Ausbildung des sexistischen Elements des Peter-Pan-Syndroms führt.

Kapitel 7

Der sexuelle Rollenkonflikt

Wendy: »Was für Gefühle hast du eigentlich mir gegenüber, Peter?«

Peter: »Die eines guten Sohnes, Wendy.«

Wendy *(wendet sich ab)*: »Das habe ich mir gedacht.«

Peter: »Du bist komisch. Genau wie Tiger-Lily; sie möchte irgend etwas von mir, aber sie sagt, daß sie nicht eine Mutter für mich sein will.«

Wendy *(mit Nachdruck):* »Nein, ganz und gar nicht.«

Peter: »Also was dann?«

Wendy: »Das sagt eine Dame nicht.«

Peter *(gereizt):* »Ich schätze, es soll heißen, daß sie doch meine Mutter sein will.«

Tinkerbell *(Lichtblitze versprühend):* »Du Dummkopf!«

Für einen Überlebenskünstler ist Peter ziemlich naiv. Er weiß nicht, daß er auf seine Mutter fixiert ist, und merkt nicht, wie sehr diese Zwangsvorstellung Wendy frustriert. Ihm entgehen die sexuellen Signale, die Tiger-Lily, eine andere Bewohnerin von Niemalsland, aussendet, und er weiß die vernünftigen Ratschläge nicht zu würdigen, die ihm seine Begleiterin, die Fee Tinkerbell, anbietet. Peter will, daß die Mädchen sich so verhalten wie seine Mutter. Mütterliche Anerkennung ist ihm überaus wichtig. Die Bedürfnisse, die aus seiner infantilen Abhängigkeit entstehen, behindern die Entwicklung reifer Beziehungen. Peter denkt eingleisig, und wenn Mädchen sich nicht auf dieses Gleis begeben wollen, dann will er eben auch nichts mit ihnen zu tun haben.

Wendy gibt sich alle Mühe, Peters Bedürfnisse zu befriedigen. Obwohl deutlich zu sehen ist, wie enttäuscht sie ist, versucht sie immerfort, Peter das Gefühl zu geben, er sei ein geliebter Sohn. Aber sie ist dabei nicht glücklich. Bei einer Gelegenheit drängt sie Peter in die Rolle des Vaters und Ehemannes. Das macht ihn ärgerlich, und er schlüpft geschwind wieder in die Rolle des Sohnes – nicht die des Liebhabers. Wendy gibt allen seinen Launen nach.

Auch Tinkerbell möchte Peters Freundin sein. Ihren sarkastischen Reaktionen auf Peters Naivität kann man jedoch entnehmen, daß sie nicht bereit ist, sich von dem Mann, den sie liebt, irgendeinen magischen Unsinn bieten zu lassen. Obwohl sie kein Mensch ist, verfügt Tinkerbell über ein breites Band menschlicher Gefühle, unter anderem Eifersucht und Zuneigung. Aber Peter weist sie immer wieder zurück. Er mag es einfach nicht, daß sie sich nicht wie eine Ersatzmutter, sondern wie eine Frau verhält.

Wendys Verhältnis zu Peter ist distanziert und beherrscht – wie es sich gehört. Sie verhält sich gemäß Peters Erwartungen und paßt ihre Gedanken und Handlungen schnell an seine Wünsche an, wie kindisch diese auch sein mögen. Sie mag Peter, aber sie zeigt diese Zuneigung, indem sie ihm immer nachgibt und ihn verwöhnt. Obwohl es sie verwirrt, fügt sie sich Peters Wunsch, ihn nicht zu berühren.

Tinkerbell hingegen ist energisch und lebenssprühend. Sie verhält sich so, wie man es eher von Wendy erwarten würde. Aber obwohl sie nur aus Lichtenergie besteht, hat Tinkerbell mehr menschliche Qualitäten als Wendy. Sie sehnt sich nach einer spontanen, sich weiterentwickelnden, beide umfassenden Beziehung zu Peter, eine Vorstellung, die er verwirft, ohne sie überhaupt verstanden zu haben. Die Ironie, daß ein elektrisch geladener Geist fähig ist, menschliche Emotionen zu empfinden, verstärkt sich noch, wenn wir erfahren, daß Tinkerbell Peter berühren darf.

Wendys und Tinkerbells Wetteifern um Peters Zuneigung ist eine notwendige Nebenerscheinung von Peters

Weigerung, erwachsen zu werden, aus der sich einiges lernen läßt. Wie es das Schicksal will, muß eines der beiden Mädchen gewinnen. Am Ende der Geschichte erfahren wir, daß die Schicklichkeit aus Fleisch und Blut über die elektrische Impulsivität triumphiert. Peters Verhältnis zu Wendy ist stark strukturiert, kalt und distanziert. Ihre Verbindung mit Peter erscheint zwar dauerhaft, aber als ihre Reife sie zwingt, Niemalsland hinter sich zu lassen, verblassen auch ihre Hoffnungen auf eine tiefe, fruchtbare Beziehung. Und was Tinkerbell betrifft, so erfahren wir nur aus den folgenden geheimnisvollen und doch verräterischen Bemerkungen etwas über das Schicksal dieses energischen kleinen Lichtballs:

Wendy: »Wo ist Tinkerbell denn diesmal? Ich habe sie noch gar nicht gesehen.«

Peter: »Wer?«

Wendy: »O je! Das kommt wahrscheinlich daher, daß du so viele Abenteuer erlebst.«

Was war es, das Peter Pan für zwei so verschiedene Frauen so anziehend machte? Was er sagte, klang nicht so, als halte er sich für einen Herzensbrecher. Er hatte keinen besonders guten Job – man könnte sagen, er sei ein Soldat, den man nach Übersee versetzt hatte. Angesichts der Tatsache, daß er aus seiner Wiege fiel und seine Mutter daraufhin einfach einen neuen Sohn bestellte, konnte man ihm nicht nachsagen, daß er aus altem Adel stammte. Und was seinen finanziellen Hintergrund betrifft, so deutete ein alter Baumstumpf als Behausung gewiß nicht auf ein gesichertes, angenehmes Leben hin.

Peters Entschlossenheit, für immer jung zu bleiben, war Fluch und Segen zugleich. In Wendy und Tinkerbell rief sie gegensätzliche Reaktionen hervor. Wendy liebte an Peter das, was er war: ein kleines Kind, das beschützt werden mußte. Tinkerbell liebte in ihm das, was er werden konnte: ein Mann, der das Feuer der Jugend in sich hat.

Die Tatsache, daß Peter es vorzog, bei Wendy zu bleiben, ist ein deutlicher Hinweis auf den letzten der vier Grundsteine des Peter-Pan-Syndroms, den sexuellen Rollenkonflikt.

Der sexuelle Rollenkonflikt

Wenn wir die ›Stimme‹ dieses Rollenkonfliktes, der im Kopf des PPS-Opfers sein Unwesen treibt, hören könnten, dann würde das wohl etwa so klingen:

> In mir ist eine Leere, eine hohle Stelle in meiner Seele. Es verfolgt mich und macht mir Angst, aber ich weiß nicht, wie ich es nennen soll. Manchmal, wenn ich mit meinen Freunden zusammen bin, habe ich das Gefühl, daß es weg ist. Aber es kommt immer wieder und schreit leise: »Paß auf! Sei vorsichtig! Irgend etwas Schreckliches wird passieren.« Aber es passiert nie etwas, außer daß ich mich einsam fühle.
>
> Immer wenn mich Einsamkeit überkommt, will ich einfach nur mit Mama reden.
>
> Am schlimmsten ist die Leere, wenn ich mit einem Mädchen zusammen bin. Ich möchte es berühren, aber ich habe Angst, etwas falsch zu machen. Es ärgert mich, daß ich Angst vor Mädchen habe. Fast wünsche ich mir, ich hätte keine sexuellen Gefühle. Aber ich habe sie eben doch.
>
> Warum werde ich wütend auf Mädchen, die ich gern habe?
>
> Ja, ich werde wütend auf die Mädchen, die ich am meisten mag. Ich beneide sie. Sie haben alle Trümpfe in der Hand. Sie können forsch sein oder sexy, passiv oder aktiv, sie können sich weiblich oder männlich benehmen, ganz wie sie wollen. Es ist einfach nicht fair, daß Jungen Mädchen mehr brauchen als umgekehrt.

Über all das kann ich mit niemandem reden. Meine Freunde denken, daß ich ein ›richtiger Kerl‹ bin. Die würden sich ganz schön wundern, wenn sie wüßten, wie es in Wirklichkeit in mir aussieht.

Aus dieser inneren Stimme des Konfliktes spricht ein Unvermögen, das daher rührt, daß dieser Junge gleichzeitig in zwei entgegengesetzte Richtungen gezerrt wird. Seine Sexualität bringt ihn dazu, neue Arten der Beziehungen zu Mädchen auszuprobieren, aber seine Unsicherheit läßt ihn an den Rockzipfeln seiner Mutter Zuflucht suchen wie ein kleines Kind. Der sexuelle Rollenkonflikt zwingt Jungen in ein Verhaltensmuster, das durch Untätigkeit geprägt ist. Sie begegnen ihrer Sexualität weder besonders positiv noch negativ – sie werden ganz einfach nicht mit ihr fertig.

Das Auftreten des sexuellen Rollenkonflikts bezeichnet den Beginn einer gravierenden Verlangsamung des Reifungsprozesses. Auf dem Weg zum Erwachsenwerden steht das PPS-Opfer plötzlich vor einem riesigen Hindernis, an dem es scheitert.

Alle Jugendlichen haben Probleme, wenn sie herausfinden, was es bedeutet, sexuelle Triebe zu besitzen. Es ist ein unheimliches, aber auch erregendes Abenteuer. Während der letzten zwanzig oder fünfundzwanzig Jahre jedoch hat die Häufigkeit und die Intensität solcher Konflikte erheblich zugenommen. Auch Mädchen haben große Schwierigkeiten, aber es sind die Jungen, die durch den Konflikt zwischen Angst und Verlangen geradezu gelähmt sind.

In den späten fünfziger und frühen sechziger Jahren gab es klare Grenzen, die junge Menschen vor dieser Lähmung bewahrten, wenn sie mit ihrer sexuellen Identität experimentierten. Für Jugendliche, die ihre Sexualität entdeckten, gab es klare Anweisungen.

Die politisch-gesellschaftlichen Umwälzungen der letzten beiden Jahrzehnte haben die traditionellen Regeln geändert. Die Mädchen haben einen neuen Text bekommen, aber unglücklicherweise haben die Jungen immer noch das alte Drehbuch. Für diejenigen, die sich sicher genug fühlen, ein Risiko einzugehen, hat das neue Spiel Ähnlichkeiten mit einer Achterbahn: Man weiß nie, was als nächstes passiert. Aber für die Jungen, die von Angst und Einsamkeit geplagt werden, ist durch die neuen Regeln die Gefahr, abgelehnt zu werden, nur noch größer geworden.

Die Texte der Rollen mögen sich verändert haben, aber die Szene ist dieselbe geblieben: Teenager kommen zusammen, um sich zu vergnügen. Früher nannte man so etwas eine ›Fete‹. Alle wollten dabeisein, um Musik zu hören und zu tanzen – sagten sie. Aber es war kein Geheimnis, daß der eigentliche Zweck der Sache darin bestand, sich im Umgang mit dem anderen Geschlecht zu üben. Aufpasser (meistens handelte es sich dabei um Lehrer) leiteten den Entdeckungsdrang in Bahnen und achteten auf die Einhaltung der traditionellen Regeln.

Da standen sie nun: Auf der einen Seite die Jungen, auf der anderen die Mädchen. Die Jungen prahlten, wie gute Liebhaber sie seien, wobei ihnen allerdings nicht ganz klar war, was dieser Ausdruck eigentlich bedeutete. Sie hatten die Hände in den Taschen und Herzklopfen. Sie taten ganz gelassen, so als ob sie die Mädchen gar nicht bemerkten. Wenn sie sich über ihre Lehrer lustig machten und über die neuesten Streiche des Klassenclowns lachten, stand Peter unsichtbar in ihrer Mitte.

Unterdessen kicherten die Mädchen in einem fort. Jedes von ihnen tat, als sei sie überhaupt nicht interessiert an diesen offensichtlich kindischen jungen Männern, die am anderen Ende des Raumes standen. Trotzdem flüsterten sie aber unentwegt miteinander, welcher Junge der süßeste war oder wer wen angerufen hatte.

Die beiden Gruppen achteten sorgfältig darauf, sich gegenseitig nicht zu nahe zu kommen. Das Ritual erreichte seinen Höhepunkt, wenn der Lehrer die Jungen drängte, mit den Mädchen zu tanzen. So wie die Jungen darauf reagierten, hätte man meinen können, sie seien aufgefordert worden, Selbstmord zu begehen. Aber dann entschloß sich der Tapferste, die unsichtbare Linie, die die Turnhalle in zwei Hälften teilte, zu überschreiten. Seine Freunde hielten den Atem an. Bald darauf taten es ihm zwei oder drei andere nach, und die Spannung löste sich.

Das Traurige daran ist nur, daß viele dieser jungen Burschen und Mädchen die Grenzen dieser Stereotypen ihr Leben lang nicht überschritten. Die Jungen fühlten sich wohl in der Rolle des Chauvinisten, und die Mädchen verinnerlichten den Gedanken, Menschen zweiter Klasse zu sein. Sie sahen sich selbst als schwache, hilflose Wesen und mußten doch stark genug sein, um die unreifen Annäherungsversuche ihres Freundes über sich ergehen zu lassen.

Viele dieser Jugendlichen heirateten später. Ihr Eheleben geriet zu einem Alltagstrott, in dem jeder sich in die Rolle des ›Geldverdieners‹ oder die der ›Hausfrau‹ fügte. In ihrer Beziehung kam nie mehr Aufregung auf als bei diesem Schulfest. Viele von ihnen sind heute Eltern von PPS-Opfern.

Die Emanzipationsbewegung, angeführt von Vertretern jener Generation, hat das Drehbuch umgeschrieben – und das wurde auch Zeit. Die Grenzlinie, die durch die Turnhalle verlief, hat vielleicht vielen Jugendlichen geholfen, ihre Sexualität auf ungefährliche Art und Weise zu entdekken, aber sie hat sie auch in Verhaltensmuster gezwungen, die ihnen die Gelegenheit nahmen, zu verwirklichen, was in ihnen steckte.

Wenn wir jedoch die frühere ›Feten‹-Szene mit der heutigen vergleichen, stellen wir fest, daß das neue Drehbuch ebenso viele Fehler enthält wie das alte. Ein kurzer Blick auf ein Teenager-Fest von heute, das jetzt ›Party‹ heißt, wird uns zeigen, welche Regeln inzwischen gelten.

Alles in allem ist es immer noch ein Fest. Die äußerlichen Gegebenheiten haben sich wahrscheinlich verändert. Die Teenager von heute finden die Turnhalle ihrer Schule viel zu kahl; da ist der Partykeller eines Hauses im Außenbezirk der Stadt doch eindeutig gemütlicher. Die Erwachsenen gehen – wenn sie überhaupt dabei sind – wie auf

Eiern, da sie Angst haben, sich unbeliebt zu machen, wenn sie versuchen sollten, dem Spaß irgendwelche Grenzen zu setzen.

Die meisten Jungen stehen mit den Händen in den Hosentaschen herum. Diejenigen, die noch nüchtern genug sind, sprechen über dieselben alten Themen. Die gewandteren Jungen machen sich bald an ein Mädchen heran, während die meisten anderen ihre Angst vor Zurückweisung mit dem alten ›Macho‹-Gehabe zu kaschieren versuchen. Die PPS-Opfer gehen früher oder später (meist aber früher) vor die Tür, um noch mehr Alkohol zu trinken oder Marihuana zu rauchen. Diese einsamen Jungen fühlen sich elend und gehen früh nach Hause.

Die Mädchen dagegen spielen ihre neue Rolle und geben sich aggressiv und unzugänglich. Einige von ihnen versuchen einander auszustechen, indem sie sich zweideutige Witze erzählen, Überlegungen anstellen, wie dieser oder jener Junge wohl im Bett ist und damit prahlen, was sie mit einem Jungen anstellen würden, wenn sie mit ihm allein wären. Viele fühlen sich unter dem Druck, eine Superfrau zu sein, die immer alle ihre Gedanken und Gefühle unter Kontrolle hat. Oft frieren sie innerlich ein, weil sie nicht wissen, was sie tun sollen.

Das PPS-Opfer hat Angst, zurückgewiesen zu werden und ist zu sensibel, um die Rolle des Chauvinisten überzeugend spielen zu können, und so ist es nicht verwunderlich, daß ein solcher Junge die Party früh verläßt und sich mit anderen zusammentut, die so sind wie er. Sie fahren gemeinsam davon, betrinken sich sinnlos und beklagen sich über die Aufdringlichkeit der Mädchen und die Feigheit der Jungen. Natürlich können sie nicht zugeben, daß sie die Ängste ihrer Kameraden nur zu gerne teilen würden. Statt dessen reden sie sich in Rage und pflegen ihr angekratztes Ego mit Fantasien von Vergewaltigungen.

Warum ist das so? Was geht in den Köpfen dieser Jungen vor, und was ist für diese katastrophalen Auswirkungen des sexuellen Rollenkonfliktes verantwortlich? Meine

Forschungsergebnisse stützen die These, daß Mädchen zwar männliche Verhaltensweisen annehmen dürfen, Jungen jedoch keine Richtlinien an die Hand bekommen, an denen sie sich orientieren können, wenn sie traditionell weibliches Gebiet betreten wollen. Es ist also völlig in Ordnung, wenn Mädchen selbstbewußt und selbständig werden. Jungen aber dürfen sich *nicht* passiv verhalten und sich unterordnen. Diese Unausgewogenheit führt bei manchen Jungen zur Ausbildung eines sexuellen Rollenkonfliktes und macht sie zu Kandidaten für Peter Pans Legion der Verlorenen Jungen.

Woher aber kommt diese selbstzerstörerische Rollenzuweisung? Nach meinen Erfahrungen sind es nicht die Eltern, die ihren Kindern dieses Verhalten vermitteln. Tatsächlich geben die Eltern ihnen keinerlei Anleitung zur Entdeckung der Sexualität mit auf den Weg. So kommt es, daß sich die Kinder in ihrer Verwirrung an eine Institution wenden, die heute wie keine andere die Verhaltensmuster bestimmt: das Fernsehen.

Lassen Sie uns sehen, was das Fernsehen unseren Kindern erzählt, wenn sie vor der Aufgabe stehen, ihre Sexualität zu entdecken.

Die Rolle des Mädchens

Die meisten von Ihnen werden sich an jenen Werbespot erinnern, in dem die Rolle der Frau in unserer Gesellschaft ganz deutlich zum Ausdruck kommt: Eine blendend aussehende, verführerische Frau erscheint auf dem Bildschirm. Sie verfügt über eine sinnliche Ausstrahlung und ein selbstbewußtes Auftreten. Kein Mann (und keine Frau) wird von diesem Anblick unberührt bleiben. Die Frau singt ein Lied, und die darin enthaltene Botschaft ist ebenso eindeutig wie die Anweisungen der Aufsichtsperson bei den Tanzfesten der sechziger Jahre:

> »Ich bringe das Essen nach Hause, koche es noch dazu, und laß dich doch niemals vergessen: Mein Herr im Haus bist du!«

Junge, Junge! Alle Mädchen, die diesen Werbespot gesehen haben, werden das entsprechende Produkt auf der Stelle kaufen müssen. Dann können auch sie den Männern diese Botschaft vermitteln, die im Grunde genommen nichts weiter sagt als: »Ich kann einen Job haben und gleiches Geld für gleiche Arbeit verdienen. Außerdem kann ich, indem ich dir das Essen koche, die Rolle der traditionellen Hausfrau spielen. Und das ist noch nicht alles. Ich kann auch noch verführerisch sein und alle deine sexuellen Wünsche erfüllen. Ich bin eine hundertprozentige Frau, und ich kann alles!«

Die Rolle des Jungen

Während die Mädchen darüber nachdenken, wie sie die Rolle dieser Superfrau verkörpern können, überkommt die Jungen das große Zittern, wenn sie sich fragen, wie sie einer solchen Frau begegnen sollen. Schon Augenblicke später gibt ihnen der Fernseher die Antwort auf diese Frage.

Sie sehen einen liebenswerten Mann, der Gefühle hat und sich nicht scheut, sie offen zu zeigen. Gar nicht so schlecht, was? Aber gerade, als die Jungen anfangen, sich mit ihm zu identifizieren, zeigt sich eine weitere Charaktereigenschaft. Der Bursche benimmt sich wie ein Vollidiot. Er stolpert über Sachen, macht alles falsch und wird behandelt wie ein kleines Kind. Und als ob das noch nicht schlimm genug wäre, ist er auch noch ein Lügner. Er lebt mit zwei jungen Frauen zusammen und fühlt sich zu ihnen hingezogen. Aber um diese moderne Art des Zusammenlebens praktizieren zu können, muß er vorgeben, ein Homosexueller zu sein. Die Botschaft, die darin enthalten ist, lautet: »Wenn du sensibel und sanftmütig sein willst, wirst du wirken wie ein Clown, und andere werden dich als minderwertigen Mann betrachten.« Jeder Junge, der keine homosexuellen Neigungen hat, wird diese Rolle sofort wieder verwerfen.

Aber noch gibt es Hoffnung. Eine Stunde später sieht man einen Privatdetektiv, der gut aussieht und immer weiß, was zu tun ist. Keine seiner Handlungen ist unbedacht; seine Freunde halten ihn für den großartigsten Menschen, den es je gegeben hat. Wenn dieser Held eine Frau will, braucht er nichts zu sagen. Er läßt seine Muskeln, seine Frisur, seine natürliche Aura der Stärke für sich sprechen.

Dieser Mann ist kein Verlierer. Ganz gleich, wie die Situation aussieht – immer geht er als Sieger daraus hervor. Und darüber hinaus läßt er niemanden seine Probleme sehen. Er ist nie gezwungen zuzugeben, daß er nicht damit zurechtkommt, Angst zu haben oder einsam zu sein.

Manche Jungen sind nun völlig verwirrt. Sie wissen, daß sie Gefühle haben und sie auch zeigen wollen. Aber wenn sie das tun, gehen sie das Risiko ein, in den Augen anderer ein Dummkopf ohne Rückgrat zu sein. Wenn sie sich jedoch an das Leitbild des hartgesottenen, jeder Situation gewachsenen Helden halten, dürfen sie keine Schwächen zeigen.

Der sexuelle Rollenkonflikt behindert PPS-Opfer ganz erheblich. Sie sind unfähig, das Fließende, Dynamische einer gesunden Beziehung zu genießen. Ihre Unbeweglichkeit macht ein Experimentieren unmöglich und zwingt sie in stark abgegrenzte Rollen. Ihre Angst vor Versagen und Zurückweisung zerstört die Bereitschaft, ein Risiko einzugehen und verbietet es ihnen, sich ganz und gar in eine Beziehung einzubringen. Alles in allem haben sie von sich den Eindruck, unfähig zur Liebe zu sein. Wenn sie sich damit abfinden, kann diese irrige Annahme für sie zur Realität werden und zu einem Narzißmus führen, der sie für alle anderen Menschen blind macht. Ihnen bleiben drei Möglichkeiten: Sie können eine Frau finden, die sie bemuttert und davor bewahrt, erwachsen zu werden; sie können vor dem sexuellen Konflikt davonlaufen, indem sie sich der Illusion hingeben, ein Homosexueller sei nicht einsam; oder sie können jemanden suchen, der ihnen hilft, mit ihrer Einsamkeit fertig zu werden und ihr Leben in die Hand zu nehmen.

Siebzehn bis achtzehn Jahre – Der Höhepunkt des sexuellen Rollenkonfliktes

Daß der sexuelle Rollenkonflikt seinen Höhepunkt in diesem Alter erreicht, hat drei Gründe: Erstens ist dies das Alter, in dem sich die Einstellungen und Vorlieben eines jungen Mannes in bezug auf die Sexualität verfestigen. Wenn dies einmal geschehen ist, sind Veränderungen nur schwer vorzunehmen.

Zweitens beruht die Entstehung des sexuellen Rollenkonflikts auf einer inneren Unbeweglichkeit, die wiederum eine Folge des falschen Umgangs mit Einsamkeit in diesem Alter ist. Diese Starrheit erzeugt bei dem jungen Mann eine Art von Tunnelgefühl, das es ihm unmöglich macht, auszuprobieren, wie man Mädchen auf andere Art und Weise begegnen kann. Infolgedessen fehlt der Einstellung zur Sexualität, die sich gerade erst entwickelt, oft jegliche Wärme. Sie beschränkt sich dann ausschließlich auf die körperliche Befriedigung.

Drittens schließlich ebnet das Auftreten des sexuellen Rollenkonfliktes in diesem Alter einer Vielzahl anderer Konflikte den Weg. Sie mögen vielleicht erst nach einigen Jahren aufbrechen, aber wenn das Opfer erst einmal das Stadium erreicht, in dem sich seine Verwirrung bezüglich der sexuellen Rolle verfestigt, nehmen auch andere Konflikte Gestalt an. Die Zwänge eines sozial anerkannten Verhaltens werden abgelehnt, und an seine Stelle tritt ein Lebensstil, in dem eine extreme Handlung der anderen folgt. Ob es sich bei dem PPS-Opfer um Ihren achtzehnjährigen Sohn oder Ihren vierzigjährigen Ehemann handelt – die Extreme, zwischen denen er sich bewegt, werden Sie schon oft in Erstaunen versetzt haben: »Wer ist er eigentlich? Was beschäftigt ihn?«

Was beschäftigt ihn?

Peter entschloß sich für Wendy, weil sie ihn vor seinen inneren Konflikten beschützte. Sie gab jeder seiner Launen nach und bemitleidete ihn für seine emotionalen Schwächen. Obwohl sie etwas enttäuscht über seine Unreife war, vermied sie es ängstlich, ihn wegen der Sprunghaftigkeit seiner Gefühle ihr gegenüber zur Rede zu stellen. Infolgedessen teilte er seine Persönlichkeit in zwei Teile. Er bewegte sich hin und her zwischen einer realen Welt, in der er Ablehnung und Verzweiflung erlebte, und einer Fantasiewelt, in der er so tat, als könne er sein Leben lang ein sorgloses Kind bleiben.

Wendy, Tinkerbell oder jede andere Frau, die versucht, einen der Verlorenen Jungen zu lieben oder zu verstehen, wird dabei auf diese Dualität stoßen. Es gibt Augenblicke, in denen er ein warmer, sanfter, liebevoller Mensch ist, aber schon eine oder zwei Stunden später begegnet er seiner Umgebung mit kalter Gleichgültigkeit. In vielen Lebensbereichen verhält sich ein PPS-Opfer völlig anders, als es innerlich empfindet.

Die widersprüchlichen Verhaltensmuster, deren Keim der sexuelle Rollenkonflikt gegen Ende der Jugend ist, können zeitlich versetzt auftreten. Sie mögen vielleicht sogar ruhen, bis das Opfer ein geregeltes Leben führt, eine Stellung hat, verheiratet ist und Kinder hat. Es ist auch selten, daß alle möglichen Konflikte in einem kurzen Zeitraum auftreten. In welcher Reihenfolge und mit welcher Häufigkeit sie auch auftauchen – diese Konflikte haben auch ihr Gutes. Oberflächlich betrachtet sind sie verwirrend und machen es einem geliebten Menschen schwer, hinter diesen sprunghaften Stimmungen und Handlungen einen Sinn zu entdecken. Aber wenn Sie einen Schritt zurücktreten und sich darauf konzentrieren, was die beiden Extreme gemeinsam haben, sind Sie in der Lage, die Frage ›Was beschäftigt ihn?‹ zu beantworten.

Optimistisch – depressiv

Die Einstellung des PPS-Opfers dem Leben gegenüber ist zyklischer Natur. Er pendelt hin und her zwischen einer manischen freudigen Erwartung des Frühlingsanfangs und einer depressiven Verzweiflung, die ihm den größten Teil seines Weihnachtsurlaubs verdirbt. Manchmal ist dieser zyklische Wechsel so ausgeprägt, daß Sie fürchten, er könne mit dem Gedanken an Selbstmord spielen.

Wenn dieser Mann in seinem Dasein einen Sinn sieht, ist seine Munterkeit ansteckend. Wenn er aber diesen Sinn nicht entdecken kann, stürzt er in abgrundtiefe Depressionen. Als jemand, der ihn liebt, haben Sie das Gefühl, ein Jo-Jo zu sein: Sie sind einem ständigen Auf und Ab unterworfen, und Sie sehnen sich nach Beständigkeit.

Der Mangel an Gelassenheit in diesem Mann steht im Zusammenhang mit der Unruhe in seinem Gemüt. Er fühlt sich nicht wirklich, nur weil er am Leben ist. Er hat das Gefühl, sich täglich beweisen zu müssen, daß er ein guter Mensch ist und daß er es *wert* ist, am Leben zu sein. Wenn andere Menschen (besonders seine Mutter) ihn mögen, fühlt er sich gut und schöpft Hoffnung, ja er gerät vielleicht sogar in manische Erregung. Wenn er jedoch in irgendeiner Situation versagt oder abgelehnt wird, kommt er zu dem irrigen Schluß, daß er *nicht* gut und es *nicht* wert ist, am Leben zu sein. Das sind die Zeiten, in denen ihn Depressionen quälen.

Sein fehlendes Gefühl von Authentizität sollte Ihnen helfen, zu verstehen, warum er sich mit Freunden umgibt, extreme, ja geradezu lächerliche Anstrengungen unternimmt, um beliebt zu sein, die Frau in seinem Leben als selbstverständlich betrachtet, negative Gefühle gegenüber anderen Menschen verdrängt und in blinde Wut gerät, wenn man ihn kritisiert. Das Schlimmste dabei ist, daß er nie er selbst sein kann. Sein einziger Ausweg ist die falsche Fröhlichkeit und der leere Schein von Niemalsland.

Hingabe – Verachtung

In ihrer Kindheit bringen PPS-Opfer den Frauen in ihrer Umgebung großen Respekt entgegen, der sich in Freundlichkeit, gutem Benehmen und Hilfsbereitschaft manifestiert. Das bewirkt, daß Nachbarn, Lehrer, Gemeindevorsteher und natürlich ihre Eltern diese Kinder sehr gern haben. Rückblickend könnte man behaupten, diese respektvolle Haltung sei unaufrichtig und berechnend. Aber das ist sie nicht. Sie entspringt einem tief empfundenen Gefühl und ist durch und durch echt.

Sobald jedoch Konflikte beginnen, das Ego zu schwächen, treten Ängste vor einer möglichen Ablehnung in den Vordergrund, und der Respekt wird durch übertriebene Ergebenheit verfälscht. Diese blinde Unterwerfung erzeugt ein Gefühl der Unfreiheit. Zorn und Aufbegehren sind die notwendige Folge. Um sich von seiner selbstverschuldeten Unterwürfigkeit zu befreien, betrachtet das Opfer Frauen mit Verachtung und gibt ihnen die Schuld an seiner Hilflosigkeit. Diese Verachtung ist eine ebenso irregeleitete extreme Haltung wie zuvor die absolute Ergebenheit.

Männer, die in diesem Konflikt gefangen sind, erweisen Frauen in direktem Kontakt großen Respekt, äußern sich jedoch, wenn sie mit ihren Freunden zusammen sind, über das weibliche Geschlecht nur kritisch und höhnisch. Dabei prahlen sie oft mit ihren übermenschlichen Fähigkeiten, Frauen auf ihren Platz zu verweisen. Wenn Angst und Wut sich miteinander verbinden, klingt in diesen Aufschneidereien, mit denen das Ego wieder aufgerichtet werden soll, der Gedanke an sexuelle Dominanz durch körperliche Gewalt an.

Sie werden vielleicht einen leisen Verdacht haben, daß Ihr Mann zwischen Verehrung und Verachtung hin und her pendelt, aber wahrscheinlich wird er vor Ihnen nie von Vergewaltigung sprechen – dieses Thema bringt er nur vor seinen Freunden auf. Sie können jedoch die paradoxe Art des Respektes erkennen, den ein solcher Mann Frauen erweist. Mein Lieblingsbeispiel ist ein Mann, der unglaublich unflätige Ausdrücke gebraucht, jedoch sofort Anstoß daran nimmt, wenn in Gegenwart einer Frau Kraftausdrücke gebraucht werden. Er hebt sie auf ein Podest, nur um sich hinter ihrem Rücken über sie lustig zu machen.

Gesellig – einsam

Ein Mann, der am Peter-Pan-Syndrom leidet, mag die Gesellschaft anderer Leute – zumindest tut er so. Er umgibt sich mit zahllosen ›Freunden‹ und ist mißmutig, wenn er das Gefühl hat, irgendeine Geselligkeit zu verpassen. Er ist gewöhnlich einer der letzten, die die Party verlassen, damit ihm nur nichts entgeht.

Trotz seiner Geselligkeit, seiner Freunde, seiner Sucht nach Parties fühlt er sich selbst in der Menge sehr einsam. Zwischen ihm und anderen Leuten klafft ein tiefer psychologischer Abgrund. Selbst wenn er mit einem Freund an einem Tisch sitzt, hat er das Gefühl, meilenweit von ihm entfernt zu sein. In den meisten Fällen aber hat er sich an diese Entfremdung so gewöhnt, daß er sie als normal betrachtet.

Sein Gefühl der Einsamkeit in der Menge bewirkt, daß seine Freundin oder seine Frau Mitleid mit ihm haben. Eine Frau, die ich kenne, fragte sich: »Warum strengt er sich so an? Warum kann er sich nicht einfach entspannen? Weiß er denn nicht, daß andere ihn so mögen, wie er ist?« Die Antwort auf diese letzte Frage lautet: nein.

Sensibilität – Gefühlskälte

Als Kinder sind PPS-Opfer außerordentlich sensibel und einfühlsam. Ihre Mütter bestärken sie darin, zu ihren Emotionen zu stehen, so daß sie keine Schwierigkeiten haben, ihre Gefühle offen zu zeigen. Durch den Mangel an Selbstdisziplin jedoch, der mit ihrer Trägheit und ihrer Weigerung, Verantwortung zu übernehmen, einhergeht, sind diese Kinder nicht fähig, ihre Gefühle im Zaum zu halten. Sie kennen die elementaren Regeln nicht, die man beherrschen muß, um sich vor den unvermeidlichen Enttäuschungen des Lebens zu schützen. Infolgedessen sind ihre Gefühle sehr schnell verletzt. Kurz nach der Pubertät überkommt sie die Angst, sie könnten von ihren Freunden abgelehnt werden. In ihrer Unfähigkeit, sich mit dieser Angst auseinanderzusetzen, beginnen sie sich zurückzuziehen. Sie wissen nicht, wie sie sich vor dem Schmerz schützen können, und so vermeiden sie Gefühle nach Möglichkeit ganz und gar. In Situationen, in denen sie am verletzlichsten sind, neigen sie daher dazu, einen Panzer aus Reserviertheit und Gleichgültigkeit anzulegen. Das erklärt, warum PPS-Opfer gerade dann so tun, als sei ihnen alles egal, wenn sie Trauer oder Reue über etwas empfinden. Später äußert sich diese Gefühlskälte darin, daß das Opfer vorgibt, es stehe über jeder albernen ›Gefühlsduselei‹.

Zärtlichkeit – Grausamkeit

Dies ist der Konflikt, mit dem ein Mensch, der einen solchen Mann liebt, wohl am schwersten fertig wird. Ein Mann, der am Peter-Pan-Syndrom leidet, verabschiedet sich vielleicht morgens von Ihnen mit einem zärtlichen Kuß oder einer liebevollen Umarmung und quält Sie abends mit gemeinen, lieblosen Bemerkungen. Er erwartet, daß seine Freundin, seine Frau oder auch seine Mutter diese Unreife und Gemeinheiten ertragen, weil das *schließlich ihre Aufgabe ist!* Sie haben sich gefälligst damit abzufinden, seine Beleidigungen auszuhalten und ihn zu lieben, ganz gleich, was er tut. Er versteht einfach nicht, daß Sie sich dagegen auflehnen oder eine Entschuldigung von ihm erwarten, denn er glaubt felsenfest: »Ganz egal, was ich tue – du wirst mich immer lieben.«

Dieser Mann betrachtet seine Frau oder seine Freundin als selbstverständlichen Bestandteil seines Lebens. Die Liebe seiner Partnerin ist für ihn gleichbedeutend mit der

Liebe, die ihm seine Mutter entgegengebracht hat. Seine Auffassung von Liebe ist so verzerrt, daß er seiner Frau nicht zugesteht, mehr von ihm zu erwarten, als er gerade geben will. Er versteht einfach nicht, daß eine reife Liebe nicht bedingungslos ist – sie ist ein Akt des Gebens und des Nehmens. *Er* sieht sich als Empfänger, und seine Frau ist diejenige, die immer geben muß. Wenn sie ihn deswegen zur Rede stellt, ist sie in seinen Augen ein Flittchen und weiß nicht, wie gut sie es bei ihm hat.

Es ist unnötig zu erwähnen, daß es keine Hoffnung auf die Entwicklung einer reifen, liebevollen Beziehung gibt, solange dieser Konflikt ungelöst bleibt.

Opfer – Retter

Ein PPS-Opfer kennt Tausende von Arten des Selbstmitleids. Ein solcher Mann murmelt etwas vor sich hin, wenn er wegen seiner Gefühllosigkeit zur Rede gestellt wird, er friert innerlich ein, wenn seine Frau wütend auf ihn ist, er nimmt Zuflucht zu kleinkindlichen Verhaltensmustern, wenn seine übermäßig fürsorgliche Mutter versucht, sein Leben für ihn in die Hand zu nehmen. In archaischen Zeiten wäre er der erste gewesen, der sein Selbstwertgefühl geopfert hätte, um die Götter zu besänftigen.

Und doch nimmt ebenderselbe hingebungsvolle Märtyrer es auf sich, Sie vor der Welt zu bewahren und von ihr abzuschirmen. Er scheint für alle anderen da zu sein, rührt jedoch keinen Finger, wenn Sie seine Hilfe brauchen. Wenn Sie diesen Konflikt verstehen wollen, dürfen Sie nicht vergessen, daß Peter Pan (wie aus dem Dialog am Anfang dieses Kapitels hervorgeht) in Frauen immer nur Mutterfiguren sah. Wenn Sie wissen, daß der Mann an Ihrer Seite in Ihnen nur die Projektion einer idealen Mutter sieht, können Sie sich vorstellen, wie er reagiert, wenn er hört, daß diese Mutter seine Hilfe braucht.

Zunächst einmal versteht er nicht, wie man eine perfekte Mutter noch verbessern könnte. In seinen Gedanken sind

Sie so vollkommen, wie er Sie haben will, und er ist völlig verblüfft, wenn Sie diesem Bild dann nicht entsprechen.

Zweitens hat er Angst, seine Hilfe anzubieten, weil er infolge seines mangelnden Selbstwertgefühls sicher ist, daß er einen Fehler machen wird. Sein größter Fehler besteht jedoch darin, daß er nicht einmal versucht zu helfen. Die einfachste Methode, diesem Dilemma zu entfliehen, besteht für ihn darin, sich der Situation zu entziehen oder (zuweilen energisch) zu leugnen, daß Sie irgendwelche Probleme haben.

Sie werden jetzt gewiß protestieren: »Aber ich will ja gar nicht seine Ersatzmutter sein!« Sehr gut. Lesen Sie jedoch unbedingt Kapitel 13, um sicherzugehen, daß Sie sich nicht *verhalten* wie seine Ersatzmutter.

Loyal – untreu

Sie mögen denken, daß Sie ihn kennen, aber in Wirklichkeit kennen Sie ihn nicht. Kommt Ihnen dieser Satz bekannt vor? Wenn es um die Treue Ihres Mannes geht, ist das gut möglich. Sie glauben ihm, wenn er beteuert, daß er Ihnen immer treu ist, und doch gibt er sich auf Parties und Festen nur wenig Mühe, sein Interesse für andere Frauen zu verbergen. Er ist so darauf versessen, sie zu beeindrukken, daß er sich benimmt wie ein Idiot.

Es ist gar nichts Ungewöhnliches, daß er Ihnen erzählt, wie sexuell anziehend er andere Frauen findet – als käme es ihm gar nicht in den Sinn, daß Sie eifersüchtig sein könnten. Er will seine Gedanken und Erlebnisse mit Ihnen teilen, als seien Sie seine große Schwester (oder, was noch naheliegender ist, seine Mutter).

Um diese Einstellung zu begreifen, müssen Sie seinen Narzißmus verstehen. Er sucht so verzweifelt Anerkennung, daß er die Realität nur noch verzerrt wahrnimmt, weil er zu dem Schluß gekommen ist, daß er unendlich viel attraktiver ist als alle anderen Männer – und Frauen um den Genuß des großartigsten Mannes der Welt zu bringen, würde ja praktisch bedeuten, sie zu verletzen. Ich weiß, dies alles klingt unglaublich, aber es entspricht sehr oft der Wahrheit. Das folgende Kapitel wird Ihnen einen tiefen Einblick in das komplette Wesen dieser narzißtischen Fantasien geben.

Kapitel 8

Narzißmus

Peter: »Nein, Wendy, bitte kehr mir nicht den Rücken. Ich kann nicht anders – ich muß einfach krähen, wenn ich mit mir zufrieden bin.«

Wende *(zu Peter):* »Es ist schon eigenartig, daß in den Geschichten, die du am liebsten magst, immer du die Hauptrolle spielst.«

Stellen Sie sich vor, Sie betreten einen Raum voller Spiegel. Wohin Sie sich auch wenden, überall erblicken Sie Ihr Spiegelbild. Zunächst müssen Sie lächeln – die unzähligen Abbilder Ihrer selbst gefallen Ihnen. Sie schneiden Gesichter, wenn auch vielleicht nur, um zu sehen, wieviel Abwechslung Sie in diese Welt bringen können.

Da Sie ganz allein sind, legen Sie alle Scheu ab und fragen sich: »Habe ich Charme?« – »Ist meine Nase zu groß?« – »Habe ich irgendwo Fettpolster, die dort nicht hingehören?« Diese etwas selbstkritischen Fragen erscheinen harmlos und natürlich. Sie können der Versuchung nicht widerstehen, herauszufinden, wie andere Menschen Sie sehen. Sie wollen, daß andere Sie mögen; das macht das Leben leichter und erfreulicher.

Nach einigen Minuten in diesem Raum beginnen Sie, sich unwohl zu fühlen. Die Spiegel wenden sich gegen Sie. Sie greifen Sie an. Nein, Sie haben keinen Charme. Ja, Ihre Nase ist zu groß. Und Ihr Körper ist tatsächlich an allen möglichen Stellen unförmig. Nach einer Weile erscheint Ihnen selbst die kleinste Falte in Ihrem Gesicht wie ein Ding aus einem Horrorfilm. Es ist etwas Bedrohliches in diesem Raum.

Es hat den Anschein, als hätten diese Spiegel eine eigene Persönlichkeit – eine feindselige Persönlichkeit. Sie stellen fest, daß Sie anfangen, sich mit ihr auseinanderzusetzen und Ihre Integrität zu verteidigen. Sie sind zu sehr damit beschäftigt, auf die Kritik einzugehen, um zu merken, daß diese Persönlichkeit nur eine andere Dimension Ihrer selbst ist. Die Spiegel werden zum Fokus, in denen sich Ihre Unsicherheiten sammeln. Je mehr Sie daran gewöhnt sind, sich bezüglich Ihrer Schwächen etwas vorzumachen, desto feindseliger und unbarmherziger fällt die Antwort der Spiegel aus.

Nach einigen Minuten des Kampfes mit Ihrer Unsicherheit werden die Fehler in Ihrem Charakter ebenso deutlich sichtbar wie die Ihres Körpers. Ihr mangelndes Selbstbewußtsein ist ebenso sichtbar wie Ihre schlaffen Oberschenkel. Ihre sexuellen Probleme sind so auffällig wie die häßlichen Krähenfüße um Ihre Augen. Sie denken zurück an das letzte Mal, daß Sie mit anderen gesellig beisammen waren, und sind davon überzeugt, daß die anderen Leute Sie ganz genau so gesehen haben, wie Sie sich jetzt selbst sehen. Es ist Ihnen äußerst peinlich, derartig durchschaut zu werden.

Können Sie sich vorstellen, was passieren würde, wenn Sie für Tage, Wochen, ja sogar Jahre in diesem Raum mit den Spiegeln eingeschlossen wären? Zuerst würden Sie vor dem Anblick Ihrer Fehler, die sich jetzt ins Groteske steigern, die Augen verschließen. Sie würden versuchen, eine Welt auszusperren, in der jeder Ihrer Fehler tausendfach vergrößert ist. Mit fest geschlossenen Augenlidern würden Sie vor sich hinsingen, um die mißbilligenden Stimmen zu übertönen und sich der Tatsache zu versichern, daß Sie tatsächlich da sind.

Aber diese Verleugnung muß schließlich scheitern. Sie sind schwer angeschlagen und müssen einen Weg finden, mit dieser feindseligen Seite Ihrer Persönlichkeit fertig zu werden. Sie sehnen sich nach einem Freund, jemandem, der Ihnen versichert, daß er Sie mag, trotz aller Ihrer Fehler. Aber es ist niemand da. Ihnen bleibt nur ein einziger Ausweg: Sie müssen sich selbst verteidigen.

Sie öffnen die Augen. Aber anstatt den Angriff zu erwarten, greifen Sie diesmal selber an. Sie setzen Ihre Erinnerung ein, um Fantasien zu konstruieren, die diese Verurteilung Ihrer Person widerlegen. Sie ergreifen die Initiative, indem Sie diese Fantasien auf die Spiegel projizieren. Es ist, als säßen Sie in einem Kino und müßten sich einen schlechten Film ansehen. Mit Hilfe Ihrer Gedanken schreiben Sie das Drehbuch um und projizieren diese Version auf die Leinwand.

Endlich gelingt es Ihnen, Ihre Unsicherheiten zu überwinden. Sie haben jetzt die schönste Nase, die man sich nur vorstellen kann. Ihr Charme ist überwältigend. Sie sehen besser aus als jeder Filmstar. Sie fühlen sich wie neugeboren, weil Sie nun keine Bestätigung von anderen mehr brauchen, damit es Ihnen besser geht. Um Ihre schönfärberischen Projektionen zu leiten und sich dadurch gegen mögliche weitere Angriffe zu wappnen, brauchen Sie lediglich Perfektion. Alle Ihre Vorstellungen, die Sie auf die Spiegel projizieren, müssen vollkommen sein. Es gibt nur ein einziges Problem: Auch wenn die Türen geöffnet sind, können Sie den Raum mit den Spiegeln nicht verlassen. Sie sind ein Gefangener der Perfektion.

Der Kult des Perfektionismus

Peter wollte Geschichten hören, in denen er die Hauptrolle spielte, um die Projektionen seiner Vollkommenheit zu verstärken. Er nahm nicht zur Kenntnis, daß Wendy ihm bei einem Problem half, weil er zu sehr von sich selbst begeistert war. Peter kultivierte seine Perfektion mit ungebrochenem Eifer. Aber das mußte er auch. Die einzige Alternative für ihn hätte darin bestanden, sich seiner überwältigenden Unsicherheit zu stellen. Sein Narzißmus schützte ihn vor Einsamkeit und Angst, und er würde ihn unter keinen Umständen ablegen.

Ein Opfer des Peter-Pan-Syndroms ist besessen von Perfektion. Die Notwendigkeit eines Angriffs auf die in den Spiegelbildern manifestierte Unsicherheit wird noch durch die Tatsache vergrößert, daß der Betreffende keine engen, vertrauten Freunde hat. Jahrelange Angst und Einsamkeit haben ihn daran gehindert, Zuflucht und Zuspruch bei Menschen zu finden, die ihn wirklich gern haben. Er hat Liebe gegen die Gewißheit der Perfektion eingetauscht.

Aber da er in vielen wichtigen Bereichen ziemlich ungeschickt ist, gelingt es ihm nicht, auf sozial anerkannte Art und Weise zur Perfektion zu gelangen. Er kompensiert seine krasse Unvollkommenheit, indem er in seinem mit Spiegeln versehenen Raum bleibt und nur sieht, was er sehen will. Es entwickelt sich ein Muster narzißtischer Verhaltensweisen, die wie Korridore von dem Spiegelzimmer abgehen. Jeder von ihnen ist ein Bollwerk gegen die Unvollkommenheit und führt das Opfer, nach kurzen Ausflügen in die Realität, wieder dorthin zurück, wo es sich am wohlsten fühlt: in den Raum, in dem es von den Spiegelbildern seiner Vollkommenheit umgeben ist.

Im folgenden umreiße ich die narzißtischen Verhaltensweisen, die bei PPS-Opfern vornehmlich auftreten:

Ausbeutung – Der betreffende Mann schreckt nicht davor zurück, seine Freunde und Bekannten auszunutzen, wenn es nur seiner Perfektion dient. Er wechselt sogar Wertvorstellungen, nur um sich einen Vorteil zu verschaffen. Seine Loyalität ist, falls überhaupt vorhanden, äußerst unterentwickelt.

Wut – Wenn er es nicht schafft, die Realität verschwinden zu lassen, ist seine Vollkommenheit in Frage gestellt. In diesem Fall kann sein verbindliches Benehmen von einer Sekunde auf die andere in Wut umschlagen. Wenn die Ausbeutung versagt, läßt er seine Wut los, um jeden einzuschüchtern, der ihm die Realität aufdrängen will. Diese

Wut kommt so urplötzlich und mit solcher Vehemenz, daß man das Gefühl hat, überfallen zu werden. Es ist, als würde man von emotionalen Geschossen durchsiebt. Die meisten Menschen lassen diesem Mann in einer solchen Situation seinen Willen.

Wut hält andere Menschen von dem leicht zu verletzenden Selbstwertgefühl des Opfers fern. Leider hält sie auch Liebe, Sorge und Wärme auf Distanz. Wut ist eine Mauer, die das Opfer gegen engen Kontakt mit seinen Mitmenschen isoliert.

Schuldlosigkeit – Ein Mann, der am Peter-Pan-Syndrom leidet, ist nie an irgend etwas schuld. Ganz gleich, wie anstößig sein Verhalten oder wie niederträchtig seine Absichten sind – immer kann er die Schuld auf einen Umstand oder einen anderen Menschen schieben, auf den er keinen Einfluß hatte. Er kommt spät nach Hause, weil er noch einige Freunde heimfahren mußte. Er hinterläßt zu Hause eine entsetzliche Unordnung, weil er sich um einen Job bewerben mußte (den er nicht bekommen hat). Seine Freundin hat ihm den Laufpaß gegeben, weil ihr irgend jemand Lügen über ihn erzählt hat. Eine Schuld einzugestehen würde bedeuten, daß er nicht vollkommen ist – und das darf er unter keinen Umständen zugeben.

Rücksichtslosigkeit – Da er sich weigert, Verantwortung für seine Handlungen zu übernehmen, wird er bemerkenswert oft das ›Opfer‹ eines Mißgeschicks. Beschädigte Haushaltsgegenstände, verlorene Bücher, kaputte Autos, nicht eingehaltene Verabredungen säumen seinen Weg. Weit frustrierender als dies ist jedoch die Tatsache, daß er aus seinen Fehlern nicht lernt, sondern sie ständig wiederholt. Da er eine eigene Schuld daran weit von sich weist, kommt ihm nie der Gedanke, er selbst könne an dieser Rücksichtslosigkeit etwas ändern.

Drogenmißbrauch – Ein solcher Mensch hat auch gewöhnlich Probleme mit Drogen. Obwohl er seine Vorstellung von Perfektion zu verwirklichen versucht, quälen ihn nagende Zweifel an seinem Wert. Diese Zweifel müssen bekämpft werden. Übermäßiger Konsum von Bier und Marihuana wird ihm zur Gewohnheit. In ernsteren Fällen greift er auch zu Kokain, um sein Gefühl der Vollkommenheit unverwundbar zu machen.

Sexuelle Promiskuität – Nichts schmeichelt dem zerbrechlichen Ego eines solchen Mannes mehr als die ›Ahas‹ und ›Oohs‹ der Mädchen, die er verführt. Je mehr Mädchen er ›zur Strecke bringt‹, desto vollkommener kann er sich fühlen. Es ist ihm am liebsten, wenn diese Mädchen, wie auch die anderen Leute, mit denen er zu tun hat, in emotionaler Hinsicht auf Distanz bleiben. Er ist nicht einmal enttäuscht, wenn sie ihm Erregung und Befriedigung nur vorspielen, ja seine ausbeuterische Haltung verhindert sogar, daß er die Verstellung überhaupt wahrnimmt.

Sprünge im Spiegel

Ich habe versucht, eine lehrbuchhafte Beschreibung eines Narzißten zu geben. Mit einem so klassischen Fall hat man als Psychologe jedoch nur sehr selten zu tun – dazu tritt er nicht häufig genug auf. Jemand, der dem Narzißmus in jenem eben von mir beschriebenen Ausmaß zum Opfer gefallen ist, befindet sich in einer fast aussichtslosen Lage. In einem so schweren Fall gibt es nur wenig Hoffnung auf eine wirkliche Besserung.

Der Narzißmus von PPS-Opfern ist weit weniger gefährlich. Die Verhaltensweisen ergeben insgesamt kein derart destruktives Bild. PPS-Opfer mögen zwar rücksichtslos sein, aber sie geben sich insgeheim selbst die Schuld an vielen ihrer Fehler. Sie geraten leicht in Wut, aber ihr Anstand läßt sie später um Entschuldigung bitten. Sie beuten andere aus, aber trotzdem haben sie ein oder zwei enge Freunde. Gelegentlich überkommt sie die Erkenntnis, daß sie sich von reinem Wunschdenken leiten lassen und nicht annähernd so perfekt sind, wie sie vorgeben. Und diejenigen unter ihnen, die sexuell aktiv sind, lernen meistens früher oder später eine Frau kennen, die sie aufrichtig liebt. Die Wärme dieser Liebe berührt ihr Herz und kann oft erheblich dazu beitragen, daß sie sich zu ihren Unvollkommenheiten bekennen und ihr mit Spiegeln dekoriertes Gefängnis verlassen.

Wenn Sie verstehen wollen, wie sich Narzißmus in das Entwicklungsmuster des Peter-Pan-Syndroms einfügt, müssen Sie sich daher vorstellen, die Spiegel in jenem Raum, in dem das Opfer gefangen ist, hätten Sprünge. Durch diese Sprünge dringt die Realität ein, und das macht es ihm leichter, sich zu befreien.

Neunzehn bis zwanzig Jahre – der Höhepunkt des Narzißmus

Sie wissen natürlich, daß die Symptome, aus denen sich das Peter-Pan-Syndrom zusammensetzt, nicht ausschließlich in bestimmten Altersstufen auftreten, als würden sie von einer biologischen oder psychologischen Uhr gesteuert. Sie sind miteinander vermischt, und jedes von ihnen bezieht Energie von den anderen. Narzißmus ist eines der beiden Übergangssymptome (das andere ist Chauvinismus), die ein Ergebnis des Zusammenwirkens grundsätzlicherer Probleme sind. Der Keim des Narzißmus ist bereits früh gelegt worden, aber er braucht Zeit, um sich zu entwickeln. Da Narzißmus von vielen anderen Faktoren abhängig ist, besteht meistens Anlaß zur Hoffnung, daß sein Wachstum aufgehalten werden kann.

Narzißmus beginnt zu keimen, wenn ein Zweijähriger immer seinen Willen bekommt. Indem die Eltern dem Kind während dieser Trotzphase nachgeben, nehmen sie ihm die Möglichkeit, seine Unvollkommenheit in einer Atmosphäre der Sicherheit kennenzulernen. Wenn das Kind die Pubertät mit ihrem Hang zu übertriebener Selbstdarstellung erreicht und die vier Grundsteine des Peter-Pan-Syndroms – Angst, Einsamkeit, sexueller Rollenkonflikt und die Weigerung, Verantwortung zu übernehmen – fest verankert sind, wird der Narzißmus dann schließlich unvermittelt durchbrechen.

Falls sein Wachstum weiterhin günstige Bedingungen findet, wird der Narzißmus seinen Höhepunkt im Alter von neunzehn oder zwanzig Jahren erreichen. In diese Zeit fällt der Übergang von der Jugend zum Erwachsenenleben, und dies schärft das Auge des jungen Mannes für seine Unvollkommenheit. Wenn er sein Leben in die Hand nimmt, seine Grenzen erkennt und aus seinen Fehlern lernt, wird er das Peter-Pan-Syndrom schließlich überwinden und einfach damit weitermachen, erwachsen zu werden. Wenn er jedoch seine Grenzen nicht erkennt und weiterhin dem Kult der Perfektion huldigt, begibt er sich dadurch einen großen Schritt auf ein Leben in einem Gefängnis zu, in dem seine Unsicherheit zwischen ihm und der Realität steht.

Zwei Fallstudien

Narzißmus ist mehr als ein harmloses Liebäugeln mit dem Elfenstaub. Beim Peter-Pan-Syndrom stellt es eine gefährliche Abkehr von der Realität dar. Rationales Denken, vernünftiges Urteilen und gesunder Menschenverstand treten zugunsten unlogischer, ja sogar bizarrer Gedankengänge zurück.

Das PPS-Opfer setzt seine Intelligenz ein, um ein System von Gedanken und Ansichten zu entwerfen, das jeglicher Kritik unzugänglich ist. Mit einem solchen Narzißten können Sie nicht wirklich diskutieren, ganz gleich, woher Sie kommen, was für eine Ausbildung oder welche Referenzen Sie haben. Er operiert auf der Grundlage von Vorurteilen, die Sie nie verstehen werden. Und wenn Sie tatsächlich eine dieser Prämissen entdecken und in Frage stellen, wird er einfach mitten im Gedankengang zu einer anderen überwechseln. Sollten Sie ihn bei diesem Taschenspielertrick ertappen, dann wird er versuchen, Sie durch einen unvermittelten Wutausbruch einzuschüchtern.

Ich führe jetzt zwei Beispiele von PPS-Opfern an, die sich dem Kult der Perfektion hingaben. Die emotionale Panik und die Inflexibilität ihrer sozialen Rolle, die ich bereits in vorangegangenen Kapiteln erklärt habe, wurden von einem Narzißmus überdeckt, dem ein verzerrter zentraler Gedanke zugrunde lag. Aber wie hoffnungslos die Fälle dieser beiden jungen Männer auch erscheinen mögen – es ist doch auch ermutigend zu sehen, daß ihre Spiegel Sprünge haben. Sonst hätten sie ja auch nicht den Weg in meine Praxis gefunden.

Denny

»Der Herr ist mein Hirte.«

Selbst wenn man ein sehr religiöser Mensch ist, wird man zugeben müssen, daß die erste Zeile des 23. Psalms eine recht ungewöhnliche Antwort auf die Frage: ›Was hat dich zu mir geführt?‹ ist.

Mit einer solchen Antwort von diesem jungen Mann hatte ich eigentlich nicht gerechnet. Ich kannte seine Eltern; sie waren gute Menschen und hatten ihr Bestes getan, ihre drei Söhne richtig zu erziehen. Dieser junge Bursche, der mir da gegenübersaß, unfähig, sich zu entspannen, obwohl mein Besuchersessel sehr bequem ist, war ihr ältester Sohn. Sein Name war Denny.

Denny war ein großer, gutaussehender junger Mann mit dunklen, lockigen Haaren, einem großzügigen Auftreten und einem Lächeln, das sagte: »Ich mag dich.« Er war neunzehn und sollte bald ein Studium an einer großen staatlichen Universität beginnen, wo er sich mit seinen schauspielerischen Talenten bereits einen Namen gemacht hatte. Seine Eltern hatten mir erzählt, er habe sich im College nur schlecht einfügen können und lediglich durchschnittliche Noten bekommen, würde jedoch am liebsten wieder dorthin zurückkehren.

Warum antwortete er also auf eine ganz normale Frage mit einem Bibelzitat? Das klang etwas seltsam. Es war abwehrend und feindselig zugleich, jedenfalls wenn man davon ausging, daß er nicht verrückt war – und daß diese Gefahr nicht bestand, wußte ich. So kam ich fürs erste zu dem Schluß, daß er ängstlich und wütend war und mir durch dieses Verhalten praktisch zu verstehen geben wollte, er sei nicht bereit, sich mit mir auseinanderzusetzen.

Ich ließ also seine Eröffnung außer acht, da ich ohnehin nicht das Gefühl hatte, mit ihr sehr viel weiter zu kommen. Statt dessen versuchte ich, weitere Informationen aus ihm herauszuholen.

Denny hatte mich aufgesucht, weil seine Mutter der Meinung war, es könne ihm helfen.

»Wieso könnte es helfen?« Das wußte er nicht. Wahrscheinlich hatte es irgend etwas mit den Veränderungen zu tun, die während des letzten Jahres bei ihm stattgefunden hatten.

»Was für Veränderungen?« Er hatte Gott und die erlösende Gnade von Jesus Christus gefunden, aber das würden seine Eltern nie verstehen.

Er konnte der Versuchung nicht widerstehen, mir eine Predigt über sein neuerdings erwachtes spirituelles Bewußtsein zu halten, warf wahllos einige theologische Versatzstücke und verstiegene metaphysische und erkenntnistheoretische Konzepte zusammen in einen Topf mit der Aufschrift ›spirituelle Erfüllung.‹

Nach etwa fünf Minuten stoppte ich seinen zusammenhanglosen Diskurs, um wieder zu einem einigermaßen konstruktiven Dialog zu kommen.

Wann hatte er Jesus gefunden? Irgendwann in seinem ersten Jahr auf dem College.

Warum nahm er an, daß Gott gerade diesen Zeitpunkt gewählt habe, um ihm den Heiligen Geist einzugeben? Das wußte er nicht, aber er führte lang und breit aus, wie Gott ihm schließlich vor Augen geführt habe, daß das, was wir als Realität ansehen, gar nicht wirklich real ist. Die echte Realität sei ein Leben nach dem Tode im Himmel oder in der Hölle.

»Moment mal«, sagte ich. »Dies hier ist also nicht die wirkliche Welt?« – »Absolut nicht«, erwiderte er. »In diesem Moment sind wir Menschen nur ein Trugbild. Die Welt ist ein Experiment, bei dem Gott und der Teufel unseren wahren Wert feststellen und herausfinden, welchem von beiden wir im nächsten Leben gehören sollen.«

»Das hört sich an, als sei Gott ins Lotteriegeschäft eingestiegen«, sagte ich.

Er machte sich nicht die Mühe, seine Wut zu verbergen. »Sie sind wie alle anderen. Sie wollen einen in Versuchung führen. Aber meine Seele ist stark. Es ist schwer, Gott vom Teufel zu unterscheiden, aber ich weiß, ich weiß tief in meinem Herzen, was gut und was böse ist.«

Er fuhr fort, einen unausgegorenen theologischen Gedanken an den anderen zu reihen. Es war ein einziges Durcheinander. Seine nonverbalen Ausdrucksmittel jedoch zeigten deutlich, was in ihm vor sich ging. Während er mich mit seinem erkenntnistheoretischen Unsinn berieselte, rieb er ständig mit kreisenden Bewegungen über sein Gesicht, wobei er jedoch die Augen und die Nase frei ließ. Immer wieder fuhr die Hand über sein Gesicht.

»Warum reibst du dein Gesicht?« Ich ließ nicht locker. »Wovor versuchst du dich zu verstecken? Es sieht so aus, als würdest du das Gesicht, das Gott dir in dieser unwirklichen Welt gegeben hat, nicht mögen.« Das war ein Treffer!

»Würden *Sie* es denn mögen? Überall diese Beulen! Es ist häßlich!« Tränen schimmerten in seinen Augen. »Andere Leute können sich gar nicht vorstellen, wie furchtbar es ist. Aber ich weiß es. Ich weiß, wie furchtbar häßlich mein Gesicht ist.«

»Was für Leute? Ich weiß nicht, wen du meinst. Aber ich kann es mir vorstellen. Du meinst Mädchen, oder?«

Er errötete. »Mmh, kann sein.«

Mochte er denn Mädchen? Er errötete noch stärker. »Mmh.«

Ich bemerkte die Sprünge in seiner Abwehr und drängte ihn weiter, wobei ich mich auf den Bereich ›Mädchen‹ konzentrierte. Nach kurzer Zeit vertraute er mir so sehr, daß er es wagte, seinen Schmerz herauszulassen.

Er mochte Mädchen und sehnte sich nach sexuellen Erfahrungen, hatte aber Angst, zurückgewiesen zu werden. Seine blühende Fantasie und seine Scheu hatten dazu geführt, daß er seiner Meinung nach viel zu oft (durchschnittlich zweimal täglich) masturbierte. Er hatte versucht, mit einem Mädchen zu schlafen, aber eine vorzeitige Ejakulation gehabt, bevor er in sie eindringen konnte. Er verurteilte sich dafür, daß er es versucht hatte, und verurteilte gleichzeitig auch sein Scheitern. Tatsächlich verurteilte er sich für fast alles, was er tat.

Er verurteilte sich dafür, daß er auf dem College war, ohne zu wissen, warum, daß er nicht studierte, daß er für die Eltern eine finanzielle Belastung war, daß er Marihuana rauchte und daß er noch keine sexuellen Erfahrungen gemacht hatte. Vor seinen erdrückenden Schuldgefühlen floh er in den Raum mit den Spiegeln. Aber je länger er sich in den Spiegeln betrachtete, desto häßlicher wurde sein Gesicht. Sein Gesicht war genauso abstoßend wie seine Seele. Mit Hilfe ritueller Formeln versuchte er einen Zauber zu wirken, der ihn von seiner unablässigen Selbstverdammung erlösen sollte.

Denny und ich arbeiteten uns durch dieses komplizierte Labyrinth psychologischer Erklärungen hindurch und versuchten dabei, möglichst viel zurechtzurücken. Als er auf das College zurückkehrte, war er so weit, daß er verstand, daß seine Angst vor Zurückweisung sein inneres Wachstum und das Verständnis seiner selbst behinderte.

Als ich das letzte Mal von Denny hörte, kam er ausgezeichnet mit seinem Leben zurecht. Er war gerade dabei, sein Grundstudium mit Auszeichnung abzuschließen und wollte seinen Magister machen, bevor er in das Arbeitsleben eintrat. Es klang, als habe er es geschafft, das Gefängnis seines Narzißmus hinter sich zu lassen und schließlich seinen Platz in der wirklichen Welt gefunden.

Jerry

»Wie kommt ein so netter Junge wie du zu einem solchen Polizeiregister?«

Diebstahl, Ladendiebstahl, kriminelle Sachbeschädigung und verschiedene Fälle von ordnungswidrigem Verhalten – und dabei waren das nur die Sachen, bei denen man Jerry erwischt hatte. Der Himmel mochte wissen, was er sonst noch alles auf dem Kerbholz hatte.

Konnte es sein, daß dieser neunzehnjährige Gewohnheitsdieb ein PPS-Opfer und ein Narzißt war? Es dauerte eine Weile, bis ich diese Frage beantworten konnte. Warum machte er sich überhaupt die Mühe, zu einem ›Seelenklempner‹ zu kommen? Das war leicht zu beantworten: Seine Mutter hatte es von ihm verlangt. Er tat immer noch, was sie ihm sagte, wenn auch nur widerwillig. Schließlich war sie die einzige, die ihn vor Ärger bewahren konnte. Sie hatte ihn öfter aus dem Polizeigefängnis und anderen üblen Situationen herausgeholt, als er sich erinnern konnte. Das wenigste, was er für sie tun konnte, war, mit jemandem zu reden. Das besorgte ihn nicht im geringsten. Er würde mir einfach nichts sagen.

Jerry war schon bei vielen Psychiatern, Psychologen, Sozialarbeitern, Schulberatungsstellen, Pfarrern und einer endlosen Zahl von Sozialpädagogen gewesen. Er kannte das ganze Vokabular in- und auswendig und beherrschte den Psycho-Jargon besser als die meisten Leute, die doppelt so alt waren wie er. Aber ich glaube, ich war ihm über. Sobald ich Anzeichen von Narzißmus an ihm bemerkte, ging ich versuchsweise davon aus, daß er ein PPS-Opfer war. Mit dieser Diagnose war ich ihm einen Schritt voraus. Ich war sozusagen auf alles gefaßt.

Um Jerrys Narzißmus verstehen zu können, sollten Sie sich an die letzte Gelegenheit erinnern, bei der Sie mit einem zweijährigen Kind Verstecken gespielt haben. Der Sucher zählt bis zehn, und das Kind versteckt sich hinter dem Sofa. Einen Moment später hört man es schon kichern, und die Füße, die hinter dem Sofa hervorschauen, verraten das Versteck.

Das Kind ist enttäuscht, daß es so schnell entdeckt worden ist. Vielleicht beschuldigt es Sie sogar, geschummelt zu haben: »Das gilt nicht! Du hast geguckt!«

Wenn man dieses Kind verstehen kann, bekommt man auch eine Vorstellung davon, wie Jerrys Narzißmus funktionierte. *Weil das Kind Sie nicht sehen konnte, dachte es, Sie könnten es ebenfalls nicht sehen.* Es war überzeugt, Sie könnten nur das sehen, was seine eigenen Augen sahen: das Sofa. Der Gedanke, daß es mehr geben könnte, als seine Augen sehen, kam ihm gar nicht. In seiner Aufregung hörte es sich nicht kichern, und daher hatte es keinen Grund zu der Annahme, daß Sie irgend etwas gehört hätten. So konnte es nur zu dem Schluß kommen, Sie hätten geschummelt.

Diese Interpretation stützte sich auf die Aufzählung seiner Verhaftungen, die Jerry mechanisch herunterleierte; er war öfter erwischt worden, als man hätte meinen sollen. Für meine Schlußfolgerung sprach auch die Tatsache, daß das einzige echte Gefühl, das Jerry zeigte, seine Wut darauf war, erwischt worden zu sein. »Die Bullen haben's einfach auf mich abgesehen«, war seine Erklärung dafür.

Jerry tat sein Bestes, mich mit seinen angeblichen Einsichten und seinem leeren Gerede zu beeindrucken. Aber da machte ich einfach nicht mit.

Als er sagte: »Ich muß mir einen Job suchen und meiner Mutter das Geld zurückzahlen, mit dem sie mich herausgehauen hat«, nickte ich nur. Als er (nach fünfzehn Minuten) verkündete, ich sei der beste Berater, mit dem er je gesprochen habe, bezweifelte ich das insgeheim. Als er unruhig wurde, weil ich mich nicht so verhielt, wie ein ›Seelenklempner‹ das angeblich immer tat, wies ich ihn darauf hin, er sei offensichtlich nervös; das machte ihn noch zappeliger. Als er wütend auf mich wurde und mir vorwarf, ihm nicht zu helfen, erwiderte ich: »Natürlich nicht. Du willst ja gar keine Hilfe – du bist nur hier, weil du nicht willst, daß deine Mutter böse auf dich wird.«

Nun wurde er wirklich wütend, und in seiner Wut verriet er mir die Wahrheit. »Sie glauben wohl, ich wäre einfach nur faul, was?« Keine Reaktion. »Sie glauben anscheinend, es macht mir Spaß, Leute auszunehmen?« Ich sagte nichts. »Sie glauben, ich suche nur nach einem leichten Ausweg, was?« Immer noch keine Antwort. »Na los, warum sagen Sie nichts? Sie machen auf mich nicht gerade den Eindruck, als wären Sie ein Arzt!«

Schließlich nahm ich die Herausforderung an. »Für dich bin ich ja gar kein Arzt. Du bist hergekommen, um zu sehen, ob du mich genauso aufs Kreuz legen kannst wie alle anderen. Aber da liegst du bei mir falsch. Du hast mir gerade gesagt, daß du nur nach einem leichten Ausweg suchst. Aber das funktioniert bei mir nicht.«

Er lehnte sich im Sessel zurück, holte tief Luft und begann zu meinem Erstaunen, sich zu entspannen. »Wie sind Sie in so kurzer Zeit so schlau geworden?«

»Du gibst nicht so leicht auf, was? Jetzt spielst du ›Wir erzählen dem Doktor, was für ein toller Typ er ist‹. Ist das das einzige, was du kannst – Spielchen spielen?«

»Das ist das einzige, was ich je gelernt habe. Ich *muß* einfach ziemlich gut darin sein.« Seine Offenheit war ebenfalls kindlich – und erfrischend.

»Fühlst du dich wirklich so gut dabei?« fragte ich ihn. »Macht es dir Spaß, wenn du merkst, daß du jeden an der Nase herumführen kannst?«

»Na ja, es hält mich so lange über Wasser, bis sich etwas Besseres bietet.«

»Wann wird das sein?«

»Wenn ich etwas sehe, das ich besser finde als das, was ich habe.«

Ich konnte der Versuchung nicht widerstehen. Da ich nicht annahm, daß Jerry einen zweiten Termin mit mir ausmachen würde, ging ich ein Risiko ein und sagte ihm auf den Kopf zu, wovor er sich meiner Meinung nach versteckte und wie er dazu beitragen könne, daß sich ihm eine bessere Perspektive bot. Ich erzählte ihm von dem Leben, das er meinen Vermutungen nach als ein Opfer des Peter-Pan-Syndroms führte.

Ich schonte ihn nicht. Er war hinter dem Sofa hervorgekommen, und ich gab mein Bestes, ihn zu erwischen, bevor er wieder wegrennen und sich woanders verstecken konnte.

»Du bist der älteste Sohn, und deine Eltern sind noch zusammen. Aus deinen Testergebnissen geht hervor, daß du über eine überdurchschnittliche Intelligenz verfügst, aber in der Schule hast du dich gelangweilt. Du magst Mädchen, hast aber noch keine sexuellen Erfahrungen gemacht, was dir sehr peinlich ist. Jeden Job, den du bekommst, verlierst du schnell wieder, und auf Parties gehen und Bier trinken ist deine absolute Lieblingsbeschäftigung. Du hast nie einen engen Kontakt zu deinem Vater gehabt, und deine Mutter kannst du nicht ausstehen, aber du hast furchtbare Angst, es ihr zu sagen. Du glaubst, daß du viele Freunde hast, aber das stimmt nicht, und du weißt es auch. Du hast keinen einzigen Freund, und du verwendest Stunden darauf, kein Gefühl der Einsamkeit aufkommen zu lassen. Das einzige, auf das du noch stolz sein kannst, ist dein Talent zum Stehlen – aber selbst darin bist du nicht besonders gut. Vor diesem ganzen Durcheinander versuchst du davonzulaufen, indem du so tust, als sei dir alles egal. Du wärst gern kalt und berechnend, aber du bist es nicht. Du bist ein kleiner Junge, der sich verlaufen hat und jemanden sucht, der ihn liebt.«

Er saß einfach nur da. Einen Moment lang dachte ich, ich sei vielleicht zu hart mit ihm umgesprungen, aber bevor ich noch Mitleid mit ihm empfinden konnte, stieß er einen tiefen Seufzer der Erleichterung aus. »Das tut gut, jemanden kennenzulernen, der mich wirklich durchschaut! Wie haben Sie das herausgekriegt?«

Aber ich wollte das Tempo nicht verlangsamen. »Das ist nicht so wichtig. Nur die Wahrheit ist wichtig. Mit der Wahrheit kannst du anfangen, dir etwas Besseres aufzubauen.«

»Werden Sie mir dabei helfen?« Diese Frage klang berechtigt.

»Ja, aber nur, wenn du beweist, daß es dir ernst damit ist, etwas Besseres zu finden.«

»Wie soll ich das machen?«

»Indem du nächste Woche wieder hierherkommst.«

In der nächsten Woche, und auch in der Woche darauf, kam Jerry wieder. Wir sprachen sowohl über seine Schwierigkeiten, sich auszudrücken, als auch über die Hilfe, die er brauchte, um einen förmlich-guten Lebenslauf zu schreiben, eine Dauerstellung zu bekommen und Geld zu sparen. Bei unseren Gesprächen erinnerte ich ihn immer wieder daran, daß er seinen Willen zur Veränderung dadurch beweisen mußte, daß er sich tatsächlich änderte. Er war damit einverstanden.

Nach dem vierten Gespräch kam Jerry nicht mehr. Er hatte Arbeit gefunden und gebrauchte dies als Entschuldigung dafür, daß er keine neuen Termine mehr vereinbarte. Ich habe seit einiger Zeit nichts mehr von ihm gehört. Seine Eltern haben mich nicht mehr angerufen, und daher nehme ich an, daß er in letzter Zeit nicht in Schwierigkeiten geraten ist.

Ich wollte, ich wäre sicher, daß ihm die Flucht aus Niemalsland geglückt ist. Aber nachdem ich mich jahrelang mit dem Peter-Pan-Syndrom auseinandergesetzt habe, glaube ich das erst, wenn ich es mit eigenen Augen gesehen habe.

Kapitel 9

Chauvinismus

Peter: »Wendy, ein Mädchen ist mehr wert als zwanzig Jungen.«

Peter: »Nein, du darfst sie [Wendy] nicht berühren; das wäre ein Zeichen mangelnden Respekts.«

Wendys Mutter: »Aber ich werde sie [Wendy] einmal im Jahr zu dir schicken, damit sie den Frühjahrsputz für dich macht, Peter.«

Heb sie auf ein Podest. Vergöttere das Menschliche in ihr, und bete das Göttliche in ihr an. Aber sorge dafür, daß sie das Haus sauberhält und die Mahlzeiten für dich bereitet. Sie ist zwanzigmal mehr wert als ein Mann, und es ist unmöglich, sie zu berühren und sie trotzdem zu achten. Dennoch kreist ihr Leben um sauber geputzte Toiletten und körnig gekochten Reis.

Sie meinen, dieser Unsinn sei mit dem Aufkommen der Frauenbefreiungsbewegung verschwunden? Falsch! Unser tägliches Leben beweist, daß der Chauvinismus wieder auf dem Vormarsch ist. Die Massenmedien führen uns soziale Rollen vor, die vom Sexismus bestimmt sind. In allen möglichen Bereichen wird für gleiche Arbeit ungleicher Lohn bezahlt. In Bars, Sportklubs oder jedem anderen Ort, wo drei oder vier Männer zusammen sind und vorgeben, keine Gefühle, Schwächen oder Zweifel an ihren Egos zu haben, kann man chauvinistische Äußerungen hören.

Auch in meiner Praxis wird mir das immer wieder vorgeführt. Der Chauvinismus untergräbt gesunde Beziehungen außerhalb der Familie. Er behindert das innere Wachstum der Ehepartner. Das Schlimmste jedoch ist, daß die Kinder dadurch einem schlechten Beispiel ausgesetzt sind. Und Kinder, besonders Jungen, folgen diesem Beispiel – erst recht Jungen, die nach einer Möglichkeit suchen, dem Erwachsenwerden zu entgehen.

Beim PPS-Opfer handelt es sich um eine Unterform des typischen Chauvinismus, die gewöhnlich viel subtiler ist als dieser. Man bemerkt erst, daß eine chauvinistische Einstellung vorhanden ist, wenn man ihre negativen Auswirkungen zu spüren bekommt.

Der PPS-Chauvinismus ist in gewisser Hinsicht vernichtender als die plumpe Standardausgabe. Ein Großmaul macht kein Hehl daraus, daß er daran glaubt, es gebe zwei verschiedene Arten von Regeln: die einen für Männer, die anderen für Frauen. Ich habe wenig Mitleid mit Frauen, die sich mit einem solchen Chauvinisten einlassen.

Ein Mann, der am Peter-Pan-Syndrom leidet, ist jedoch ein Meister der Verstellung. Er wird vielleicht sogar die Überzeugung vertreten, daß Mann und Frau in seinen Augen völlig gleichberechtigt seien. Und was noch schlimmer ist: Es kann sogar sein, daß er in diesem Moment selbst an das glaubt, was er sagt. Am Anfang einer Beziehung mag er sogar danach handeln, indem er das Essen kocht, seiner Partnerin beim Saubermachen hilft oder Dinge für sie erledigt. In der ersten Verliebtheit interpretieren viele Frauen diese Gefälligkeiten fälschlicherweise als Beweis dafür, daß dieser Mann kein Sexist ist. Das böse Erwachen kommt aber, wenn die Frau ein Problem hat oder in einer emotionalen Krise steckt, denn das ist der Moment, in dem der PPS-Chauvinist sein wahres Gesicht zeigt.

Wenn Sie in einer engen Beziehung zu einem solchen Mann stehen, sollten Sie auf diese Anzeichen von Chauvinismus achten (natürlich sind sie von Fall zu Fall unterschiedlich stark ausgeprägt): Wenn Sie vor Schwierigkeiten stehen, nimmt er diese sofort auf sich, erklärt sie zu *seinem* Problem und sagt Ihnen entweder, wie Sie damit umgehen müssen, oder nimmt es Ihnen einfach aus der Hand. Zum Beispiel bemerkt er auf einer Party, daß ein anderer Mann mit Ihnen flirtet. Er wird Ihnen nun ›das Problem abnehmen‹ und dem anderen klarmachen, er solle verschwinden. Kurz gesagt: Einem PPS-Opfer ist es fast unmöglich, seine Frau oder seine Freundin in Ruhe zu lassen und ihr zu helfen, ihre Probleme selbst zu lösen.

Ein weiteres Anzeichen für diese Art von Chauvinismus können Sie erkennen, wenn Sie sich in einer emotionalen Krise befinden. Eine solche Situation ruft bei Ihrem Partner unvorhersehbare, ja sogar widersinnige Reaktionen hervor. Er wirft Ihnen vor, ›zu emotional‹ zu sein und verlangt von Ihnen, nachdem er Ihre Nöte als ›albern‹ abgetan hat, daß Sie auf der Stelle mit ›diesem Unsinn‹ aufhören. Viele Frauen unterdrücken daraufhin ihre Gefühle, bis sie allein sind, nur um keinen Streit mit ihrem Partner zu provozieren.

Aus einer ganzen Reihe von Gründen ist Chauvinismus das Schlüsselelement im ›Erwachsensein‹ des PPS-Opfers. Er überbrückt die Kluft zwischen ihm und seinem Vater, denn schließlich tritt er in die Fußstapfen seines Vaters und hat das Gefühl, daß dieser ihn nun als ›echten Mann‹ lieben wird.

Sein Chauvinismus gibt ihm eine Rechtfertigung für den Zorn und die Schuldgefühle gegenüber seiner Mutter, denn so ist es ihm möglich, ihre Klagen und Beschwerden als eine leidige, aber naturbedingte Veranlagung zu betrachten, die allen Frauen gemeinsam ist.

Chauvinismus ist seine Antwort auf die nagenden Selbstzweifel an seiner Sexualität. Er kommt zu der Überzeugung, daß eigentlich die Frauen die Schuld an seinen sexuellen Unzulänglichkeiten tragen. *Sie* haben die Schwierigkeiten, nicht er. Seiner Meinung nach besteht das Problem darin, daß Frauen sein Entgegenkommen und seine Großzügigkeit ausnutzen, und das wiederum verstärkt seine Gleichgültigkeit gegenüber ihnen.

In dem Maß, in dem der Chauvinismus seine Männlichkeit definiert, verfestigt er auch seine Beziehungen zu anderen Männern. Außerdem bietet er ihm die Chance, in einer ›Männerwelt‹, in der Chefs und Kollegen dieselben Probleme mit Frauen haben, eine gesicherte Stellung zu erlangen.

Der letzte und vielleicht wichtigste Punkt ist, daß der Chauvinismus diesen Mann in die Lage versetzt, sich und anderen vorzugaukeln, er sei erwachsen. Dies gibt seinem Leben, das auf Verstellung und Verleugnung gegründet ist, einen Halt. Narzißmus und Chauvinismus bewirken gemeinsam eine egoistische Einstellung, die tief in Selbsttäuschung verwurzelt ist. Aus Vorurteilen wird Klugheit, seine Unnachgiebigkeit ist ein Zeichen seiner überlegenen Urteilskraft, und seine Härte beweist, daß er weiß, wie es in der Welt zugeht.

Es ist schon seltsam, daß ein zarter, sensibler Junge sich in ein solches Monster verwandeln kann. Tatsächlich ist der Chauvinismus bei diesem Mann um so ausgeprägter, je sensibler er als Kind war. Das ist eigentlich kaum verwunderlich. Wenn man sich die emotionale Unsicherheit vorstellt, die mit Einsamkeit und sexuellem Rollenkonflikt Hand in Hand geht, und sieht, wie der Narzißmus es dem Opfer ermöglicht, seine Fehler zu entschuldigen, ergibt das Auftreten des Chauvinismus als letztes Symptom des Peter-Pan-Syndroms einen Sinn. Es ist das folgerichtige, wenn auch irrationale Ergebnis eines Kampfes, den dieser Mann bereits sein Leben lang führt.

Um die Wirkungsweise dieses Chauvinismus verstehen zu können, sollten Sie daran denken, daß seine sexistische Einstellung nicht so sehr ein Angriff auf Frauen als vielmehr eine Abwehrmaßnahme gegen Ablehnung ist. Es handelt sich hierbei um nur eine von vielen Lebenslügen, an die das Opfer sich klammert, um seine Art zu leben zu rechtfertigen. Sie können nur hoffen, daß irgendwo hinter diesen Projektionen und Verleugnungen ein Mensch steckt, der sich der Tatsache bewußt ist, daß er seelisch noch im Kindergartenalter ist, auch wenn er nach außen hin das Oberhaupt der Familie ist.

Einundzwanzig bis zweiundzwanzig Jahre – der Höhepunkt des Chauvinismus

Es dauert eine Weile, bis der Chauvinismus fest in das Leben des Opfers eingebaut ist. Das Positive daran ist, daß seine Partnerin Jahre Zeit hat, seinen Sexismus zu erkennen und gegen ihn anzugehen. Dieser Charakterzug taucht nicht einfach eines Tages auf und bleibt für immer.

Es ist recht schwierig, ein Alter zu bestimmen, in dem sich so überschneidende Symptome wie Angst, Einsamkeit und die Weigerung, Verantwortung zu übernehmen, ihren Höhepunkt erreichen. Im Falle von Chauvinismus jedoch läßt sich mit großer Wahrscheinlichkeit sagen, daß er sich gewöhnlich in den ersten Jahren des dritten Lebensjahrzehnts entwickelt. Aus mehreren Gründen habe ich ein Alter von einundzwanzig bis zweiundzwanzig Jahren gewählt.

Erstens wird man in diesem Alter im allgemeinen als ›erwachsen‹ angesehen. Von nun an erwartet man von einem jungen Mann, daß er sich wie ein Erwachsener benimmt. Wenn es sich um jemanden handelt, der am Peter-Pan-Syndrom leidet, dann fehlen ihm gewisse Fähigkeiten im Umgang mit Menschen, die Erwachsene besitzen, und er braucht eine Methode, mit deren Hilfe er diesen Mangel überspielen kann. Diese Tarnung ist der Chauvinismus.

Zweitens hat dieser Mann in seinem Leben bereits viel Schmerz erlitten und verspürt das Bedürfnis, sich von ihm zu befreien. Der Chauvinismus erlaubt ihm, seinen Schmerz zu rationalisieren, indem er anderen, insbesondere Frauen, die Schuld daran gibt.

Schließlich führt auch die Verfestigung eines mehr oder weniger stark ausgeprägten Narzißmus, die ein oder zwei Jahre vorher stattgefunden hat, zum Chauvinismus. Diese beiden Charakterzüge harmonieren gut miteinander.

Wenn der junge Mann seine Unsicherheit erst einmal auf andere Menschen projiziert hat, läßt ein durch nichts gerechtfertigter Männlichkeitswahn gewöhnlich nicht mehr lange auf sich warten.

»Das ist nicht der Mann, den ich geheiratet habe«

Jennifer machte den Eindruck einer schuldbeladenen Frau – niedergeschlagene Augen, gebeugter Kopf, leise Stimme. »Ich sollte gar nicht hier sein«, sagte sie. »Ich bin richtig wütend auf mich, weil ich nicht selbst damit fertig werde. Eigentlich sollte ich es gar nicht nötig haben, mit jemandem darüber zu reden.«

»Warum erzählen Sie mir nicht einfach, was los ist?« sagte ich.

»Es liegt an mir.« Sie starrte mit leerem Blick geradeaus. »Ich kann mich einfach nicht daran gewöhnen, daß ich eine verheiratete Frau bin.«

Ich sagte nichts, und sie fuhr fort.

»Ich bin enttäuscht und verbittert. Ich glaube, langsam werde ich zu einer regelrechten Xanthippe.«

»Wieso?«

»Ich scheine nur noch zu weinen oder mich zu beklagen. Ich werfe Mark – das ist mein Mann – vor, daß er mich nicht mehr liebt, daß er vor mir in seine Arbeit flieht, und daß er lieber mit seinen Freunden als mit mir zusammen ist. Ist das nicht furchtbar?«

»Warum sollte das furchtbar sein?«

»Weil ich unsere Ehe damit zugrunde richte. Wir sind erst seit zehn Monaten verheiratet, und ich bin jetzt schon dabei, alle meine Träume zu zerstören. Aber ich will keine geschiedene Frau sein.«

»Wie kommen Sie darauf, daß Sie auf eine Scheidung zusteuern?« fragte ich sie behutsam.

»Mark verbringt immer weniger Zeit mit mir, und ich kann es ihm auch nicht verdenken. Er arbeitet schwer und braucht Zeit, sich davon zu erholen. Aber ich sehe ihn kaum noch. Wenn ich ihm erzähle, wie ich mich fühle, sagt er, daß ich nur eifersüchtig bin. Wenn ich ihn bitte, mehr Zeit mit mir zu verbringen, sagt er, daß er arbeiten muß, um so viel Geld zu sparen, daß wir eine Familie gründen können.

Aber ich will jetzt noch gar keine Kinder. Ich will vorher noch mein letztes Semester auf dem College abschließen, einen besseren Job bekommen und mich daran gewöhnen, daß ich verheiratet bin. Mark sagt, ich würde glücklicher sein, wenn ich Kinder haben und zu Hause bleiben würde, und wenn ich dann antworte, daß ich gar keine Lust darauf habe, ein Hausfrauendasein zu führen, besteht er darauf, daß ich nicht arbeiten soll, ehe die Kinder aus der Schule sind. Ich will aber nicht für die nächsten fünfzehn Jahre an das Haus gefesselt sein, und deshalb glaubt er, daß ich von unseren ursprünglichen Plänen, Kinder zu haben, nichts mehr wissen will.«

»Es sieht so aus, als hätte er schon Ihr ganzes Leben verplant«, sagte ich.

»Wie meinen Sie das?«

»Nun, er sagt Ihnen, was Sie tun werden, wie Sie es tun werden, und warum Sie dabei auch noch glücklich sein werden. Aber er hört sich nicht an, was *Sie* wollen.«

»Er versucht ja nur, mir zu helfen.«

Wieder sagte ich nichts.

»Mark sagt, daß ich alleine gar nicht zurechtkommen würde. Er sagt, daß mein Geld ja nicht gerade weit reicht. Und das stimmt – ich verdiene nicht soviel wie er. Ich wollte, er hätte es ein bißchen netter gesagt... Ich bin einfach zu empfindlich.«

»Ist das Ihre Meinung oder seine?«

»Na ja, Mark sagt...«

Ich konnte mich nicht länger zurückhalten. »Sagen Sie, geht Ihnen dieses ewige ›Mark sagt‹ nicht auf die Nerven?«

»Aber Mark ist ein wunderbarer Mann. Und außerdem sehr klug.«

»Na gut, das glaube ich. Aber damit wollen Sie doch wahrscheinlich sagen, daß alles, was in Ihrer Ehe schiefgeht, Ihre Schuld ist? Mark ist der Gute, und Sie sind die Böse, habe ich recht?«

»Tja, es sieht so aus. Er hat sich verändert, und ich nörgele die ganze Zeit. Also bleibt er immer öfter weg, und das macht mich noch unglücklicher, und darum nörgele ich noch mehr.«

»Also haben *Sie* diese Veränderung bei ihm verursacht? Was Sie sagen, läuft darauf hinaus, daß Mark nicht weiß, was gut für ihn ist, daß er völlig von Ihrem Verhalten abhängig ist und daß Sie ihn beschützen müssen, als sei er Ihr Sohn und nicht Ihr Mann.«

»Sie drücken es sehr hart aus«, antwortete sie.

»Das mag schon sein, aber Sie müssen sich der Wahrheit stellen. Stimmt es also, daß Sie versuchen, Mark vor Ihnen zu beschützen?«

»Ja, ich glaube, man könnte es so sagen.«

»Dann wäre er also ein Schwächling. Stimmt das?«

»Nein, ganz und gar nicht. Als ich ihn kennenlernte, war er unbekümmert und unabhängig. Er dachte nie an seine Arbeit – wir vergnügten uns die ganze Zeit. Meine Eltern dachten sogar, er würde es nie zu etwas bringen, weil er so faul sei. Aber wir hatten viel Spaß miteinander. Er war vielleicht etwas unreif, aber schwach auf keinen Fall.«

»Oder...« – Ich hielt kurz inne, um sicherzugehen, daß sie mir auch zuhörte – »... Sie haben seine Probleme nie erkannt, weil Sie genauso unreif waren wie er.«

»Das könnte sein«, gab sie zu.

»Und jetzt werden Sie erwachsen, im Gegensatz zu ihm.«

Die Konsequenzen dieses Gedankenganges schienen Jennifer Angst zu bereiten. »Verstehen Sie mich nicht falsch – er ist ein wunderbarer Mann. Er arbeitet schwer, und er gibt mir alles, was ich will.«

»Alles?«

Sie zog ein Papiertaschentuch aus der Tasche und wischte sich die Tränen ab, die ihr jetzt über die Wangen liefen. »Na ja, nicht alles. Aber er ist so gut zu mir.«

»Wirklich?«

Sie schwieg und begann stärker zu weinen.

»Für mich klingt das so, als hätten Sie Angst, Mark zu kritisieren. Ist er denn eine Art Gott oder ein perfekter Mensch?«

»Nein, überhaupt nicht! Manchmal ist er geradezu unerträglich.«

»Erzählen Sie mir mehr darüber.«

»Na ja, er hat sich verändert. Er arbeitet wie ein Verrückter – achtzig bis neunzig Stunden pro Woche – und er beschwert sich über andere, die nicht genug arbeiten. Und dabei hat er sein College-Studium abgebrochen, weil nach seinem Dafürhalten der Unterricht zu früh anfing.

Den größten Teil seiner Freizeit verbringt er mit seinen Freunden, und dann gehen sie zusammen in eine Kneipe. Früher hatte er nie irgendwelche wirklichen Freunde gehabt, und jetzt sieht es so aus, als könnte er nicht ohne sie leben. Er hat mir immer gesagt, ich sei sein einziger echter Freund. Und jetzt müssen wir, wenn er schon einmal mit mir ausgeht, immer in dieselbe verräucherte Kneipe gehen, in der seine großspurigen Freunde sitzen. Mit ihnen lacht und trinkt er, aber mich ignoriert er.

Und er ist gemein. Er sagt wirklich schreckliche Sachen über andere Leute. Zum Beispiel diese beiden älteren Frauen, die praktisch die ganze Büroarbeit in der Baufirma erledigen, für die Mark arbeitet; sie machen die Buchführung, die Verwaltung, die Arbeitseinteilungen und so weiter. Und in der Art und Weise, wie sie das machen, sind sie ziemlich eingefahren, Sie wissen schon. Na ja, jedenfalls... neulich abend saßen Mark und seine Freunde in dieser Kneipe und sagten einfach furchtbare Sachen über diese beiden Frauen, und Mark rief: ›Diese beiden alten Schachteln müßten einfach nur mal richtig auf die Matte gelegt werden.‹ Ich war schockiert. So hatte ich Mark noch nie reden hören.«

Ich schwieg und ließ ihre Worte nachklingen.

»Ja, er hat sich verändert.«

»Aber Sie geben sich die Schuld dafür.«

»Na ja, ich habe ja auch einiges falsch gemacht. Zum Beispiel habe ich zuviel herumgenörgelt.«

»Okay, Sie haben also Fehler gemacht. Sie sind ja auch nur ein Mensch. Ihr größter Fehler aber scheint mir zu sein, daß Sie für Marks Probleme die Verantwortung übernehmen.«

»Könnten Sie uns helfen?« sagte sie flehend. »Ich will nicht, daß unsere Ehe so endet. Ich liebe ihn. Ich liebe ihn wirklich.«

»Ich kann *Ihnen* helfen, aber für Mark oder Ihre Ehe kann ich nichts tun, solange er nicht herkommt.«

»Aber er sagt, es wäre eine Zeit- und Geldverschwendung, hierherzukommen.«

»Und was sagen Sie?«

»Es ist keine Verschwendung, wenn es gut für unsere Ehe ist.«

»Wird er also kommen?«

»Ich glaube schon ... wenn ich genug Druck mache. Ich werde ihm immer wieder damit in den Ohren liegen müssen, und dann wird er auch kommen.«

»Ist das Ihre Methode, ihn zu etwas zu bringen?«

»Ja, aber es funktioniert nicht immer. Zum Beispiel wollte ich schon lange einmal ein langes Wochenende mit ihm wegfahren, nur wir beide. Und letztes Wochenende war es dann soweit. Aber was tat er? Er lud zwei seiner Freunde ein mitzukommen. Und ich erfuhr erst im letzten Moment davon. So habe ich das ganze Wochenende damit verbracht, mich mit den beiden anderen Frauen zu unterhalten, während Mark und seine Freunde Karten spielten und tranken. Ich habe ihn dafür gehaßt, und das wiederum hat mir Angst gemacht. Deswegen habe ich mich auch entschlossen, zu Ihnen zu kommen. Ich will meinen Mann nicht hassen.«

»Glauben Sie, daß Ihr Mann zu mir kommen wird?«

»Ja, wenigstens einmal. Er wird Ihnen wahrscheinlich erzählen, daß es zwischen uns keine Probleme gäbe, wenn ich aufhören würde, an ihm herumzunörgeln.«

»Könnten Sie damit aufhören?«

»Vielleicht. Aber dann würde ich nichts von dem bekommen, was ich haben will.«

»Und sind Sie wirklich zufrieden, wenn Sie etwas auf diese Art und Weise bekommen?«

»Wenn es so wäre, würde ich nicht hier sitzen.«

Damit hatte sie einen Entschluß gefaßt.

»Sie haben außer unnötigen Querelen nichts zu verlieren«, sagte ich. »Wenn Sie aufhören, sich über ihn zu beklagen, muß Mark sich seinen Problemen zuwenden.«

»Was soll ich also tun?«

»Hören Sie auf, sich wie seine Mutter zu benehmen, nehmen Sie nicht die Schuld für seine Probleme auf sich, und gehen Sie nicht mehr auf seinen Chauvinismus ein.«

»Was?« Jennifer war überrascht. »Ich habe Mark nie als Chauvinisten gesehen.«

»Vielleicht hatte er es früher nie gezeigt. Aber wie sonst würden Sie sein Verhalten charakterisieren? Er mißt männliches und weibliches Verhalten nach zweierlei Maß, ist gefühllos und macht gemeine sexistische Bemerkungen. Er weist Ihnen Ihre Rolle zu, arbeitet wie ein Besessener, um seine Überlegenheit zu beweisen, und will Sie dann zu einem Hausfrauendasein zwingen, während er sich mit seinen Freunden in Kneipen herumtreibt.«

»Du liebe Zeit, wie Sie es ausdrücken, klingt es wirklich schrecklich!«

»Ich weiß, daß Mark auch seine guten Seiten hat, auch wenn ich ihn noch gar nicht kenne. Aber ich verabscheue Chauvinismus, und ich habe eine aggressive Art und Weise, mich damit auseinanderzusetzen. Wenn Mark bereit ist, mir zuzuhören, wird er seinen Chauvinismus erkennen und damit aufhören, bevor er noch schlimmer wird. Und Sie können ihm dabei helfen.«

»Ich?«

»Ja. Spielen Sie nicht Marks Mutter oder eine Märtyrerin oder ein schuldbeladenes, ungezogenes, kleines Mädchen. Halten Sie an Ihren Hoffnungen und Träumen fest, und weigern Sie sich, auf seinen Chauvinismus einzugehen. Wenn Sie Mark lieben, dann sollten Sie ihn nicht verlassen, ohne Ihrer Ehe eine wirkliche Chance gegeben zu haben.«

Sie nickte. »Aber was ist, wenn er nach dem ersten Mal nicht mehr zu Ihnen kommt?«

»Ja, was ist dann?«

»Dann werde ich ihn einfach noch mehr lieben. Unsere Ehe läuft ja erst seit ein paar Monaten nicht mehr so, wie sie sollte; wir haben noch viel Zeit, die Dinge wieder ins Lot zu bringen.«

»Ich glaube nicht, daß Sie jemals wieder so sein werden, wie Sie waren. Ich hoffe eher, daß Sie sich immer mehr verwirklichen werden.«

Auf dem Weg zur Tür blieb Jennifer stehen und sagte: »Bitte tun Sie ihm nicht weh.«

Lächelnd zwinkerte ich ihr zu und antwortete: »Ja, Mama.«

Sie mußte lachen. »Oh, verdammt, schon wieder nicht aufgepaßt.«

Ich klopfte ihr sanft auf die Schulter. »Seien Sie nicht zu hart mit sich selbst. Halten Sie sich daran, daß Sie Ihren Mann lieben. Liebe ist stärker als Chauvinismus.«

Kapitel 10

Die Krise: Die Unfähigkeit zu sozialem Verhalten

Wendy: »Was ist los, Peter?«

Peter *(ängstlich):* »Wir tun doch nur so, als ob ich ihr Vater wäre, oder?«

Wendy *(niedergeschlagen):* »Ja, natürlich.«

Ein Mann, der am Peter-Pan-Syndrom leidet, beginnt in der ersten Hälfte seines dritten Lebensjahrzehnts zu merken, daß er ein Problem hat. Er versucht sich einzureden, daß das keine große Sache ist und daß jeder damit fertig werden muß. Aber da er den Kontakt mit der Realität noch nicht verloren hat, weiß er, daß es sich *nicht* um ein kleineres Problem handelt. Er weiß, daß er für seine Täuschungsmanöver zu bezahlen hat. Sein Wille zur Veränderung kollidiert mit seinen übergenau ausgearbeiteten Verleugnungsmechanismen. Damit beginnt das kritische Stadium des Peter-Pan-Syndroms.

Ein bohrendes Gefühl der Unwirklichkeit zwingt den jungen Mann dazu, sich mit sich selbst auseinanderzusetzen. Natürliche Elemente des menschlichen Zusammenlebens wie Wärme, Logik und Anstand drängen sich in seine Gedankenwelt. Die dadurch entstehenden Konflikte verlangen nach einer Lösung.

Er ist gezwungen, die Schwächen seiner emotionalen Lähmung zu erkennen. Infolge der Tatsache, daß er immer alles aufgeschoben hat, verfügt er nur über wenige im Leben eines Erwachsenen erforderlichen Eigenschaften. Sein blindes Streben nach einer Gruppenidentität und seine daraus resultierende Einsamkeit fordern ihren Tribut. Sein Vertrauen darauf, die Verhältnisse durch die Kraft seiner Gedanken verändern zu können und seine Mißachtung einer erkennbaren Gesetzmäßigkeit und Ordnung werden von seinem gesunden Menschenverstand in Frage gestellt. Sein zwiespältiges Verhältnis zu seinen Eltern und sein Unvermögen, eine Frau wirklich zu lieben, lasten schwer auf seiner Seele. Dies alles wirft ihn in einen Zustand völliger Unbeweglichkeit. Das Ergebnis von zwanzig Jahren des ›Erwachsenwerdens‹ ist eine Unfähigkeit zu sozialem Verhalten.

Während der Krise sucht der junge Mann Hilfe, aber dabei bilden sein Irrglaube, er könne alles selbst bewältigen, und sein Mangel an Mut ein sehr großes Hindernis. Wir wollen uns einmal ansehen, wie das Leben eines PPS-Opfers aussieht, das den Mut gefunden hat, diese Hindernisse zu überwinden und sich seiner Unfähigkeit zu stellen.

»Meine Mutter hatte schon immer recht, aber ich war zu dumm, um das zu begreifen. Und jetzt ist es zu spät, das wiedergutzumachen. Ich wette, das wird sie mich immer spüren lassen.«

Verzweiflung, Reue, Schuldgefühle – der dreiundzwanzigjährige Randy war ein Häufchen Elend. Er klang zwar, als sei er wütend auf seine Mutter, aber dahinter verbarg sich nur ein tiefer Ekel vor sich selbst. Er war schließlich von seinem hohen Roß gestiegen und hatte sein Leben einer genauen Prüfung unterzogen. Er war keineswegs begeistert von dem, was er da sah. Es war schon erstaunlich, daß ein so intelligenter und gutaussehender junger Mann jeden wichtigen Bereich seines Lebens in einen Scherbenhaufen verwandelt hatte.

In vier Jahren war er auf drei Colleges gewesen und hatte noch nicht einmal die erforderlichen Leistungsscheine für das erste Jahr. Er kam nicht mit seinem Geld aus, hatte keine, oder nur verschwommene Vorstellungen davon, was zu einer ausgewogenen Mahlzeit gehört, verlor jeden Job nach ein oder zwei Wochen und wohnte zusammen mit fünf zweifelhaften Subjekten in einer heruntergekommenen Wohnung. Darüber hinaus saßen ihm ein wütender Vermieter und eine Meute von Schuldeneintreibern im Nacken. Randy hatte sich jenen jungen Männern angeschlossen, die vom Leben so gelangweilt waren, daß nicht einmal Marihuanarauchen ihnen mehr Spaß machte. Er hatte aufgehört, Rauschgift zu nehmen und verließ sich lieber auf den alten Sorgentröster Alkohol. Am schlimmsten jedoch war, daß Randy buchstäblich alles aufschob, und zwar nicht einfach auf morgen, sondern auf immer. Er hatte sich eine fatalistische Grundhaltung zugelegt und handelte nach dem Satz: »Zum Teufel mit der Zukunft – die ist für mich einfach abgesagt, basta!«

Ich richtete mein Augenmerk in erster Linie auf die Intensität von Randys Depressivität und Wut. Er hatte offensichtlich allen Grund, depressiv zu sein, und seine Wut war kaum verhohlen. Wenn diese beiden starken Emotionen seine Lebensenergie in Mitleidenschaft zogen, würde es nicht mehr lange dauern, bis er seines Lebens überdrüssig werden würde. Angesichts seiner Verzweiflung hatte Randy gute Aussichten, ein Selbstmordkandidat zu werden.

Während unserer ersten Gespräche wurde es jedoch deutlich, daß diese Gefahr bei ihm nicht bestand. Innerhalb einiger Wochen erfuhr ich, daß Randy ein sehr effektives System der Verleugnung entwickelt hatte.

Ich kannte seine Antwort auf die ersten Fragen, aber es war von Bedeutung, daß er sie selbst gab. »Warum sind Sie zu mir gekommen?«

Ein dummes Grinsen huschte über sein Gesicht. »Meine Mutter hat es von mir verlangt.«

Der Satz stand im Raum. Ich brauchte nur zu warten, und Randy würde fortfahren.

Seine Erregung steigerte sich dramatisch. »Sie hat gesagt, wenn ich nicht zu Ihnen ginge, würde sie mir mein Geld streichen.« Sein Gesicht färbte sich zusehends rot.

»Das ist Erpressung«, sagte ich ernst.

»Genau, Erpressung. Sie hat kein Recht, mich zu zwingen. Sie behandelt mich wie ein kleines Kind. ›Tu dies, laß das. Sei vorsichtig. Ich will, daß du zum Psychologen gehst.‹«

Er sprach mit übertrieben süßlicher Stimme.

Ich hakte sofort ein. »Warum sind Sie dann gekommen? Lassen Sie sich immer erpressen?«

Seine Wut stand ihm im Gesicht geschrieben. »Was glauben Sie wohl?« Die folgende Stille unterstrich sein Geltungsbedürfnis. Er ertappte sich dabei, daß er die Beherrschung verlor, und entschuldigte sich schnell. Dann erzählte er mir von seiner prekären finanziellen Situation.

Randy hatte sein Studium an der Universität aufgegeben, und die ›Micky-Maus-Atmosphäre‹ im College ging ihm auf die Nerven. Als er die Universität verließ und sich nach einer Arbeit umsah, sagte ihm seine Mutter, er könne nicht bei ihr wohnen, ohne Miete zu bezahlen. Da er keinen geeigneten Job finden konnte, schrieb er sich an einer anderen Universität ein. Er hatte zwar keine Lust zu studieren, aber wenigstens hatte er so Ruhe vor seiner Mutter.

Sie zahlte die Studiengebühren und gab ihm 250 Dollar im Monat für Essen und Unterkunft. Er brauchte also nur noch seine Leistungsscheine zu erwerben. Zum Zeitpunkt unserer Gespräche bestand gerade die Gefahr, daß er in allen Kursen durchfallen würde, und dann würde es wieder Streit zwischen ihm und seiner Mutter geben.

»Sie scheinen ganz schöne Probleme mit Ihrer Mutter zu haben«, sagte ich und versuchte, meiner Stimme einen munteren Klang zu geben.

»Wie meinen Sie das?« Er schien wirklich überrascht.

Ich erinnerte ihn an seine erste Bemerkung und sagte, es habe den Anschein, als schiebe er seiner Mutter die Schuld an seinen Schwierigkeiten zu. Dieser Haltung stellte ich seine Abhängigkeit vom Geld seiner Mutter gegenüber und setzte diese beiden Elemente in eine Relation zu seiner Abneigung oder Unfähigkeit, sich von den Schürzenzipfeln seiner Mutter zu lösen. Ich dachte, er würde verwirrt sein, aber ich sollte mich täuschen.

»Ja, das ist wahrscheinlich eine schlechte Angewohnheit von mir. Ich habe schon immer meiner Mutter die Schuld an meinen Schwierigkeiten gegeben, und ich dachte, ich hätte allen Grund dazu. Immer hatte sie etwas an mir auszusetzen und erinnerte mich an die Fehler, die ich gemacht hatte. Das ging mir furchtbar auf die Nerven. Es war leichter, meine Probleme auf ihre Nörgelei zu schieben als etwas dagegen zu unternehmen. Und ich glaube, das tue ich immer noch.«

Jetzt war *ich* verwirrt. »Aber wenn Sie über so viel Einsicht verfügen, warum ändern Sie sich dann nicht?«

Die Antwort kam schnell und ohne langes Überlegen. »Ich weiß nicht.«

Es dauerte einen Moment, bis ich verstand. »Sie ändern sich nicht, weil Sie glauben, nicht dazu fähig zu sein. Sie meinen, es würde Ihnen nicht viel nützen, sich darüber Gedanken zu machen.«

»Das verstehe ich nicht. Warum sollte ich so etwas denken?«

»Ich weiß nicht. Vielleicht können wir es herausfinden.« Ich erklärte Randy, daß ich ihn nicht für geistig gestört hielt. Daher hatte sein Verhaltensmuster, wie kompliziert und geheimnisvoll es auch sein mochte, einen Sinn. Dieser war vielleicht irrational, orientierte sich jedoch an einer gewissen Logik. Die einzige Schwierigkeit bestand darin, die Gesetzmäßigkeit dieser Logik aufzudecken.

Wir unterhielten uns darüber, daß es in seinem Leben stetig bergab gegangen war. Er schilderte mir in allen Einzelheiten seine Schwierigkeiten im Umgang mit Geld und erzählte, wie er Jobs verloren hatte, nachdem er sich mit dem Chef gestritten oder Kollegen angeschrien hatte. Sein aufbrausendes, impulsives Wesen verwirrte ihn. Je mehr er Vertrauen zu mir faßte, desto öfter benutzte er zu seiner Charakterisierung Wörter wie ›Versager‹, ›Dummkopf‹ und ›Idiot‹.

Das machte es einfacher, Randy zu erklären, mit welchen Dingen er offenbar zu kämpfen hatte: Er litt erhebliche psychische Schmerzen, denen er mit seinen alten Methoden beizukommen versuchte. Es war einfach, seiner Mutter Fehler vorzuwerfen und ihr die Schuld an seinen Problemen zu geben. Randy wollte daran glauben, daß er, genau wie früher als Teenager, auf diese Art und Weise seine gegenwärtigen Schwierigkeiten irgendwie zum Verschwinden bringen konnte.

Damit waren wir bei einer weiteren Eigenart: Randy glaubte an die magische Kraft seiner Gedanken. Von Kindesbeinen an hatte man ihm erlaubt, sein Wunschdenken auf die Realität zu übertragen: »Wenn ich nur fest genug daran glaube, dann wird es auch so sein.« Kinder haben sicher Spaß an dieser Einstellung, aber bei Erwachsenen hat sie katastrophale Folgen. Man hätte meinen sollen, daß Randy aus dem Alter heraus war, in dem man an solche Sachen glaubt – aber er handelte noch immer danach.

Ein größeres Problem, für das Randy nicht seine Mutter verantwortlich machen konnte, verursachte ihm ständig Qualen und Traurigkeit und war auch der Grund für seine ersten Alpträume. Durch dieses Problem geriet er immer wieder in Situationen, in denen man sie ablehnte. Als ich ihn drängte, er solle mir mehr über seine Tendenz erzählen, seine Mutter zum Sündenbock zu machen, erklärte er mir, er habe Probleme mit Frauen im allgemeinen. Er drückte es so aus:

»Eigentlich will ich wirklich eine feste Beziehung mit einer Frau. Aber wie bei allen anderen Sachen bin ich auch in der Liebe ein Verlierer. Es sieht so aus, als würde ich jede schöne Beziehung gerade dann zugrunde richten, wenn die Dinge anfangen, sich gut zu entwickeln. Jedesmal wenn ich merke, daß ich mich verliebe, sehe ich den nächstbesten Mädchen nach und überlege, wie ich es anstellen könnte, sie zu erobern. Ich meine, sexuell zu erobern – Sie wissen schon. Und das hält auf die Dauer natürlich kein anständiges Mädchen aus, besonders, da ich mir keine große Mühe gebe, meine Gedanken zu verbergen.«

Was für ein komplizierter Gedankengang! Er brachte Randys Hoffnungen, Träume, Ängste, sexuelle Frustrationen, Unsicherheit, Mißtrauen und Einsicht zum Ausdruck. Es brauchte nur etwas psychologische Detektivarbeit, und man konnte damit auch die Tür zu einem Problem öffnen, mit dem viele seiner Altersgenossen mehr oder weniger schwer zu kämpfen hatten. Die Gedanken, die seiner Bemerkung zugrunde lagen, waren der Schlüssel zu Randys seltsamer Logik.

Während der nächsten Sitzungen sprach Randy von seinen sexuellen Erfahrungen. Er erzählte von seiner ersten Verabredung, seinem ersten Kuß, seiner ersten festen Freundin und – was ihm offenbar äußerst peinlich war – von seinem ersten Geschlechtsverkehr. Mit jeder Geschichte verstärkte sich mein Eindruck, daß Randy mit sich selbst ›Alles oder nichts‹ spielte. Jedes sexuelle Abenteuer war für ihn ein Triumph. Mit einem Mädchen geschlafen zu haben bedeutete, daß er ein Sieger war.

Randy wollte ein Mädchen physisch besitzen, aber er wies jeden Versuch zurück, einen emotionalen Kontakt herzustellen. Bei drei verschiedenen Gelegenheiten hatte Randy ein Mädchen, das ihm näherkommen wollte, von sich weggeschoben. Er sagte, er habe dem jeweiligen Mädchen ›eindeutig‹ zu verstehen gegeben, daß er weiter mit ihr nichts zu tun haben wolle, aber es klang eher so, als sei er dabei äußerst gefühllos vorgegangen. Meiner Ansicht nach glich das, was Randy mit Frauen tat, die es wagten, ihn zu lieben, einer emotionalen Hinrichtung. Ich äußerte die Vermutung, daß er eine verquere Einstellung zu Frauen habe und daß eine erhebliche Menge Wut und Verachtung dahintersteckten. Er schien aufrichtig bestürzt.

»Aber daß ich Mädchen hasse, ist mir nicht bewußt. Ich möchte sie lieben. Ich kann einfach nicht glauben, daß ich solche Gefühle in mir habe. Und doch muß da irgend etwas sein, oder?«

»Ja, ganz bestimmt.« Ich verfolgte meinen Gedankengang noch einen Schritt weiter. »Und die Absicht, die sich dahinter verbirgt, ist Rache. Das kommt bei unseren Gesprächen immer wieder durch. Sie möchten mit Frauen eine Rechnung begleichen.«

Er fiel aus allen Wolken. »Was? Das ergibt doch überhaupt keinen Sinn! Rache? Warum sollte ich mich an Mädchen rächen?«

»Sie sind hier, um das herauszufinden. Also tun Sie es – nicht um Ihrer Mutter, sondern um sich selbst einen Gefallen zu tun. Wenn wir zusammenarbeiten, werden wir das Warum schon herausfinden.«

Warum? Das war eine ausgezeichnete Frage. Warum verhielt sich Randy Frauen gegenüber so gemein? Warum versuchte er, sie emotional zu vernichten? Hatte ihm eine seiner Freundinnen Unrecht getan? Wir konnten keinen Anhaltspunkt dafür finden. War seine Mutter eine boshafte Frau, eine schizophrene Sadistin? Ganz und gar nicht. Vielleicht hatte ihn sein Vater gelehrt, Frauen zu hassen, oder Randy hatte latente homosexuelle Neigungen...? Nein, nichts dergleichen.

Um der Sache auf den Grund zu gehen, bat ich Randy, mir in allen Einzelheiten von einem sexuellen Erlebnis zu berichten, das nicht allzu lange zurücklag. Er erzählte mir von sexuellen Erfahrungen, die höchst symbolischer Natur waren. Dabei spielte ein komplexes Netz infantiler Fantasien, illegaler Verkehr mit Minderjährigen und ein buntes Durcheinander von Tabletten und Alkohol eine Rolle. Kurz gesagt, seine Geschichte kreiste um Sex und Drogen.

Randy lebte in einer Universitätsstadt im Mittleren Westen, in der siebzig Prozent der Einwohner von der Universität lebten. Viele der alten Häuser der kleinen Stadt waren unterteilt und an Studenten vermietet worden. Die Vermieter verlangten überhöhte Preise und taten so wenig wie möglich zur Erhaltung der Häuser. Randy hatte fünf Studenten gefunden, die in einem heruntergekommenen alten Haus wohnten und einen sechsten Mitbewohner suchten. Er zahlte achtzig Dollar pro Monat, und was er an Lebensmitteln verbrauchte, mußte er selber kaufen. Er bezog ein kleines Zimmer im ersten Stock, das früher einmal ein begehbarer Schrank gewesen war.

Parties waren für Randy ebenso wichtig wie Luft und Wasser. Er ging davon aus, daß es jede Menge Feste mit ›coolen‹ Studenten geben würde. Er wurde nicht enttäuscht.

Seine Mitbewohner empfingen ihn mit einer kleinen Party. Keine große Sache, nur einige Kästen Bier, ein paar Röhrchen Schlaf- und Aufputschtabletten, Haschisch, Marihuana und ein halbes Gramm Kokain. Gegen neun Uhr abends bevölkerten fünfzehn bis zwanzig junge Leute das Parterre des alten Hauses. Die Stereoanlage dröhnte, und unter Rufen der Begeisterung kam die Drogen-Party in Gang. Jedermann erzählte von seinen neuesten Erlebnissen und gab die jüngsten Gerüchte zum besten, die auf der Universität umliefen. Wie gewöhnlich hörte niemand zu.

Auf dieser typischen Party erschienen drei seltsame Gäste. Angesichts ihres Alters hätten sie gar nicht dort sein dürfen, aber offensichtlich waren sie mit dem Haus und seinen fünf Bewohnern vertraut. Es waren Schülerinnen, die in eine der unteren Klassen der High School gingen. Sie lebten in diesem Teil der Stadt, und das Haus, in das Randy einzog, war ihr zweites Zuhause. Sie sahen aus, als hätten sie gerade eben noch die Football-Mannschaft ihrer Schule angefeuert – und bei einer von ihnen war das tatsächlich der Fall.

Die drei Mädchen waren eng miteinander befreundet. Sie waren durch Zufall in diese Kreise geraten: Bei einem Spaziergang waren sie von drei Bewohnern dieses Hauses angesprochen worden, und bald darauf verbrachten sie ihre Nachmittage damit, Bier zu trinken und ihr Bedürfnis auszuleben, als Damen von Welt zu gelten. Die jungen Männer widmeten den Mädchen ihre Aufmerksamkeit, ließen sie soviel Bier trinken wie sie wollten, und gaben ihnen gelegentlich etwas Kokain. Für all dies bezahlten die Mädchen auf denkbar einfache Art: mit Sex.

Randy wurde den drei Mädchen sofort vorgestellt. Sie beherrschten ihre Rollen perfekt. Sie staunten über die Geschichten, die er erzählte, und kicherten über seine rassistischen Witze. Mittlerweile konnten sie Bier trinken, ohne über den sauren Geschmack das Gesicht zu verziehen. Randy wurde von ihnen sofort als ›besonderer Freund‹ akzeptiert – eine Bezeichnung, die für die Mädchen von entscheidender Bedeutung war, so als ließen sich damit ihre Handlungen rechtfertigen.

Es verging keine Stunde und Randy lag mit einer von ihnen im Bett. Auch hier hielt sie sich an ihre Rolle. Sie pries seine Qualitäten als Liebhaber, als sei sie die Heldin eines historischen Romans, und rauchte sogar eine Zigarette nach ihrem vierminütigen Liebesakt. Sie machte Randy Komplimente über seine Männlichkeit und gurrte, wie schön es sei, jemandem in so kurzer Zeit so nahe zu kommen.

Randy fühlte sich großartig. Sein Ego war ebenso befriedigt wie sein Körper. Er war ein meisterhafter Liebhaber. Er war überhaupt ein toller Typ. Während das Mädchen mit seiner Lobeshymne fortfuhr, verspürte Randy ein Auf- und Abwogen von Leidenschaft, ein Pendeln zwischen völliger innerer Befriedigung und sexueller Erregung. Er war sehr mit sich zufrieden, und das erregte ihn mehr als alles andere.

Er nahm dem Mädchen die Zigarette aus dem Mund, murmelte ihr ins Ohr, wie sehr er sie liebe und drang aggressiv und mit erneuter Leidenschaft in sie ein. Kurz darauf lag Randy neben diesem fremden Mädchen und suchte nach einem Gesprächsthema. Er haßte diese Zeit nach dem Sex, wenn von ihm erwartet wurde, über irgend etwas zu reden.

Er brach sein Schweigen, indem er die körperlichen Vorzüge seiner jungen Freundin lobte. Sie strich mit ihren Fingern über seine Brust und fütterte sein Ego mit falschen Schmeicheleien. Die Bedeutung des Ausdrucks ›besonderer Freund‹ wurde klarer. Seine Partnerin war erst sechzehn Jahre alt, aber für ihn war sie eine ganz besondere Frau – eine Frau, durch die es ihm möglich war, sich ganz lebendig zu fühlen. Es war nur zu dumm, daß er sich nicht an ihren Namen erinnern konnte.

Trotz seiner Proteste stürzte sich das Mädchen wieder in das Getümmel der Party. Er tröstete sich mit einem Joint, den er mehr aus Gewohnheit als aus einem wirklichen Bedürfnis rauchte – schließlich war er schon so ›high‹, wie er nur sein konnte. Bereits nach wenigen Augenblicken stellte Randy fest, wie erleichtert er war, daß das Mädchen gegangen war.

Ein paar Minuten später wurden Randys von Drogen beflügelte Gedankengänge unterbrochen. Die schwarzhaarige Freundin des ersten Mädchens stand in der Tür, enthüllte, ohne ein Wort zu sagen, ihren schönen fünfzehnjährigen Körper und stieg zu ihm ins Bett. Sie nahm Randy den Joint aus den Lippen, tat einen tiefen Zug und blies den bittersüßen Rauch genüßlich aus.

Kurz darauf waren Randy und seine neue Freundin dabei, miteinander zu schlafen. Obwohl er erregt war, begann Randys Erektion nachzulassen, aber wenn er seine Impotenz hätte erklären müssen, wäre sein himmlisches Gefühl verflogen. Wie schon zuvor spielte er einen Orgasmus, ebenso wie seine Partnerin. Das war einfach ein Teil dieses Spiels.

Das Mädchen war von seinen Liebeskünsten begeistert. Ihre Heuchelei ärgerte Randy, aber er rief sich ins Gedächtnis zurück, daß er noch nie ein Mädchen ›von der Bettkante gestoßen‹ hatte. Er nickte sogar auf die Frage, ob er ihr ›besonderer Freund‹ sein wolle. Ihm blieb keine andere Wahl. Sie hatte die Frage so gestellt, als sei eine negative Antwort undenkbar.

Diese besondere Freundin ging, nachdem sie noch einen Joint geraucht hatten. Randy war etwas durcheinander. Irgend etwas beunruhigte ihn. Mit zwei wildfremden Minderjährigen zu schlafen, schien irgendwie nicht in Ordnung. Auch seine Impotenz machte ihm Sorgen. Er versuchte, seine Bedenken zu verscheuchen, indem er sich einredete, das, was er gerade erlebt hatte, sei der Traum eines jeden jungen Mannes. Ohne es wirklich zu wollen, begann er sich zu fragen, wann er wohl mit der Dritten im Bunde ins Bett gehen würde.

Einige Tage später beging Randy seine gemeinste Tat. Er hatte seine Freundin in seiner Heimatstadt angerufen und sie eingeladen, ihn in seinem neuen Zuhause zu besuchen, wobei er ihr versichert hatte, sie werde ein unvergeßliches Wochenende erleben. Zumindest in diesem Punkt hatte er ihr nicht zuviel versprochen.

Es war drei Uhr nachmittags, und er erwartete seine Freundin um vier. Um Viertel nach drei erschien das letzte der drei Mädchen von der Party und nahm sich eine Flasche Bier aus dem Kühlschrank. Randy saß allein im Wohnzimmer und hörte sich seine neue Schallplatte an.

Das Mädchen ließ sich neben Randy auf das Sofa fallen und strich sich die langen blonden Haare aus dem Gesicht. Sie erklärte ihm, sie habe die letzte Unterrichtsstunde geschwänzt, weil sie nicht mehr bis zum eigentlichen Beginn des Wochenendes habe warten wollen. Kichernd dachte sie daran, daß ihre beiden Freundinnen jetzt noch in der Schule saßen und erst in einer Stunde würden kommen können. Sie wartete nicht darauf, daß Randy einen plumpen Annäherungsversuch machte, sondern vertraute ihm an, wie ungeheuer sanft und liebevoll ihre beiden Freundinnen Randy fanden. Sie sprach darüber, wie diese auf der Party mit Randy geschlafen hatten, gebrauchte jedoch Worte, die andeuteten, daß dabei etwas geschehen war, das über körperliche Genüsse weit hinaus ging. Es war zehn Minuten vor vier, als Randy und seine neueste ›besondere Freundin‹ miteinander ins Bett gingen.

Randys Freundin stand um genau vier Uhr vor der Haustür. Gerade als sie klingeln wollte, kam einer seiner Mitbewohner nach Hause. Er stellte sich vor und bat sie, hereinzukommen. Die Musik war immer noch an. Der Mitbewohner sagte, Randy sei wahrscheinlich in seinem

Zimmer und ziehe sich an und schlug vor, seine Freundin solle sich hinaufschleichen und ihn überraschen. Das tat sie.

Randy hatte ziemliche Schwierigkeiten, zum Orgasmus zu kommen und schob mit einer Willensanstrengung alle Gedanken von sich, die ihn von diesem Ziel hätten ablenken können. In dem Moment, als er den Höhepunkt erreichte, trat seine Freundin in das winzige Zimmer. Einen Moment lang hielt Randy den entsetzten Aufschrei seiner Freundin für die Ekstase des Mädchens, mit dem er im Bett lag. »Die hier ist wirklich große Klasse«, war sein erster Gedanke.

Randys Freundin hatte sich umgedreht und das Zimmer verlassen, bevor er noch bemerkt hatte, was vorgefallen war. Das blonde Mädchen wunderte sich, als Randy aus dem Bett sprang. Er brauchte nicht lange, um zu erraten, was geschehen war. Als er die Treppe zum Erdgeschoß hinunterrannte, sah er durch das Fenster im Treppenhaus seine Freundin davonbrausen.

Randy versuchte mehrmals, sie anzurufen. Er wollte ihr alles erklären, aber sie weigerte sich, mit ihm zu sprechen. Während der nächsten Wochen suchte die Erinnerung an das Vorgefallene ihn immer wieder heim. Jedesmal wenn er versuchte, mit einem der drei Mädchen zu schlafen, waren seine bitteren Schuldgefühle und das Bewußtsein, kaltherzig gehandelt zu haben, stärker als seine Leidenschaft. Die Folge davon war, daß er keine Erektion bekam.

Die drei Teenager waren sich bald darüber einig, daß Randy kein ›besonderer Freund‹ mehr war. Jede von ihnen zeigte ihm, daß sie enttäuscht von ihm war und ihn wegen seiner Gefühllosigkeit verachtete. Voller Bitterkeit beklagten sie sich darüber, daß Randy sie benutzt hatte. Besonders schienen sie über das aufgebracht zu sein, was er seiner Freundin angetan hatte. Bald darauf wurde Randy von seinen Mitbewohnern geschnitten. Sie hatten sich zwischen ihm und den drei Mädchen entscheiden müssen, und

Randy hatte verloren. In einem Zustand erregter Verwirrung zog er aus.

Während Randy seine Geschichte zu Ende erzählte, merkte ich, daß er immer noch erregt war. Diese sexuelle Episode hörte sich zwar so an, als habe sie eine Menge Spaß gemacht, aber in ihm hatte sie für erhebliche Verwirrung gesorgt. Er mochte viele ›Siege‹ errungen haben, aber insgesamt hatte er verloren. Und was das schlimmste war: Er begriff überhaupt nicht, was geschehen war.

Randy hatte den Kontakt zu sich verloren. Sein Leben bestand hauptsächlich aus Selbsttäuschung. Sogar sein Aussehen war irreführend. Hinter seinem gewinnenden Lächeln verbargen sich Selbstzweifel, seine rauchblauen Augen hatten von den vielen zurückgehaltenen Tränen der Schuld einen glasigen Schimmer, sein fester Händedruck täuschte über seine tiefe Verlegenheit hinweg. Er war ein intelligenter, wacher junger Mann, dem die ganze Welt hätte offenstehen können. Statt dessen aber zog er träge Kreise wie ein Geier und hielt sich mühsam damit aufrecht, junge Mädchen auszunutzen, die noch unreifer waren als er selbst. Kein Wunder, daß es ihm so schlecht ging.

Um ihm helfen zu können, mußte ich mir Randys Schmerz zunutze machen. Zunächst konzentrierte ich mich darauf, langsam die Widersprüche in seinem Leben herauszuarbeiten: Er sprach davon, für gewisse Leute ein besonderer Mensch zu sein, seine mitfühlenden Worte standen im krassen Gegensatz zu seinen gefühllosen Taten, und während er vorgab, Gefühle der Nähe zu erleben, spielte er lediglich mit anderen Menschen. Er wollte eine Frau lieben, aber wenn ihm eine zu nahe kam, bestrafte er sie streng dafür.

Indem ich ohne Umwege zum Kern der Sache vorstieß, versuchte ich, Randy die Augen für sich selbst zu öffnen. »Sie fühlen sich schrecklich einsam, was?« Tränen traten ihm in die Augen. Obwohl er nichts sagte, war deutlich zu sehen, was in ihm vorging.

»Wie fühlt es sich an?«

Es hatte den Anschein, als würgte ihn etwas. »Furchtbar.«

»Und Sie können im Augenblick nichts dagegen tun, oder?«

»Nein.«

»Können Sie mit dem Gefühl in Kontakt bleiben? Können Sie von ihm lernen?«

An seinen zusammengezogenen Augenbrauen konnte ich erkennen, daß es ihm ernst war. »Wie meinen Sie das?«

Es ist so leicht, seinen Gefühlen zu vertrauen und von ihnen zu lernen, daß es fast unmöglich ist, jemandem diese Fähigkeit zu vermitteln. Randy bildete keine Ausnahme. »Sind Sie immer vor dem Gefühl der Einsamkeit davongelaufen?«

»Ich glaube, so könnte man es ausdrücken.«

»Gut – dann tun Sie es diesmal nicht. Kämpfen Sie nicht dagegen an. Lassen Sie dies Gefühl zu, lassen Sie sich von ihm treiben. Erlauben Sie sich das Gefühl der Einsamkeit. Vielleicht ist es das einzige echte Gefühl, das Sie seit langem haben. Darauf können Sie aufbauen.«

Er fing an, meinem Gedankengang zu folgen. »Was wird mir das bringen?«

Ich wollte ihm helfen, sein Augenmerk auf seine Gefühle zu richten und wieder einen Blick für die Realität zu bekommen. »Ich werde es Ihnen zeigen. Lassen Sie uns dieses Gefühl der Einsamkeit verfolgen und sehen, wie weit wir damit kommen.«

Er war sich noch immer nicht sicher, wo dies alles hinführen sollte. »Na gut, wenn Sie es sagen – Sie sind schließlich der Arzt. Wo soll ich anfangen?«

»Genau da, wo Sie jetzt sind.«

»Was?«

»In diesem Augenblick fühlen Sie sich einsam, stimmt's?«

»Ja.«

»Na gut. Überlassen Sie sich dem Gefühl. Erleben Sie es. Sie sind einsam.«

Ich hielt kurz inne, um meine Anweisungen wirken zu lassen. »Was geschieht, wenn Sie sich einsam fühlen?«

»Ich will das Gefühl nicht haben. Ich will fort davon.«

»Sie haben Angst, stimmt's?« Er nickte, und ich fuhr fort: »Jetzt haben wir schon zwei Gefühle – Einsamkeit und Angst. Wie fühlt sich *das* an?«

»Ich möchte raus hier, und zwar schnell.«

»Wenn Sie sich einsam fühlen, bekommen Sie also Angst und wollen davonlaufen. Habe ich recht?«

»Wenn Sie es sagen...«

»Nein! Nicht wenn ich es sage!« Die Unterbrechung durch mich kam für ihn unerwartet. Er verkrampfte sich und starrte mich an. »*Sie* haben gerade von *Ihren* Gefühlen gesprochen. *Sie* haben diese Gefühle, nicht ich!«

»Okay. Ja, ich habe ziemliche Angst. Als wäre ich von einem Feuer eingeschlossen. Ich möchte nur noch wegrennen.«

»Sehr gut. Sehen Sie, was sich bei Ihnen abspielt? Sie haben mit einem echten Gefühl angefangen, dem Gefühl der Einsamkeit. Danach kam Angst und schließlich Panik. Sie sind in Bewegung gekommen.«

Randy schien verwirrt. »Sicher, ich bin in Bewegung gekommen. Aber ich bewege mich im Kreis.«

Ich blieb weiter auf dem eingeschlagenen Kurs. »Okay. Das ist also Ihr nächstes Gefühl. Sie bewegen sich im Kreis. Immer und immer im Kreis herum. Sie sind verwirrt. Was machen Sie mit dieser Verwirrung?«

»Das ist komisch.« Er wurde rot und kicherte. »Wissen Sie, woran ich gerade denken mußte?«

»Na, was?«

»Ich dachte an das erste Mädchen auf dieser Party. Junge, Junge, die war wirklich gut gebaut!«

Ich zog die Augenbrauen hoch und lächelte, um anzudeuten, daß mir nichts Menschliches fremd sei. Dann fuhr ich fort – aber diesmal überließ ich ihm den Hauptteil der Arbeit.

»Erzählen Sie mir, was in Ihrem Kopf vor sich geht.«

»Ich habe mich von Einsamkeit zu sexueller Erregung bewegt. Ich habe Ihnen ja gesagt, es ist komisch.«

»In Wirklichkeit sind Sie von Einsamkeit zu Angst, zu Panik, zu Verwirrung und dann zur Erinnerung an ein *bestimmtes* sexuelles Erlebnis gegangen. Was bedeutet diese sexuelle Erfahrung für Sie? Was hat Sie Ihnen gebracht?«

Randy hatte einen Moment lang den Faden verloren. »Also das ist wirklich komisch. Verrückt geradezu. Ich sollte nicht so denken.«

Es war jetzt wichtig, dem Gedanken entgegenzutreten, Irrationalität sei etwas Verdammenswertes. »Alle Erfahrungen sind gut. Alles, was sich in Ihrem Kopf abspielte, während Sie mit diesem Mädchen schliefen, war in Ordnung.«

»Was? Alle Erfahrungen sind gut? Auch Einsamkeit? Wie kann Einsamkeit denn gut sein?«

»Weil Sie sie erfahren und *weil Sie gut sind.*«

»Aber das ist doch Unsinn.«

»Das sagen Sie nur, weil Sie glauben, daß Sie schlecht sind, wenn Sie ein schlechtes Gefühl haben. Und *das* ist Unsinn.«

Randy sah mich nur an. Ich glaubte, in seinen Augen einen kleinen Funken von Verständnis zu sehen. Er hatte nie daran gedacht, daß sein Selbst und seine Gefühle zwei ganz verschiedene Dinge sein könnten. Ich machte weiter, um wieder zur Sache zu kommen.

»Ich habe den Eindruck, daß Sie sich schlecht fühlen, wenn Sie durcheinander sind. Dann denken Sie an eine sexuelle Erfahrung, die Sie gemacht haben, und irgendwie bewirkt das, daß es Ihnen dann besser geht. Jedenfalls einen oder zwei Momente lang.«

»Ob Sie es glauben oder nicht, ich folge Ihnen. Ich meine, ich folge mir. Ich meine – ich folge Ihnen, und Sie folgen mir. Donnerwetter, jetzt bin ich aber wirklich durcheinander.«

»Nein, das sind Sie nicht. Sie haben völlig recht. Sie haben bei dem Gefühl der Einsamkeit begonnen, und nach ein paar anderen Gefühlen waren Sie bei einem bestimmten sexuellen Erlebnis. Sie finden diese Kette seltsam, aber das ist kein Problem. Bleiben Sie dran. Lassen Sie uns sehen, wie es weitergeht.«

»Na gut, es kann ja nichts schaden.«

»Kommen wir auf Ihre Erinnerung an die Episode mit diesem Mädchen zurück. Wie war das für Sie?«

Randy begann zu lachen. Ich erkannte die Zweideutigkeit meiner Frage und mußte ebenfalls lachen.

»Ich weiß, wie es körperlich für Sie war. Ich meine, wie war das für Sie in Ihren Gedanken?«

Randy dachte einen Augenblick lang nach. »Das erste Wort, das mir dazu einfällt, klingt dumm. Aber es ist trotzdem da.«

»Wie heißt das Wort?«

»Sieg.«

Ich ließ das Wort nachklingen. »Sieg.«

»Ja, Sieg. Ich hatte gesiegt.«

»Das hört sich so an, als hätten Sie gespielt. Oder gekämpft. Das Mädchen wollte Ihnen etwas abringen – *wenigstens glaubten Sie das.* Aber Sie haben sie besiegt. Was hat Ihnen Ihr Sieg gebracht?«

»Ich weiß nicht.«

»Nun, wie fühlte sich dieser Sieg denn an?«

»Gut und schlecht zugleich. Ein Teil von mir fühlt sich großartig, der andere Teil fühlt sich schlecht.«

»Wie fühlt sich dieser schlechte Teil an?«

»Ich habe dieses Mädchen benutzt. Ich muß sie wirklich verletzt haben.«

Ich hielt den Zeitpunkt für gekommen, ihm ein weiteres Stück Wirklichkeit zu präsentieren. Schon als er mir von der Party erzählte, war mir das durch den Kopf gegangen. »Vielleicht haben Sie sie verletzt. Aber vielleicht übertreiben Sie auch nur Ihre Macht und Ihren Stolz.«

»Wie meinen Sie das?«

»Ich weiß, daß Sie gut aussehen und ein großartiger Liebhaber sind. Aber Ihre sogenannte besondere Freundin hat sich lediglich benommen wie ein Groupie. Sie waren bloß einer von vielen Männern, die zu dieser Szene dazugehörten. Was, glauben Sie wohl, hat sie mit dem gemacht, der nach Ihnen dort eingezogen ist? Oder was haben sie und ihre Freundinnen gemacht, nachdem sie getrunken, geraucht und geschnupft haben? Sie sind mit den Männern ins Bett gestiegen! Das ist die Bezahlung. Sie, Randy, gehörten nur zum Pflichtpensum. Tut mir leid, daß ich Ihre Illusionen zerstören muß.«

Randy war mit einem Mal ernüchtert. Er war verletzt. Es erstaunte mich zu sehen, daß er diese Möglichkeit selbst noch nie in Betracht gezogen hatte. Er hatte wirklich geglaubt, jemand besonderes für dieses Teenager-Trio gewesen zu sein. Sein falscher Stolz hatte ihn blind für die Realität gemacht. Es ist nie ein schöner Anblick, wenn jemand die Spiegel des Narzißmus zerbricht.

Ich ließ ihm einen Moment lang Zeit, seine Gedanken zu sammeln, und fuhr fort: »Sie haben also das Gefühl, sie erobert zu haben. Sie haben gewonnen. Und das macht es Ihnen leichter, Ihre Einsamkeit zu ertragen.«

»Kann sein. Ein paar Minuten lang. Aber dann werde ich wütend. Ich werde wütend auf mich selbst, auf die Situation. Ich will nicht da sein. Ich hasse mich selbst, und ich weiß nicht einmal, warum.«

Randy geriet wieder in Erregung. Es war offensichtlich, daß seine eigenen Handlungen ihn wütend machten. Er war frustriert. Er versuchte wieder davonzulaufen.

»Moment mal, langsam. Sie brauchen vor der Wut und der Frustration nicht wegzurennen. Sie haben dieses Mädchen erobert, aber Sie fühlen sich schlecht, stimmt's?«

»Ja.«

»Also gewinnen Sie in Wirklichkeit gar nicht. Sie verlieren. Sie verlieren das Spiel. Sie *denken,* daß Sie gewinnen, aber in Wirklichkeit verlieren Sie.«

»Was?«

»Denken Sie kurz darüber nach. Sie laufen vor der Einsamkeit davon, weil sie Sie in Panik bringt. Sie flüchten sich zu einem halbwüchsigen Mädchen, um einen Sieg zu erringen. Aber sie ist gar kein wirklicher Gegner. Sie macht nicht einmal mit bei diesem Spiel. Sie ist nur ein Körper, den Sie zum Masturbieren benutzen. *Sie kämpfen mit sich selbst,* Randy. Sie sind wütend und Sie fühlen sich schlecht, weil Sie mit sich selbst im Streit liegen. Und diesen Kampf können Sie nicht gewinnen.«

»Warum mache ich das?«

»Das weiß ich nicht genau. Aber Sie benutzen diese Mädchen für sich selbst, um Ihre Einsamkeit zu bekämpfen. Ich rede nicht von Sex. Ich möchte Ihnen nicht zu nahe treten, aber nach Ihrer Erzählung sind Sie nicht gerade der geborene Don Juan.«

Seinem verlegenen Lächeln entnahm ich, daß er mir insgeheim recht gab.

»Sie benutzen diese Mädchen auf der emotionalen Ebene. Und mit Hilfe Ihrer Erinnerung benutzen Sie sie auch später noch. Sie verführen sie – dazu gehört nicht viel – und dann, während diese Mädchen Ihnen erzählen, wie großartig sie Sie finden, füttern Sie Ihr Ego mit Ihren eigenen Fantasien, was für ein toller Typ Sie doch sind. Sie brauchen diese Anerkennung und Bewunderung so nötig, daß Sie sie, selbst wenn sie nur gespielt ist, aufsaugen wie ein Schwamm.«

»Was bin ich nur für ein Dummkopf!«

»Jetzt fangen Sie schon wieder an. Ich will Ihnen helfen, ein Stück Realität zu erfassen, und Sie verurteilen sich selbst. Wenn Sie nicht damit aufhören, werden Sie nie aus ihren Fehlern lernen können.«

»Aber was ich mache, ist doch falsch.«

»Na ja, sagen wir: Es ist uneffektiv. Sie stärken Ihr Selbstgefühl, indem Sie Mädchen emotional ausbeuten. Sie sollten Ihren Stolz aus sich selbst schöpfen und nicht versuchen, ihn von Frauen zu stehlen. Aber Sie wissen nicht, wie Sie das machen sollen. Also lassen Sie sich auf Kämpfe ein, die Sie nicht gewinnen können. Wahrscheinlich führen Sie in Gedanken sogar Buch darüber.«

»Nicht nur in Gedanken.«

Jetzt war ich verwirrt. »Wie?«

»Ich führe nicht in Gedanken Buch darüber – ich schreibe es auf. Ich führe eine Art Tagebuch mit einer Liste. In dieser Liste stehen die Namen von allen Mädchen, mit denen ich geschlafen habe. Ich schreibe den Namen, den Ort und etwaige Besonderheiten auf.«

Ich konnte der Versuchung nicht widerstehen. »Ich wette, diese drei Teenager machen sich auf der Liste ziemlich gut, was?«

Unser Lachen entspannte die Atmosphäre, und Randy vertraute mir weitere Geheimnisse an. »Also, eins meiner Ziele ist ... meine Güte, das klingt wirklich blödsinnig – ich weiß, ich weiß, ich sollte nicht so hart über mich urteilen. Jedenfalls, eins meiner Ziele ist, mit so vielen Mädchen zu schlafen, daß mindestens sechsundzwanzig Namen auf meiner Liste stehen – jeder mit einem anderen Anfangsbuchstaben. Sie wissen schon – Amy, Barbara, Cindy, Dolores, und so weiter bis Z. Ich sage ja, es klingt blöd.«

»Aber wenn Sie es sich vorstellen, ist es nicht blöd, oder?«

»Nein, eigentlich nicht. Es erregt mich.«

»Aber was ist, auf lange Sicht, das Ergebnis dieser alphabetischen Liste?«

Randy dachte einen Augenblick lang nach. Plötzlich verstand er. »Verdammt – ja, ich fühle mich wieder einsam.«

Ich sah ihn an, als wollte ich sagen: »Wie fühlt sich das an?« Ein oder zwei Minuten lang sagte keiner von uns ein Wort. Randy nutzte diese Zeit gut.

»Jetzt habe ich schon wieder so ein komisches Gefühl. Aber diesmal ist es ein gutes. Ich fühle mich friedlich – alles paßt zusammen. Meine Handlungen ergeben einen Sinn.«

»Erklären Sie mir das, bitte.«

»Okay, ich fange damit an, daß ich mich meistens einsam fühle. Ich bekomme Angst und flüchte mich zu meinem Tagebuch. Damit es mir besser geht, suche ich nach Mädchen, mit denen ich ins Bett gehen kann, so daß ich neue Namen auf meiner Liste eintragen kann. Für ein Weilchen fühlt sich das gut an, aber dann bin ich wieder da, wo ich angefangen habe: Ich fühle mich einsam. Und dann geht alles wieder von vorne los.«

»Wie fühlt...«

Mit nach oben gekehrten Handflächen breitete Randy die Arme aus, lächelte gutmütig und unterbrach mich. »Ich weiß. ›Wie fühlt sich das an?‹ Es fühlt sich traurig an. Das ist das Wort – traurig. Ich bin traurig, daß ich so sein muß.«

»*Müssen* Sie so sein?«

»Es sieht so aus. Ich kann keine Frau lieben. Jedenfalls nicht wirklich. Wie sollte ich mich also sonst fühlen?«

Jetzt war es an mir, mit nach oben gekehrten Handflächen die Arme auszustrecken. »Einen Moment mal. Sie können keine Frau lieben? Das ist ein Fehlschluß. Eigentlich ist es sogar eine Lüge. Sie *könnten* eine Frau lieben. Das Problem ist nur, daß Sie es nicht *zulassen,* daß eine Frau Sie liebt. Sie sehen sich als *nicht liebenswert*. Und Sie verstehen es ausgezeichnet, die Mädchen auf Abstand zu halten. Sie sitzen in einem Gefängnis der Einsamkeit, das Sie sich selbst gebaut haben, und Sie werden sicherlich nie aus diesem Gefängnis entkommen können, wenn Sie Ihr verletztes Ego weiterhin von irgendwelchen ach so weltgewandten Teenagern umschmeicheln lassen.«

Randy schien an dieser harten Konfrontation Gefallen zu finden. Die Wahrheit ist eine ausgezeichnete Therapie. Bevor diese außerordentlich fruchtbare Sitzung zu Ende ging, trat noch einmal ein langes Schweigen ein.

Randy sprach die Arbeit an, die noch vor ihm lag, indem er fragte: »Wie bin ich so geworden?«

Das war eine gute Frage. In den nächsten Wochen würden wir ergründen, wie und wodurch Randy dieses Leiden entwickelt hatte. Wir würden über seine Trägheit sprechen, über seine Neigung, Dinge aufzuschieben, über seinen Mangel an Selbstwertgefühl und Disziplin. Wie würden seine Entfremdung von seinem Vater und die Mischung aus Schuldgefühlen und Wut diskutieren, die er gegenüber seiner Mutter empfand. Nicht zu vergessen seine Weigerung, Verantwortung zu übernehmen! Wenn Randy nur halb soviel Zeit damit verbracht hätte, seine Probleme zu lösen, wie er darauf verwendete, ihnen aus dem Weg zu gehen, dann hätte er sich schon längst selbst aus diesem Sumpf gezogen.

Randy befand sich in der kritischen Phase des Peter-Pan-Syndroms. Diese Phase ist eine Zeit der Schwierigkeiten und der Hoffnung. Schwierig deshalb, weil die Spiegel der Perfektion Sprünge bekommen und der ungehobelte Chauvinismus oft eine ernüchternde Ablehnung zur Folge hat. Es gibt jedoch Hoffnung, weil ein junger Mann während dieser Krise die Möglichkeit hat, das Steuer seines Lebens umzuwerfen. Mit Hilfe eines Fachmannes und/oder eines Freundes kann ein PPS-Opfer die ersten, äußerst wichtigen Schritte auf dem Weg gehen, der aus Niemalsland hinausführt.

Kapitel 11

Jenseits des dreißigsten Lebensjahres: Verzweiflung

Peter: »Zu sterben wäre ein schrecklich aufregendes Abenteuer.«

Wenn ein Mann, der am Peter-Pan-Syndrom leidet, in sein viertes Lebensjahrzehnt eintritt, beginnt sein Leben auseinanderzufallen. Das Versprechen immerwährender Freude und Aufregung ist immer noch nicht eingelöst. Es bereitet ihm Schwierigkeiten, das zu verstehen. Schließlich hatte er sich doch alle Mühe gegeben, in Peter Pans Fußstapfen zu treten. Er hat sich vor Verantwortung gedrückt, dem Druck nachgegeben, der von Gruppen Gleichaltriger ausgeht, er hat seine Unsicherheiten überspielt, die Schuld an seinen sexuellen Schwierigkeiten anderen zugeschoben und sich geweigert, sich wie ein Erwachsener zu benehmen. Er dachte immer, Verweigerung sei der Schlüssel zur ewigen Jugend. Statt dessen hat sie ihn jedoch in die Verzweiflung geführt. Entmutigt und niedergeschlagen sieht er im Tod das einzige Abenteuer, das das Leben für ihn noch bereithält.

Seine Verzweiflung wird noch verstärkt durch die Verwirrung, der er in seinem täglichen Leben ausgesetzt ist. Er hat sich mit Dingen umgeben, die zum Leben eines Erwachsenen gehören: Frau, Kinder, Haus, Auto, geregelte Arbeit, Urlaub und ein angemessener Freundeskreis. All dies vermittelt ihm jedoch nur einen schwachen Trost. Er hat sein Leben mit diesen Dingen lediglich deswegen ausgestattet, weil es von ihm erwartet wurde. Er hält sich an seine sozial akzeptierte Rolle, um Anerkennung zu bekommen, aber er ist nicht mit vollem Herzen dabei. Mit Verwunderung registriert er, daß andere mit diesem Leben zufrieden sind.

Obwohl sie immer fadenscheiniger wird, erhält er seine Fassade aufrecht. Die Tatsache, daß andere es genießen, erwachsen zu sein, stellt all seine Überzeugungen in Frage. Bildlich gesprochen kauert er sich zusammen, lutscht an seinem Daumen und klagt: »Ist das alles? Wann endlich erlebe ich den Spaß, der mir versprochen wurde?«

Das Selbstmitleid kann die Sprünge in seinen narzißtischen Spiegeln nicht beseitigen. Im Gegenteil – sie werden immer größer, je mehr die harte Realität seine Illusionen verdrängt. Eigentlich wollte er ewig jung bleiben, aber statt dessen nickt er auf dem Sofa ein und wacht mit steifen Gliedern auf. Auf den Spielwiesen seines Nachtlebens sollten ständig hübsche Gefährtinnen umhertollen, aber statt dessen stellt er fest, daß er einen Privatkrieg gegen das Unkraut im Vorgarten führt. Eigentlich sollte er die Stellung eines verehrten Anführers einnehmen, dessen Prestige von niemandem in Zweifel gezogen wird, aber statt dessen steht er vor endlosen finanziellen Verpflichtungen, seine Frau wehrt sich gegen seinen Chauvinismus, und seine Kinder sehnen sich nach einer Familie, die überhaupt nicht existiert. Unter diesen Umständen sind Depressionen die zwangsläufige Folge, und seine Verzweiflung schreitet unvermindert fort.

Ein solcher Mann tut diese Gefühle oft als einen notwendigen Bestandteil des Übergangs ins mittlere Alter ab. *Teilweise* mag er damit auch recht haben. Aber ein großer Teil der emotionalen Verwirrung ist das Resultat langjähriger Vermeidung und Ablehnung. Er spielt die Rolle des Mannes, der alles fest im Griff hat, mit so großem Erfolg, daß er nicht einmal seinen eigenen Schmerz ernst nehmen kann.

In diesem Kampf hat er keine Verbündeten. Er würde sich gerne um Hilfe bemühen, aber verschiedenes hält ihn davon ab. Seine Einsamkeit und seine Angst vor Ablehnung verbieten es ihm, ein Risiko einzugehen. Infolge seines Chauvinismus ist er zu stolz, seine schwachen Punkte einzugestehen. Seine Gewohnheit, immer ein fröhliches Gesicht zu machen, ist inzwischen so eingefleischt, daß er nicht mehr damit brechen kann. Er hat seine Fähigkeit, sich vor sich selbst zu verstecken, derartig perfektioniert, daß selbst diejenigen, die ihm am nächsten stehen, nicht ahnen, daß irgend etwas nicht in Ordnung sein könnte – mit Ausnahme seiner Freundin oder seiner Frau.

Die Frau im Leben dieses Mannes spürt, daß etwas nicht stimmt. Seit sie ihn kennt, weiß sie das. Und sie weiß, daß dies Problem nicht nur ihn allein betrifft. Es handelt sich um ein Beziehungsproblem, und das bedeutet, daß auch sie daran beteiligt ist. Sie tappt vielleicht über das Ausmaß ihrer persönlichen Beteiligung im dunkeln, aber sie kann nicht leugnen, daß die Verzweiflung sich auch in ihrem Leben eingenistet hat.

Wahrscheinlich ist über dieses Problem nie gesprochen worden – jedenfalls nicht auf rationale Art und Weise. Statt dessen wurden Aggressionen zum Schweigen gebracht. Konfrontationen endeten in sinnlosen Anschuldigungen, und Offenheit und Vertrauen sind infolge mangelnder Kommunikation verschüttet. Diejenigen, die noch nicht verheiratet sind, schieben die Hochzeit immer wieder auf, und die anderen wünschen sich manchmal, sie hätten diesen Schritt nicht getan. Zwei Menschen, die einmal ineinander verliebt waren, haben jetzt das Gefühl, sich nicht einmal mehr zu mögen.

Aber die Fassade wird aufrechterhalten. »Nein, nein, es ist alles in Ordnung. Wir sind zwei glückliche Menschen, die sich gemeinsam durch das Leben schlagen. Natürlich, wir haben auch unsere Probleme – wer hat die schließlich nicht? Aber wir kommen schon zurecht.«

Aber eines ist in diesem ganzen Durcheinander aus Unterdrückung und Ablehnung nicht zu verbergen. Manche sind der Meinung, es handele sich um das stärkste Glied in der Kette, die Menschen aneinander bindet; andere sagen, es sei nicht das stärkste, sondern nur das auffallendste Element. Wie auch immer – dieses Bindeglied ist tief in unserem Wesen verwurzelt, und es wehrt sich, wenn wir versuchen, es zu unterdrücken, oder uns weigern, es zu beachten. Dieser unerläßliche Bestandteil zwischenmenschlicher Beziehungen ist Sex.

PPS-Opfer haben Probleme mit Sex, und diese beeinträchtigen die Beziehungen, die sie mit Frauen haben. Nur selten hat ein PPS-Opfer eine erfüllte sexuelle Beziehung mit seiner Frau oder seiner Freundin. Sollte dies jedoch der Fall sein, dann kann man davon ausgehen, daß das Peter-Pan-Syndrom nur ansatzweise entwickelt ist.

Wesentlich häufiger jedoch verspüren beide Partner insgeheim eine krasse Unzufriedenheit mit ihrem Sexualleben, ohne jedoch offen miteinander darüber zu reden. Peinliche Entschuldigungen, sarkastische Bemerkungen und Lügen, die unwidersprochen bleiben, dies alles geflüstert in einem verdunkelten Raum – so gehen diese beiden mit ihrem Problem um. Obwohl sie versuchen, ihn aus ihren Gedanken zu verdrängen, verlangt ihr Hunger nach Sex Befriedigung. Sexuelle Enttäuschung ist das Merkmal einer gestörten Beziehung, das sich nicht zum Schweigen bringen läßt.

Man kann der Verzweiflung, die sich in einem PPS-Opfer aufbaut, nicht begegnen, ohne sich mit sexueller Frustration zu befassen. Die Klage über ein unbefriedigendes Sexualleben ist oft das einzige, das die Mauer des Schweigens durchbricht. In dem Moment, in dem dieses Geständnis gemacht wird, wird Sex gewöhnlich als *das* Problem betrachtet. In Wirklichkeit handelt es sich dabei jedoch nur um ein Symptom. Nur wenn das Paar über dieses Symptom hinaus die wirkliche Ursache ins Auge faßt, besteht eine Chance, die Beziehung zu verbessern.

Gefühle sind wiedererlernbar

Glenn war zweiundvierzig, hatte frühzeitig ergrautes Haar und eine Stimme, die vor Selbstbewußtsein dröhnte. Er war nicht nur beruflich äußerst erfolgreich, sondern hatte auch eine lebenslustige Frau, zwei bezaubernde Kinder und ein geräumiges Haus in einem Vorort der Stadt. In den Augen vieler hatte Glenn gewaltiges Glück.

Kurz nach seinem vierzigsten Geburtstag hatte das Blatt jedoch begonnen, sich zu wenden. Seine Frau wollte sich nicht mehr mit der Rolle der Ehefrau und Mutter abfinden, seine Kinder bewegten sich auf die Pubertät zu, er mußte feststellen, daß seine Arbeit immer höhere Anforderungen an ihn stellte, ohne größere Erfüllung zu bringen, und sein Körper erinnerte ihn leise daran, daß er mehr Alkohol trank, als ihm guttat. Das Schlimmste jedoch war, daß sich eine unübersehbare Verzweiflung in Glenns Leben eingeschlichen hatte, eine Verzweiflung, die den kommenden Tag noch dunkler erscheinen ließ als den vergangenen.

Er gab jedoch erst zu, daß sein Leben sich zum Schlechten verändert hatte, als seine Frau begann, eine Scheidung in Erwägung zu ziehen.

Dana war seit mehreren Monaten bei einem Psychotherapeuten in Behandlung und hatte Glenn immer wieder aufgefordert, sich seinerseits ebenfalls um Hilfe bei seinen Problemen zu bemühen. Er ging zu einem Arzt, ließ sich gründlich untersuchen und war fast enttäuscht, als er erfuhr, daß er in guter körperlicher Verfassung sei. Er hatte gehofft, die Ursache seiner Probleme sei physischer Natur. Im Grunde seines Herzens kannte er die Wahrheit – er war nur noch nicht bereit, sie sich einzugestehen.

Als er mein Behandlungszimmer betrat, bellte er mir eine Warnung entgegen: »Im Grunde genommen mag ich euch Burschen nicht. Ich glaube, ihr seid noch gestörter als alle anderen. Und ihr sagt nie, was ihr wirklich denkt. Ich habe keine Lust, mich hier hinzusetzen, über meine intimsten Gedanken zu reden und beim Gehen nicht zu wissen, was Sie davon halten.«

Da war er bei mir genau richtig!

»Meine Frau sagt, ich bräuchte einen Psychotherapeuten«, sagte er und wartete.

»Und? Brauchen Sie einen?«

»Wie soll ich das wissen! Sie sind doch schließlich der Arzt.«

Aus seinem Verhalten leitete ich ab, daß er nichts dagegen haben würde, wenn ich ebenso barsch war wie er. »Tja, ich weiß es auch nicht. Was sollen wir da Ihrer Meinung nach machen?«

»Vielleicht könnten Sie mir einen Rat geben. Was sollte Ihrer Meinung nach ein Mann tun, wenn seine Frau sich gegen ihn stellt und ihm alles wegnimmt, wofür er gearbeitet hat?«

»Das klingt nicht wie eine Frage. Es hört sich eher so an, als wollten Sie mir etwas sagen. Warum sagen Sie's nicht einfach?«

»Alles, wofür ich gearbeitet habe, wird mir weggenommen. Und ich kann nichts dagegen tun. Meine Frau will – wie sie das ausdrückt – sich selbst finden, aber während sie dabei ist zu finden, was sie offenbar verlegt hat, verliere ich meine Familie.«

Hinter Glenns Wut verbarg sich seine Verzweiflung. Ich tastete mich behutsam vor. »Das müssen Sie mir genauer erklären.«

»Dana will ihren Schulabschluß nachholen, damit ich mich durch Berge von Schulunterlagen hindurcharbeiten muß, wenn ich die Fernsehzeitung suche. Danach will sie sich einen Teilzeitjob suchen, damit das Haus unordentlich ist, wenn ich nach Hause komme. Sie will einen Abendkurs belegen, damit ich mich beeilen muß, nach Hause zu kommen, wo irgendein schlampiges Schulmädchen als Babysitter in meinem Sessel sitzt, meinen Fruchtsaft trinkt, meine Erdnüsse ißt und auf meine Rechnung telefoniert, während meine Kinder, die wahrscheinlich sowieso keinen Babysitter brauchen, sich gegenseitig an die Gurgel gehen.

Ich arbeite hart, ich verdiene viel Geld, ich habe eine gewisse gesellschaftliche Stellung – und all das habe ich mir verdient. Und das ist jetzt die Belohnung! Meine Frau geht zu so einem verdammten Seelenklempner, behauptet plötzlich, sie sei nicht ausgefüllt, und redet von Scheidung und Karriere. Und dann soll *ich* mir auch noch helfen lassen! Das ist doch alles völlig verdreht!«

Da er die Jagd auf Seelenklempner für eröffnet erklärt hatte, beschloß ich, vorsichtig vorzugehen. »Das klingt so, als seien Sie ziemlich aufgeregt.«

»Und ob ich das bin! Ich arbeite, damit es meine Familie gut hat, und was ist der Dank? Man schmeißt mich auf den Müll!«

»Haben Sie mit Ihrer Frau darüber gesprochen?«

»Was glauben Sie denn?« Er starrte mich an, als sei ich derjenige, der seine Träume zerstört hatte. »Natürlich habe ich das. Aber jedesmal, wenn ich versuche, mit ihr darüber zu reden, behauptet sie, *ich* würde nicht zuhören! Und wenn ich dann antworte, daß ich ihr zuhören würde, wenn sie irgend etwas Interessantes zu sagen hätte, fängt sie mit demselben alten Mist an. ›Ich muß mich selber finden, und das verstehst du einfach nicht.‹« Mit hoher Stimme, in der Hohn und Zynismus mitschwang, äffte er sie nach.

»Machen Sie sich in Gegenwart Ihrer Frau über sie lustig?« fragte ich ihn.

»Ich mache mich nicht über sie lustig. Ich versuche nur herauszufinden, warum sie mich leiden sehen will. Nach allem, was ich für sie getan habe, habe ich es nicht verdient, meine Welt vor meinen Augen auseinanderbrechen zu sehen. Meine Güte, ich hatte hundertmal Gelegenheit, Dana zu betrügen, aber ich habe es nie getan. Ich war ihr immer treu – und das ist nun der Dank.«

Ich schwieg und vermied es absichtlich, auf das Thema ›Sex‹ einzugehen, denn ich wußte, daß er früher oder später noch einmal darauf zurückkommen würde.

Mit selbstgerechter Blasiertheit forderte Glenn mich zu einer geistigen Auseinandersetzung heraus. »Also – was halten Sie davon?«

»Was *ich* davon halte? Na gut, wenn Sie meine Meinung hören wollen, werde ich Ihnen sagen, was ich davon halte: Sie sollten aufhören, sich selbst zu bemitleiden und mir statt dessen lieber von Ihrem Schmerz erzählen, denn es ist offensichtlich, daß Ihnen irgend etwas sehr weh tut.«

Er ließ sich in den Sessel zurückfallen, holte tief Luft und lockerte seine Krawatte. Ein Ausdruck jungenhaften Charmes huschte über sein Gesicht. »Halten Sie sich nur nicht zurück. Ich kann es verkraften«, sagte er scherzhaft.

»Sie wollten doch, daß ich Ihnen sage, was ich davon halte. War ich zu hart?«

Seine Antwort überraschte mich. »Nein. Ich bin Ihnen sogar dankbar, daß Sie mir diesen Mist nicht durchgehen lassen. Sie wissen es wahrscheinlich nicht, aber ich kann andere Leute sehr gut hinters Licht führen. Sogar bei mir selber schaffe ich es, mir einzureden, ich wüßte, was los ist. Aber ich weiß es nicht. Meine Welt fällt auseinander, und ich habe nicht die leiseste Ahnung, was ich tun soll. Natürlich brauche ich Hilfe, aber da, wo ich herkomme, gibt ein Mann so etwas nicht zu. Es ist nicht gut für sein Image, wenn Sie verstehen, was ich meine.«

»Sie haben Angst, was?«

»Stimmt genau. Hätten Sie an meiner Stelle keine Angst?«

»Doch, ganz bestimmt.«

»Ich bin zweiundvierzig Jahre alt und werde bald Verkaufsleiter für die ganzen USA sein. Ich habe eine wunderbare Frau, die ich sehr liebe, zwei Kinder, die für mich das Großartigste sind, was es seit der Erfindung von geschnittenem Brot gegeben hat, und mein Leben geht vor meinen Augen den Bach hinunter. Ich weiß nicht, was ich dagegen machen soll. Ja, ich habe Angst. *Panik* wäre vielleicht ein treffenderer Ausdruck.«

Während dieser Marathon-Sitzung, die über drei Stunden dauerte, sprach Glenn über verschiedene wichtige Bereiche seines Lebens. Es tat ihm leid, daß er und sein Vater sich nie sehr nahe gewesen waren. Er ärgerte sich über seinen zwanghaften Drang, es anderen recht zu machen und über die Tatsache, daß er keine wirklichen Freunde hatte. Er war über seine Selbstsüchtigkeit enttäuscht und hörte sich viel zu oft ›mein‹ sagen. Daß er immer noch an den Schürzenzipfeln seiner Mutter zu hängen schien, erfüllte ihn mit sehr zwiespältigen Gefühlen.

Als wir auf das Thema ›Sex‹ zu sprechen kamen, war Glenn peinlich berührt und voller Schuldgefühle. Zunächst tat er so, als sei er der beste Liebhaber, den die Welt je gesehen hatte. Ich brachte ihn jedoch durch leichtes Drängen von diesem Macho-Gehabe ab, und er vertraute mir an, daß er Schwierigkeiten haben, seine Sexualität offen und ehrlich zu akzeptieren. Er erzählte mir von einem Vorfall, der erst kürzlich stattgefunden hatte und der seiner Meinung nach bewies, daß er sich ›aus seinem Schneckenhaus heraustraute‹ und bereit war, in seinem Sexualleben Spontaneität zuzulassen.

»Eines Abends letzte Woche kam ich früh von der Arbeit nach Hause. Dana war beim Staubwischen und sah in ihren abgeschnittenen Jeans sehr sexy aus. Ich trat von hinten an sie heran und griff nach ihren Brüsten.« Glenn öffnete die Hände und krümmte seine Finger, um mir zu zeigen, wie er das ›Vorspiel‹ begonnen hatte.

»Ich legte sie über den Eßtisch und machte ihre Jeans auf. Sie schob meine Hände weg und sagte, daß sie es nicht hier wollte. Ich wußte aber, daß die Kinder erst später nach Hause kommen würden und wir daher noch genug Zeit hatten. Also zog ich sie weiter aus. Sie sagte mir, ich solle aufhören, aber ich wußte, daß sie schon Spaß daran bekommen würde.«

Als Glenn fortfuhr, war sein Stolz ebenso groß wie seine

Überheblichkeit. Unsere Gefühle bewegten sich in entgegengesetzte Richtungen: Er war erregt, während ich immer trauriger wurde.

»Ich hielt sie auf dem Tisch fest und schob ›ihn‹ rein. Da hörte sie dann auch auf, sich zu wehren.« Er grinste einfältig. »Es dauerte nicht sehr lange. Ich glaube, es waren nicht einmal dreißig Sekunden – aber es war gut.«

Schweigend überdachte ich noch einmal, was Glenn mir gerade erzählt hatte. Es war offensichtlich, daß er nicht wußte, was er getan hatte. In dem sanftesten, einfühlsamsten Tonfall, zu dem ich fähig war, konfrontierte ich ihn mit der harten Realität: »Sie haben Ihre Frau vergewaltigt, Glenn. Sie haben Dana vergewaltigt – vielleicht nicht im juristischen, aber auf jeden Fall im körperlichen und emotionalen Sinn.«

Die Farbe wich aus seinem Gesicht, sein Mund stand offen, und seine weitaufgerissenen Augen starrten ins Leere. Er bewegte sich nicht, und ich glaube auch nicht, daß er dazu in der Lage gewesen wäre. Dann traten ihm Tränen in die Augen, und er flüsterte: »Oh, mein Gott!«

Tausende von Scheinwerfern waren in seinem Kopf aufgeflammt. Plötzlich waren Hunderte von Dingen, von denen er nie gewußt hatte, daß es sie gab, vor seinem geistigen Auge sichtbar. Es war ein schwerer Schlag für ihn. Alle vier oder fünf Sekunden flüsterte er: »Oh, mein Gott!« Alle zwanzig Sekunden sah er mich an, und jedesmal standen ihm mehr Tränen in den Augen. Sein ungläubiges Entsetzen dauerte über fünf Minuten – in der Psychotherapie ist das so lang wie ein ganzes Leben.

Glenn würgte an seinen Worten. »Natürlich... genau das war es. Ich habe meine Frau vergewaltigt. Den einzigen Menschen, an dem mir wirklich etwas liegt. Verdammt, was bin ich nur für ein Mistkerl!« Seine Selbstkritik war mit einem überwältigenden Schuldgefühl vermischt.

Wieder Schweigen.

Seine plötzliche Einsicht stürzte ihn in tiefe Verzweiflung. »Tja, das war's wohl. Alles, was Dana gesagt hat, stimmt. Ich war nur zu dumm, es einzusehen. Sie sagt, daß ich gar nicht wirklich weiß, wie ich sie lieben soll und daß ich sie nicht achte. Sie sagt, daß ich nicht weiß, wie ich meine Gefühle zeigen soll. Sie sagt, daß ich erwachsen werden muß. Das alles habe ich gehört, aber ich habe es nicht verstanden.«

Er hielt inne, und seine Gedanken rasten. »Wie soll ich mich davon jemals wieder erholen? Wie kann ich das nur wieder gutmachen? Wo soll ich anfangen?« Er suchte verzweifelt nach einer Möglichkeit, sich von seinen Schuldgefühlen, wie er es empfand, zu befreien.

»Es gibt einiges, was Sie tun müssen. Erstens: Hören Sie auf, sich schuldig zu fühlen. Das hat keinen Sinn. Zweitens: Geben Sie sich Mühe, erwachsen zu werden. Die Psychotherapie kann Ihnen dabei eine große Hilfe sein. Drittens: Gehen Sie nach Hause, nehmen Sie Ihre Frau in die Arme und sagen Sie ihr, daß Sie sie lieben und daß sich einiges ändern wird.«

Glenn war unschlüssig. »Müssen wir nicht über das, was ich getan habe, reden?«

»Warum sollten Sie? Was für einen Sinn könnte es haben, über einen Vorfall zu reden, den man am besten vergessen sollte? Wenn Dana so ist, wie Sie sie beschrieben haben, wird sie das alles bestimmt nicht noch einmal durchkauen wollen. Wahrscheinlich wird sie mit Ihnen über Ihre sexuellen Bedürfnisse reden, aber ich hoffe, daß sie nicht auf diesem einen Fehler herumreiten wird. Jedenfalls – wenn Sie ihr zeigen, daß Sie sie lieben, anstatt immer daran zu denken, was für ein Esel Sie sind, wird sie die Vergangenheit nur zu gerne ruhen lassen.«

»Aber ich muß ihr doch sagen, daß es mir leid tut.«

»Okay. Sagen Sie ihr das. Aber betteln Sie nicht um Gnade.«

»Und was ist, wenn sie mir nicht verzeihen will?«

»Dann hat *sie* ein Problem.«

Eine Woche später suchten mich Glenn und Dana gemeinsam auf. Dana war kein nachtragender Mensch, aber sie hatte wirklich ein Problem. Sie hatte eine Strategie entwickelt, um sich vor Glenns Gefühllosigkeit zu schützen. Und diese Strategie würde sie fallenlassen müssen, um Glenn Gelegenheit zu geben, sich zu ändern.

Ich erklärte es ihr: »Körperlich waren Sie Glenn unterlegen, und darum haben Sie sich auf der emotionalen Ebene an ihm gerächt. Glenn hat, im Gegensatz zu Ihnen, den größten Teil seiner Gefühle unterdrückt. Dadurch sind Sie, wenigstens in diesem Bereich, stärker als er. Es ist verständlich, daß Sie versucht haben, mit ihm gleichzuziehen, indem Sie ihn dort trafen, wo er am verwundbarsten war. Ich habe gehört, daß Sie die Angewohnheit entwickelt haben, wegen seines Mangels an Gefühlen verächtliche Bemerkungen über ihn zu machen, sich über seine emotionalen Schwächen lustig zu machen und seine unbeholfenen Versuche, sich Ihnen zu nähern, zu verspotten. Und nun, da die Dinge in Bewegung gekommen sind, könnte es sein, daß Sie die unbewußte Tendenz haben, diese Strategie einzusetzen, wenn Spannungen auftreten. Aber das ist kein Grund zur Aufregung. Wenn Sie sich beide weiterentwickeln, wird das bald verschwinden.«

Auch Dana war entschlossen, sich zu ändern. »Was soll ich also mit dieser ›Strategie‹ machen, wenn ich merke, daß ich sie einsetze?« fragte sie.

»Akzeptieren Sie sie. Sie müssen es nicht genießen – Sie brauchen sich nur zu sagen, daß es in Ordnung ist. Sie müssen sich mit der Tatsache abfinden, daß Sie beide schlechte Gewohnheiten angenommen haben. Aber gemeinsam können Sie es schaffen, die alten, eingefahrenen Gleise zu verlassen.«

Mit rührender Zärtlichkeit beugte sich Glenn zu seiner Frau und sagte: »Ich will, daß unsere Ehe besser wird, und ich werde alles dafür tun.« Er zögerte und fuhr dann mit einer Frage fort, die zu stellen ihm schwerfiel: »Willst du weiter mit mir zusammen sein?«

Dana hatte Tränen in den Augen. Sie lächelte. »Natürlich will ich das.«

Glenn sah mich an. Auch in seinen Augen standen Tränen, als er sagte: »Ach, ich möchte sie einfach in den Arm nehmen.«

Mit der Offenheit, die Glenn mittlerweile von mir erwartete, antwortete ich: »Warum erzählen Sie *mir* das, Sie Dummkopf! *Tun Sie es doch!*«

Glenn sprang auf und streckte die Arme nach Dana aus, als wolle sie davonlaufen. Ich murmelte etwas von ›Händewaschen‹ und ließ die beiden allein. Als ich das Zimmer wieder betrat, saßen sie händehaltend auf dem Sofa wie zwei Teenager bei ihrer ersten Verabredung.

Ich gab ihnen noch einen letzten Rat. »Es wird sicher immer wieder Probleme geben. Alte Schwierigkeiten werden von neuem auftauchen, wenn Sie am wenigsten damit rechnen. Aber Sie können leicht mit ihnen fertig werden. Ich empfehle Ihnen ein ›Berührungs- und Umarmungs-Programm‹. Setzen Sie sich so schnell wie möglich voneinander ab, wenn Sie sich streiten. Ziehen Sie sich in verschiedene Zimmer zurück, wenn es sein muß. Aber gehen Sie innerhalb von dreißig Minuten zum anderen, und nehmen Sie ihn, *ohne etwas zu sagen,* in Ihre Arme. Und *dann* können Sie über das reden, was schiefgelaufen ist.«

Ihrem Lächeln konnte ich entnehmen, daß sie entschlossen waren, meinen Rat zu befolgen. Glenn sprudelte geradezu über vor Energie; er konnte sich kaum beherrschen. »Ich habe so viel zu erzählen. In mir sind so viele Gefühle. Ich habe Angst, daß sie wieder verschwinden, wenn ich sie nicht sofort in Worte fasse.«

Ich versuchte, ihn zu bremsen. »Ich verstehe Ihre Angst. Aber sie werden nicht verschwinden. Gefühle sind immer da – nur wußten Sie es bis jetzt nicht.«

»Aber was ist, wenn sie verschwinden und ich sie nicht mehr finden kann?«

»Keine Angst – mein ›Berührungs- und Umarmungs-Programm‹ wird sie schon wieder zum Vorschein bringen.«

»Aber wie kann ich das lernen?«

»Wie alles andere auch: Üben, üben, üben.«

»Aber...«

»Moment mal«, unterbrach ich ihn. »Ich habe einen ausgezeichneten Vorschlag: Warum hören Sie nicht einfach mal auf, sich über Ihre Gefühle den Kopf zu zerbrechen, gehen mit Ihrer Frau nach Hause und üben dort?«

Strahlend verließen Glenn und Dana Hand in Hand meine Praxis und traten hinaus in den lauen Frühlingsabend.

Teil III:

Arbeit an der Veränderung

Die folgenden vier Kapitel enthalten spezifische Ratschläge, was Sie denken, tun und sagen sollten, wenn Sie versuchen, einem PPS-Opfer zu helfen.

Eltern werden erfahren, wie sie ihre Kinder davor bewahren können, in die Falle des Peter-Pan-Syndroms zu laufen, oder was sie tun können, um ihnen die Rückkehr zu einer normalen inneren Entwicklung zu ermöglichen, falls ihr Verhalten darauf hindeutet, daß sie übermäßigen Gebrauch von Elfenstaub machen.

In Kapitel 13 fordere ich meine Leserinnen auf, ihren eigenen Schwächen ins Auge zu sehen und zeige ihnen, daß eine Veränderung ihres Lebensstils eine positive Auswirkung auf den Mann haben kann, den sie lieben. Diese Frauen sollten ihre Aufmerksamkeit auch auf den ersten Teil von Kapitel 12 ›Für Eltern‹ richten, auch wenn es in der Beziehung keine Kinder gibt, denn wenn sie einen Mann lieben, der ein Opfer des Peter-Pan-Syndroms ist, werden sie wissen, daß ihre Beziehung teilweise aussieht wie die zwischen einer Mutter und ihrem Sohn. Dies kann man ändern, indem man für eine angemessenere Art der Kommunikation sorgt.

Freunde und Verwandte werden feststellen, daß ihr erster Eindruck von einem PPS-Opfer meistens richtig ist. Anstatt ihn zu übergehen, sollten sie sich wahrscheinlich lieber von ihm leiten lassen.

Opfer des Peter-Pan-Syndroms werden in Larrys Geschichte (Kapitel 15) Trost finden. Tatsächlich werden alle Leser an seinem Beispiel erkennen, daß es, ganz gleich wie schlimm die Dinge stehen, nie zu spät ist, auf eine Veränderung hinzuarbeiten.

Kapitel 12

Für Eltern

Bittere Erfahrungen haben Mr. Darling gelehrt, daß er ein Mann ist, der seine tätige Reue bis zum Exzeß treiben muß; tut er dies nicht, so fällt er bald wieder in seine alten Verhaltensmuster zurück.

Mrs. Darling geht abends nicht oft aus. Wenn ihre Kinder schlafen, sitzt sie lieber an ihrem Bett und bringt Ordnung in ihre Gedanken, ganz als bestünden ihre Köpfe aus Schubladen.

Mr. und Mrs. Darling (Wendys Eltern) gehören zu jenen Eltern, die zur Entwicklung des Peter-Pan-Syndroms beitragen. Barrie schildert Mr. Darling als einen narzißtischen Menschen ohne geistigen Tiefgang. Seine gespielte Lustigkeit kann sein Selbstmitleid und seinen Sarkasmus nur schlecht verbergen. Mrs. Darlings Beitrag besteht darin, ihre Kinder übermäßig zu bemuttern und ihrem Mann gegenüber äußerst nachgiebig zu sein. Immer wieder werden wir Zeugen ihres Martyriums. Schweigend leidet sie unter den kindischen Späßen ihres Mannes und sieht den Sinn ihres Lebens einzig und allein in ihrem zwanghaften Drang, die zarten Seelen ihrer Kinder vor den Einflüssen einer ihrer Meinung nach kalten und grausamen Welt zu schützen.

Die Spannung im Haus der Darlings ist geradezu greifbar. Am Anfang des Stückes hat Mr. Darling Probleme mit dem Binden seiner Krawatte. Er beklagt sich bitterlich darüber, wie ungerecht es doch ist, von einem widerspenstigen Bekleidungsstück gequält zu werden. Seine Frau reagiert darauf mit steifer, theatralischer Mißbilligung, worauf Mr. Darling mit der folgenden Antwort das Ausmaß seines Narzißmus enthüllt:

»Ich will dir nur sagen, Mary, daß ich ohne diese Krawatte nicht zum Essen gehen werde, und wenn ich nicht zum Essen gehe, werde ich nie mehr ins Büro gehen, und wenn ich nicht mehr ins Büro gehe, werden du und ich Hunger leiden müssen, und unsere Kinder wird man auf die Straße setzen.«

Mrs. Darling geht auf die schlechte Laune ihres Mannes ein und bindet ihm die Krawatte. Starr vor Schrecken sehen die Kinder zu – sie glauben, daß sie, wenn ihre Mutter dieser Aufgabe nicht gewachsen ist, ohne ein Dach über dem Kopf dem Hunger ausgeliefert sein werden.

Diese Kleinlichkeit und ein derartiger Mangel an Einfühlungsvermögen sind typisch für den Vater eines PPS-Opfers. Charakteristisch ist auch die Reaktion von Mrs. Darling, die diesem Verhalten Vorschub leistet. Obwohl das angeführte Beispiel etwas übertrieben sein mag, erzeugen beide gemeinsam eine Familienatmosphäre, in der die Kinder unter ständiger Angst zu leiden haben. Wie ich im ersten Teil dieses Buches geschildert habe, wirkt sich diese Angst auf die Söhne am nachteiligsten aus.

Wenn Sie glauben, Ihr Kind könne ein Opfer des Peter-Pan-Syndroms sein, stehen Sie vor zwei Entscheidungen:

Erstens müssen Sie sich entscheiden, ob Sie sich auf die Vorbeugung konzentrieren oder Abhilfe schaffen wollen. Ich empfehle Ihnen, Vorbeugungsmaßnahmen zu treffen, wenn Ihr Kind unter sechzehn ist. Falls es älter ist und gewisse Anzeichen auf Narzißmus, Chauvinismus oder eine Inflexibilität der sozialen Rolle hindeuten, schlage ich Ihnen vor, sich eingehend mit den Möglichkeiten der Bekämpfung des Peter-Pan-Syndroms zu befassen.

Die zweite Entscheidung ist schwieriger, aber die folgende Überlegung kann eine Orientierungshilfe für Sie sein: Sie werden Ihrem Kind nicht helfen können, wenn Sie nicht bereit sind, Ihr Verhalten zumindest teilweise zu verändern und sich mit etwaigen Problemen in Ihrer Ehe auseinanderzusetzen. Wenn der Junge zu Ihrer Familie gehört oder Sie anderweitig in einer engen Beziehung zu ihm stehen, haben Sie zu seinem Problem beigetragen. Sie haben irgendwelche Fehler gemacht. Ich werde Ihnen helfen, diesen Fehlern auf die Spur zu kommen, aber es ist Ihre Aufgabe, sie zu korrigieren. Falls Sie dazu nicht bereit sind, sollten Sie sich mit der ersten Entscheidung gar nicht erst befassen.

Wenn Sie jedoch entschlossen sind, Ihrem Kind zu helfen, können Sie anhand der von Barrie geschilderten Szene darangehen, Ihr eigenes Verhalten zu untersuchen.

Betrachten Sie, falls Sie ein Vater sind, Ihr Gefühlsleben. Geben Sie sich Selbstmitleid hin? Haben Sie Angst vor Ihren Gefühlen? Wissen Sie überhaupt, was Sie fühlen? Tun Sie so, als hätten Sie Gefühle, die gar nicht wirklich existieren, während Sie sich anderen Gefühlen entziehen? Verwirren Ihre Gefühle Sie? Sublimieren Sie Ihre Enttäuschung über Ihre Ehe, indem Sie Ihrem Sohn unterschwellige Botschaften über die schwachen Seiten Ihrer Frau vermitteln (siehe Kapitel 4)?

Als Mutter sollten Sie darüber nachdenken, ob Sie sich gegenüber anderen Familienmitgliedern übermäßig fürsorglich oder gar bevormundend verhalten. Tolerieren Sie den Chauvinismus Ihres Mannes, weil Sie sich fürchten, verlassen zu werden? Haben Sie Mitleid mit ihm? Haben Sie Angst, ihn wegen seines kindischen Verhaltens zur Rede zu stellen? Führt Ihr Mangel an Mut dazu, daß Sie sich der Verantwortung entziehen und nicht für die Einhaltung einer gewissen Disziplin sorgen? Sublimieren Sie die Enttäuschung über Ihre Ehe, indem Sie Ihrem Sohn zu verstehen geben, er solle sich nicht so verhalten wie sein Vater?

Es ist ebenso schwer, sich diese Fragen zu stellen, wie sie zu beantworten. Wenn Sie den Mut aufbringen, Ihre persönlichen Grenzen anzuerkennen, sind Sie einer konstruktiven Veränderung bereits ein gutes Stück näher gekommen. Um Ihre Selbstprüfung abzuschließen, müssen Sie etwas tun, das Sie in den letzten Jahren vermutlich vernachlässigt haben: Ganz gleich, wie alt Ihr Kind ist – Sie müssen mit Ihrem Ehepartner reden und ihm *zuhören*. Es ist unerläßlich, daß Sie eine echte Kommunikation mit Ihrem Partner herstellen. Es kann sein, daß es mehrere Monate dauert, bis Sie das geschafft haben, aber die Lösung zumindest eines Problems können Sie jetzt schon in Angriff nehmen.

Schluß mit den unterschwelligen Botschaften!

Sie können sofort etwas gegen die Entwicklung oder das Fortschreiten des Peter-Pan-Syndroms unternehmen: *Hören Sie unverzüglich auf, unterschwellige Botschaften zu vermitteln.* Sagen Sie Ihren Kindern, ohne auf unnötige Einzelheiten einzugehen, daß es falsch von Ihnen war, Ihre Frustrationen an ihnen auszulassen. Sagen Sie ihnen, daß die Unstimmigkeiten zwischen Ihnen und Ihrem Partner nicht *ihr* Fehler sind. Greifen Sie danach, für den Fall, daß ihr Betragen zu wünschen übrigläßt, zu rational nachvollziehbaren Maßnahmen, und verlangen Sie von ihnen, Verantwortung für ihre Handlungen zu übernehmen.

Es mag grob vereinfachend klingen, wenn Ihnen jemand sagt, daß Sie mit Ihren unterschwelligen Botschaften von einem Moment auf den anderen aufhören können – aber es geht. Wenn Sie wirklich entschlossen sind, Ihr Kind von sinnlosen Ängsten zu befreien, werden Sie auf die unterschwelligen Botschaften achten, die sich in Ihre Gespräche einschleichen. Sobald Sie sie bemerken, müssen Sie innehalten, auch wenn Sie sich mitten im Satz unterbrechen müssen. Wenn Sie sich bei einer unterschwelligen Botschaft ertappen, sollten Sie so bald wie möglich darüber sprechen, sich dafür entschuldigen und diesen Fehler benutzen, um Ihr eigenes Problem darzustellen. Wenn Sie mutig sind, bitten Sie Ihre Kinder, Ihnen beim Aufspüren dieser Botschaften helfen. Sie können sicher sein, daß sie sie bemerken werden.

Befreien Sie Ihre Kinder von Schuldgefühlen, indem Sie ihnen erklären, daß Sie nur Ihre eigenen Frustrationen an sie weitergeben. Sagen Sie ihnen, daß Sie sie von nun an mit rational nachvollziehbaren Maßnahmen für ihr Benehmen verantwortlich machen und nicht mehr grundlos an ihnen herumnörgeln werden. Dabei sollten Sie nicht weiter auf ihre Beschwerden eingehen, sondern sich auf ihr Verhalten konzentrieren. Dadurch sind etwaige Ungerechtigkeiten Ihrerseits ausgeschlossen.

Wenn Ihr Ehepartner Ihnen hierbei zur Seite steht, werden Sie in relativ kurzer Zeit einen Großteil der Spannungen innerhalb Ihrer Familie beseitigen können. Wenn er dazu nicht bereit ist, müssen Sie diese Aufgabe allein angehen. Wenn beispielsweise Ihr Mann sich weigert zuzugeben, daß auch er unterschwellige Botschaften vermittelt, müssen Sie ihm sagen, daß Sie gezwungen sind, hinter seinem Rücken über ihn zu sprechen. Das ist zwar sehr unangenehm, aber unumgänglich, wenn Sie Ihre Kinder von Schuldgefühlen befreien wollen. Wenn Sie den Mut aufbringen, ganz allein auf sich selbst gestellt gegen diese Schwierigkeiten anzugehen, werden Sie Ihren Mann vielleicht schließlich dazu bringen, es Ihnen gleichzutun. Zu diesem radikalen Mittel sollten Sie allerdings erst dann greifen, wenn alle vernünftigen Versuche, die Kommunikation mit Ihrem Partner zu verbessern, gescheitert sind.

Kommunikation

Sobald Sie aufgehört haben, unterschwellige Botschaften weiterzugeben, müssen Sie und Ihr Partner sich daranmachen, auch ihre Ursache zu beseitigen. Dazu ist es erforderlich, eine gut funktionierende Kommunikation wiederherzustellen. Sie können die Atmosphäre innerhalb Ihrer Familie entscheidend verändern, wenn Sie es fertigbringen, sich auch den negativen Seiten Ihrer Beziehung zu stellen. Je früher Sie Kommunikationshindernisse überwinden, desto schneller sind aufgestaute Frustrationen abgebaut und jene Ängste zerstreut, die Ihre Kinder zu Opfern des Peter-Pan-Syndroms werden lassen.

Das erste Hindernis, auf das Sie stoßen werden, sind die Denkmechanismen, die Sie einsetzen, um der Wahrheit nicht ins Gesicht sehen zu müssen. Ich habe zwei Grundhaltungen herausgeschält, die beide gleichermaßen falsch sind. Die eine ist die des Vaters, die andere die der Mutter. Beim Lesen der unten aufgeführten Übersicht werden Sie sich an die unterschwelligen Botschaften erinnern, die ich in Kapitel 4 ausführlich beschrieben habe, und sehen, daß sie von diesen Grundhaltungen abgeleitet sind. Im Anschluß an diese Übersicht habe ich meine Alternative dazu formuliert. Wenn Ihnen meine Logik schlüssig erscheint, wird Sie das ermuntern, sich der Wahrheit zu stellen.

Zunächst wollen wir uns also den Vater des PPS-Opfers ansehen und versuchen, seinen Gedankengang zu verstehen. Danach werden wir uns der Mutter zuwenden und sehen, daß sie das Gegenstück ihres Mannes ist.

Unterschwellige Botschaften vom Vater an den Sohn:

»Halt mir deine Mutter vom Leibe.«

»Tu deiner Mutter nicht weh.«

»Deine Mutter versteht Männer nicht.«

»Nimm's nicht so schwer. Du weißt doch, wie Frauen sind.«

Die Rechtfertigung des Vaters:

»Meine Frau ist schwach, und es ist meine Aufgabe, sie zu beschützen. Immer gehen ihre Gefühle mit ihr durch, besonders bei den Kindern, und ganz besonders bei meinem Sohn. Es geht mir auf die Nerven, wenn sie sich aufregt, weil sie dann an mir herumnörgelt. Sie ist eine Frau und versteht einfach nicht, daß Jungen nun mal Jungen sind. Wenn ich meinen Sohn dazu bringen könnte, sie zu verstehen, würde uns vielleicht eine Menge Ärger erspart bleiben. Früher oder später wird er ja doch erfahren müssen, wie Frauen in Wirklichkeit sind.«

Die Alternative:

Wenn Sie Ihre Frau beschützen, obwohl sie gar keinen Schutz braucht, machen Sie sie nur übermäßig abhängig, und *das* wird Ihnen erst recht Ärger bereiten. Sie ist ganz gewiß kein seelischer Schwächling, und ich bin sicher, daß Sie viele Situationen nennen könnten, in denen sie ihre Stärke bewiesen hat. Wenn Sie Konfrontationen mit ihr vermeiden, behandeln Sie sie wie ein Kind, und dagegen wird sie ihrerseits rebellieren.

Jungen sind nun mal Jungen, gewiß – aber ist das etwa eine Entschuldigung für Fehlverhalten oder für Ihre Ablehnung jeglicher Verantwortung? Wenn Sie Ihre Einstellung beibehalten, geben Sie Ihre Schwäche an Ihren Sohn weiter, und er wird in seiner eigenen Ehe sehr wahrscheinlich vor denselben Problemen und Vorurteilen stehen.

Unterschwellige Botschaften von der Mutter an den Sohn:

»Laß deinen Vater in Ruhe.«

»Du benimmst dich genau wie dein Vater.«

»Dein Vater kann nicht mit Gefühlen umgehen.«

»Es ist wirklich schade, daß deinem Vater seine Arbeit wichtiger ist als seine Familie.«

Die Rechtfertigung der Mutter:

»Mein Mann benimmt sich manchmal wie ein Kind. Er will seinen Willen haben, und wenn er ihn nicht bekommt, schmollt er. Oft behandelt er mich wie einen Menschen zweiter Klasse. Er sitzt lieber mit seinen Freunden in einer Kneipe oder arbeitet, als mit mir zusammen zu sein. Wenn mein Sohn sich gefühllos benimmt, folgt er nur dem Beispiel seines Vaters. Wenn ich das nicht ändere, kann mir die arme Frau, die ihn einmal kriegt, nur leid tun.«

Die Alternative:

Haben Sie schon einmal darüber nachgedacht, daß Ihr Mann Sie wie einen Menschen zweiter Klasse behandelt, weil Sie es sich gefallen lassen? Haben Sie wirklich den Mut, zu Ihren Überzeugungen zu stehen? Wenn ja, dann dürfen Sie seine Vorurteile nicht einfach hinnehmen. Indem Sie sich damit abfinden, daß Ihr Mann Sie so behandelt, zeigen auch Sie Ihrem Sohn, daß Frauen Männern unterlegen sind. Es ist gut möglich, daß Sie, anstatt Ihren Sohn zu ändern, sich selbst ändern sollten.

Diese mit Vorurteilen beladenen Einstellungen trennen die Eltern und stellen die Kinder in die Mitte zwischen ihnen. Das führt zum Gedankenlesen und Interpretieren, und beides ist Gift für jede Ehe. Wenn Sie und Ihr Partner den Mut haben, Ihre Seele zu ergründen, und wenn Sie die Logik der von mir aufgezeigten Alternativen übernehmen können, werden Sie in der Lage sein, sich direkt miteinander auseinanderzusetzen. Es erfordert gewiß einige Überwindung, die anstehenden Probleme klar und deutlich zu besprechen, aber der frische Wind in Ihrer Beziehung wird nicht nur die weitere Entwicklung des Peter-Pan-Syndroms verhindern, sondern auch Ihrer Ehe neue Impulse geben.

Wenn Sie sich mit bisher unausgesprochenen Klagen und Plänen auseinandersetzen, wird zwischen Ihnen und Ihrem Partner wahrscheinlich ein Streit ausbrechen. Sie werden sich gegenseitig Ihre Frustrationen zuschieben, was zu momentanen Gegensätzen führt, die unüberbrückbar zu sein scheinen. Damit bei diesen Streitigkeiten etwas herauskommt, brauchen Sie einen Ratgeber, der die Wahrscheinlichkeit vermindert, daß sich eine kritische Situation zum Schlechten wendet. Hierzu empfehle ich Ihnen ein Buch, das von einem Arzt geschrieben wurde, der Tausenden von Paaren die Kunst der ›fairen Auseinandersetzung‹ beigebracht hat.

Wie alle Selbsthilfebücher kann auch *›Streiten verbindet‹* von George Bach und Peter Wyden falsch angewendet werden. Wenn Sie sich mit Ihrem Partner streiten, ohne entschlossen zu sein, Ihre Beziehung zu verbessern, werden alle guten Ratschläge nicht helfen. Wenn Sie jedoch nach einer konstruktiven Veränderung streben, wird Ihnen dieses Buch außerordentlich nützlich sein. Die Verfasser lenken das Augenmerk ihrer Leser auf die Auswirkungen, die Streitigkeiten zwischen den Partnern auf ihre Kinder haben: »Wenn Menschen, die in intimer Beziehung zueinander stehen, andere in ihre Streitigkeiten hineinziehen, sind Kinder oft das bevorzugte Ziel. Bei den meisten Auseinandersetzungen der Eltern über die Erziehung der Kinder beispielsweise geht es überhaupt nicht um die Kinder. Die Meinungsverschiedenheit betrifft die Eltern – das Kind gibt dabei nur das Schlachtfeld ab.«

Für den Fall, daß Sie sich bei Ihren Bemühungen um Fairneß beim Streiten von diesem Buch helfen lassen wollen, habe ich Ihnen einige Orientierungshilfen aus Dr. Bachs Werk zusammengestellt:

- Sie müssen den persönlichen Charakter Ihrer Sorgen und Nöte darstellen. Umreißen Sie Ihre Position so klar wie möglich.
- Eine ›faire Auseinandersetzung‹ ist eigentlich eine ernsthafte Diskussion, bei der sich alle Beteiligten benehmen wie reife Erwachsene.
- Schrecken Sie nicht davor zurück, zu lernen, Abscheu und negative Gefühle zu zeigen. Es ist leicht, einander zu lieben – zu lernen, wie man sich mit jemandem streitet, erfordert dagegen einige Anstrengungen.
- Kompromisse sind unerläßliche Nebenprodukte fairer Auseinandersetzungen.
- ›Tiefschläge‹ haben katastrophale Folgen. Wenn Sie Vergangenes einzig und allein darum aufwärmen, weil Sie

Ihren Partner verletzen wollen, haben Sie ihm einen Tiefschlag versetzt.

- Seien Sie vorsichtig, wenn Sie Vorwürfe in einen Streit einbringen, die mit sexuellen Dingen zu tun haben. Meistens geschieht das nämlich auf unfaire Art.
- Für eine faire Auseinandersetzung ist es sehr wichtig, daß Sie gut zuhören. Drei Feedback-Techniken, die Ihnen dabei helfen werden, sind: »Was willst du mir damit sagen?« – »Wie hast du das gemeint?« und »Für mich hört sich das so an...«.
- Wenn Ihre Auseinandersetzungen ohne Ergebnis enden oder wenn Sie ständig unter die Gürtellinie schlagen oder geschlagen werden, sollten Sie zu einem Eheberater gehen, der bei Ihren Streitigkeiten als neutraler Beobachter fungieren kann.

Bei meiner Tätigkeit als Berater von Ehepaaren habe ich weitere Richtlinien entwickelt, die man den von Dr. Bach vorgeschlagenen hinzufügen kann:

- Erzwingen Sie keine endgültige Lösung bei Themen, die Gefühle berühren. Manche Gefühle lassen sich nicht ändern – man kann sie nur verstehen und akzeptieren.
- Horchen Sie auf, wenn Sie die Phrase ›Ich habe das Gefühl, daß...‹ hören. Dieser Ausdruck trägt eher zum Verbergen als zur Klärung von Gefühlen bei. Einfach ausgedrückt: Man kann nicht das Gefühl haben, *daß* – man *fühlt sich* wütend, traurig, enttäuscht, gut, verwirrt usw. Wenn Ihr Partner seine Gefühle ausdrücken will, indem er sagt: »Ich habe das Gefühl, daß...«, dann spricht er von etwas, das *kein* Gefühl ist. Lassen Sie sich nicht von seinen Worten täuschen, sondern fordern Sie ihn geradeheraus auf zu sagen, was er fühlt, und nicht, was er denkt.
- Es ist wichtig, dem Partner zuzuhören. Genauso wichtig jedoch ist es, sich selbst zuzuhören. Eine Möglichkeit, zu testen, ob Sie sich selbst zuhören können, besteht darin, Ihren Partner zu fragen: »Wie ist das, was ich gerade ge-

sagt habe, bei dir angekommen?« Sie können das natürlich auch mit einem Freund oder einer Freundin üben.

● Machen Sie sich Notizen, wenn Sie bei einer Auseinandersetzung nicht wissen, was Sie sagen wollen, damit Sie Ihre Meinung später klar darstellen können.

● Vermeiden Sie Gedankenlesen und Interpretieren. Hierbei kann es eine Hilfe sein, lieber das Wort ›ich‹ anstelle von ›du‹ zu gebrauchen. Sagen Sie Ihrem Partner nicht, was er oder sie denkt oder fühlt – das ist allein seine oder ihre Sache.

● Hier sind einige Einleitungen, die Sie auf den richtigen Kurs bringen:

Wenn Sie ein Problem anschneiden wollen: »Ich möchte mit dir über ... sprechen.« – »Wenn du das tust, fühle ich mich...« – »Ich möchte dich bitten, ...« *Wenn Sie mit einem Problem konfrontiert werden:* »Wenn du das sagst, fühle ich mich...« – »Meine Absicht ist...« – »Das will ich (nicht).«

● Lassen Sie die Konfrontation nicht innerhalb einer kurzen Zeit zu weit fortschreiten. Erlauben Sie vielmehr Ihren Gedanken und Gefühlen, sich so zu entwickeln, wie Sie *wollen,* und versuchen Sie nicht, sie mit ›sollen‹ oder ›müssen‹ zu beeinflussen.

Noch etwas habe ich aus meinen Gesprächen mit den Eltern von PPS-Opfern gelernt. Es ist zwar unangenehm, aber trotzdem wahr: *In den meisten Fällen muß die Frau die Initiative ergreifen, wenn es darum geht, Unstimmigkeiten in der Ehe zur Sprache zu bringen.*

Frauen haben gewöhnlich einen besseren Kontakt zu ihren Gefühlen – was nicht heißen soll, daß sie sie unter Kontrolle haben. Als Frau sind Sie wahrscheinlich ermuntert worden, sich mit Ihren Emotionen zu befassen und sie zu zeigen. Sie mögen sogar so weit gegangen sein, mit Ihrem Herzen zu denken. Wenn Sie ein Mann sind, hat man Ihnen wahrscheinlich beigebracht, Ihre Gefühle so zu unterdrücken, daß sie sofort in gedankliche Vorgänge umgesetzt werden. Sie fühlen mit Ihrem Kopf.

Die Diskrepanz zwischen Gedanken und Gefühlen ist am ausgeprägtesten, wenn die Eltern vor der Aufgabe stehen, mit dem Peter-Pan-Syndrom fertig zu werden. Der Vater ist davon überzeugt, daß dieses Problem nur mit Hilfe kühler, nüchterner Logik bewältigt werden könne. Die Mutter dagegen ist von ihren Gefühlen so überwältigt, daß alle Ansätze zu einem Vorgehen gegen das Syndrom darin untergehen. Sie wirft dem Vater vor, gefühllos zu sein, während er ihr vorhält, sie sei hysterisch. Beide sind nicht in der Lage, das Problem zu lösen.

Leider muß man jedoch erst erhebliche emotionale Schmerzen leiden, bevor man bereit ist, das Risiko einzugehen, das mit einer Veränderung des Status quo verbunden ist. Instinktiv weiß man, daß die Verhältnisse bei einer solchen Veränderung erst einmal schlechter werden, bevor sie sich zum Besseren wenden. Da die Frau die Belastung durch eine Krise in der Familie stärker spürt, wird im allgemeinen sie es sein, die auf Veränderung drängt.

Dieser Umstand führt oft dazu, daß Frauen ihren Männern den Vorwurf machen, ›kalt und gefühllos‹ zu sein. Sie fühlen sich nicht nur verletzt durch die Tatsache, daß sich negative Gefühle aufgestaut haben, sondern sind auch zornig, weil sie das Gefühl haben, von jemandem belogen worden zu sein, der sie angeblich liebt. Wenn Sie den Eindruck haben, infolge des mangelnden Mitgefühls Ihres Mannes im Stich gelassen worden zu sein, sollten Sie folgende Möglichkeit in Betracht ziehen: Es gibt viele Männer, denen ihre Frauen und Kinder äußerst wichtig sind, die jedoch den Kontakt zu ihren Gefühlen verloren haben. So seltsam das auch klingen mag: *Diese Männer wissen nicht, was sie fühlen.*

Viele Väter von PPS-Opfern leiden unter derselben Art emotionaler Impotenz wie ihre Söhne – sie sind seit vielen Jahren schon sozusagen Sympathisanten von Peters Legion der Verlorenen Jungen. Das einzige, was sie davon abhält, sich ihr anzuschließen, ist ihre Fähigkeit zu arbeiten. Obwohl das in einigen Fällen dazu führen mag, daß sie von ihrer Arbeit geradezu besessen sind, ist ihre Tätigkeit etwas (und leider oft das einzige), auf das sie wirklich stolz sein können.

Wenn es sich beim Vater Ihrer Kinder um einen solchen Mann handelt, werden Sie wahrscheinlich mehr darüber wissen wollen, was Sie tun können, um Ihre Beziehung zu retten. Da sich dieses Kapitel mit den Problemen der Eltern befaßt, schlage ich vor, daß Sie zu diesem Zweck das folgende Kapitel, in dem ich Ratschläge für Frauen und Freundinnen von PPS-Opfern ausgearbeitet habe, sorgfältig lesen, denn es ist möglich, daß Sie als Ehefrau und Mutter es zumindest auf der emotionalen Ebene mit *zwei* Opfern des Peter-Pan-Syndroms zu tun haben.

Hilfe für das PPS-Opfer

Wenn Sie die Kommunikationsbarrieren in Ihrer Ehe überwunden haben, sollten Sie sich auf die Kinder konzentrieren. Obwohl dieses Buch darauf abzielt, dem PPS-Opfer zu helfen, können viele der folgenden Ratschläge auf alle Jugendlichen angewendet werden. Dies sollten Sie nicht vergessen, wenn Sie Ihre Aufmerksamkeit Ihrem ältesten Sohn oder auch jüngeren Söhnen zuwenden, die die in Kapitel 3 bis 8 beschriebenen Verhaltensweisen zeigen.

Warum ziehe ich die Altersgrenze bei sechzehn Jahren? Wenn ein Junge, der durch das Peter-Pan-Syndrom gefährdet ist, sein sechzehntes Lebensjahr vollendet hat, war er bereits mehrere Jahre lang Ängsten ausgesetzt und hat sich der Übernahme von Verantwortung entzogen. Er hat Zuflucht gefunden in einer Gruppe Gleichaltriger, die wahrscheinlich mehr Einfluß auf ihn hat als Sie selbst. Die Inflexibilität, die mit einem fortschreitenden sexuellen Rollenkonflikt einhergeht, macht es Ihnen unmöglich, auf ihn einzuwirken. Selbst wenn Sie eine Wende in Ihrer Beziehung herbeiführen und die Spannung in Ihrer Familie abbauen, mag es bereits zu spät sein. Möglicherweise hat er inzwischen gelernt, Sie zu ignorieren.

Wenn dieser Sechzehnjährige jedoch ein Spätentwickler ist oder noch nicht alle Symptome entwickelt hat (so zum Beispiel, wenn er eine gute Stellung hat), haben Sie immer noch die Gelegenheit, dem Narzißmus und Chauvinismus zuvorzukommen. Herausfinden können Sie das jedoch nur durch Versuche. Im Alter von etwa sechzehn Jahren besteht also die akute Gefahr, daß dieser Junge ein ständiger Gefolgsmann Peter Pans wird, und Sie sollten sowohl Vorbeugungs- als auch Hilfsmaßnahmen ergreifen. Experimentieren Sie mit meinen Ratschlägen und finden Sie heraus, welche Kombination für Ihren Sohn die wirksamste ist.

Einige grundlegende Prinzipien

Unabhängig vom Alter und dem Geschlecht Ihrer Kinder sollten Sie sich mit den von mir aufgestellten grundlegenden Erziehungsprinzipien beschäftigen. Die folgenden zehn Richtlinien geben allen Eltern ein Instrumentarium an die Hand, mit dessen Hilfe sie Schwierigkeiten zuvorkommen bzw. Probleme aus dem Weg räumen können. Sie stärken die elterliche Autorität, wirken einer Abneigung gegen Verantwortung entgegen und führen zu einem Gefühl der Geborgenheit in der Familie. Sie werden auch feststellen, daß sie eine vernünftige Grundlage sind, auf die sich auch Eltern, die verschiedener Ansichten über Erziehung sind, einigen können.

Ich werde jedes Prinzip vorstellen und begründen und Ihnen anschließend an einem Beispiel aufzeigen, wie es eingesetzt werden kann, um der Entwicklung des Peter-Pan-Syndroms entgegenzuwirken.

1. *Probleme mögen durch Kommunikation verhindert werden – gelöst werden sie jedoch nur durch Taten.*

Während der letzten zwanzig oder dreißig Jahre haben Erziehungsexperten Eltern eingeredet, angesichts eines Problems bestehe die beste Strategie darin, darüber zu reden. Das stimmt nicht. Das Reden über Gedanken und Gefühle bzw. eine Erklärung von Gründen mag dem Kind helfen, aus einem Fehler zu lernen – aber nur *nachdem* der emotionale Aufruhr, der mit der entsprechenden Situation verbunden ist, sich gelegt hat. Der Versuch, in einer kritischen Phase ein rationales Gespräch darüber zu beginnen, macht die Angelegenheit meist nur noch schlimmer. Wenn man mit einem Problem fertig werden muß, hat Reden keinen Sinn. Taten klären das Durcheinander, ermöglichen es, eine Lehre daraus zu ziehen und ebnen den Weg für ein sinnvolles Gespräch.

2. *Über viele Regeln läßt sich verhandeln, über manche nicht.*

In jeder Familie sollte es einige Regeln zur Aufrechterhaltung vernünftiger moralischer Prinzipien geben. Ich halte es hierbei für richtig, unumstößliche Regeln von solchen zu unterscheiden, die abgeändert werden können. Unumstößliche Regeln sind ehern und absolut. Die Kinder dürfen beispielsweise nicht gegen das Gesetz verstoßen, sich respektlos verhalten oder lügen. Diese Grundsätze gelten ohne Ausnahme, und ein Verstoß gegen sie zieht immer eine Strafe nach sich.

Über die anderen Regeln kann man sprechen; sie können verändert und Ausnahmen von ihnen gestattet werden. So ist der Zeitpunkt, an dem das Kind wieder zu Hause sein muß, abhängig vom jeweiligen Anlaß; die Zubettgehzeit kann variiert werden, wenn das Kind zeigt, daß es in der Lage ist, verantwortlich zu handeln; gute schulische Leistungen können mit besonderen Privilegien belohnt werden. In allen diesen Fragen haben die Eltern das letzte Wort, sollten jedoch dem Kind so viel Spielraum lassen, wie es verkraften kann.

Eines der Dinge, die die Entwicklung des Peter-Pan-Syndroms hemmen, ist das *positive Sichabfinden.* Jeder von uns muß lernen, sich mit gewissen Realitäten des Lebens auf positive Art und Weise abzufinden. Man muß Grenzen akzeptieren, sich aber dabei bemühen, die positiven Seiten dieser Tatsache zu sehen. Eine klare Unterscheidung zwischen Regeln, über die verhandelt werden kann und solchen, die unumstößlich sind, wird dem Kind dabei helfen, diese Fähigkeit zu entwickeln.

Wenn Ihr Sohn lernt, sich mit der Absolutheit mancher Regeln abzufinden und wenn er mit immer größeren Freiheiten belohnt wird, sobald er eine positive Einstellung zu diesen Regeln einnimmt, wird er in der Lage sein, mit langweiligen Schulfächern, ungerechten Vorgesetzten und so manchem Wunschdenken fertig zu werden, das sich in sein Teenager-Dasein einschleicht. Frustrationstoleranz und eine wirksame Kontrolle der Impulse sind Nebenprodukte einer solchen Unterscheidung von Regeln.

3. *Wenn Kinder sich Dingen gewachsen zeigen (Freizeit, richtiges Benehmen, Schulnoten, Arbeiten im Haushalt, Umgang mit Geld), sollten die Eltern sich heraushalten.*

Dieses Prinzip ist ein Zusatz zum Vorhergehenden. Im Grunde besagt es nichts weiter, als daß Sie einem Kind, das in kritischen Lebensbereichen (wobei meiner Erfahrung nach die fünf von mir angeführten die wichtigsten sind) Verantwortungsbewußtsein demonstriert, gewisse Ausnahmen und größere Freiheiten zugestehen sollten.

Dieser Grundsatz erlaubt es Ihnen, ein Kind, das sich nicht verantwortungsbewußt verhalten hat, zur Rede zu stellen und es daran zu erinnern, daß Sie sich eingemischt haben, weil es offensichtlich nicht in der Lage ist, ›damit fertig zu werden‹. Gleichzeitig haben Sie damit die Möglichkeit, ihm zu sagen, daß Sie ihm, wenn es sein Verhalten wieder verbessert, nur zu gern wieder die Verantwortung übergeben werden.

Ich weiß aus Erfahrung, daß mit dieser Vorgehensweise bei einem Kind, das eine Abneigung gegen das Übernehmen von Verantwortung hat, größere Erfolge erzielt werden können als mit Hilfe jeder anderen Strategie.

4. *Eine gute Strafe ist kurz und braucht nicht oft wiederholt zu werden. Darin besteht ihre positive Wirkung.*

Wenn Sie Ihr Kind zu oft oder über einen langen Zeitraum hinweg bestrafen, gehen Sie das Risiko ein, daß sich diese Maßnahme härter auf Sie selbst als auf das Kind auswirkt und daß die Wirksamkeit der Strafe insgesamt vermindert wird. Außerdem fördern Sie dadurch eine an sich vermeidbare Auflehnung und erzeugen Rachegefühle.

Hier ist ein gutes Beispiel dafür, wie diese Regel angewendet werden kann: Ihr Sohn kommt spät nach Hause und sagt Ihnen nicht wahrheitsgemäß, wo er gewesen ist. Anstatt ihm zwei Wochen Hausarrest zu geben, sollten Sie ihn kurz und hart bestrafen. Verdonnern Sie ihn zu einer Stunde irgendeiner körperlichen Arbeit (z. B. das Putzen der Küche), bei der Sie ihn beaufsichtigen. Streichen Sie ihm außerdem für den Rest des Abends Telefon, Musik und Fernsehen und schicken Sie ihn eine Stunde früher ins Bett. Die Strafe für das zu späte Heimkommen und sein unehrenhaftes Verhalten (Lügen) dauert nur ein oder zwei Tage. Danach ist alles wieder vergeben und vergessen.

Wenn eine solche Maßnahme oft wiederholt werden muß, beweist das, daß sie nicht funktioniert. Wahrscheinlich liegt dem Verhalten des Kindes etwas anderes zugrunde (z. B. bestimmte Ängste). Sie sollten die Atmosphäre in Ihrem Haus einer kritischen Prüfung unterziehen, um die Ursachen des Fehlverhaltens Ihres Kindes zu bestimmen und zu beseitigen.

5. *Beschwerden von Kindern sind oft berechtigt (»Das ist nicht fair. Alle anderen dürfen das«). In solchen Fällen*

können die Eltern zwar zustimmen, sie dürfen jedoch nicht nachgeben.

Wenn Sie in einer Angelegenheit eine unpopuläre Haltung einnehmen, sollten Sie nicht erwarten, daß ein aufgewecktes Kind, das dabei ist, seine Persönlichkeit zu entwickeln, sich ohne Aufbegehren fügt. Verweise auf Ungerechtigkeit, Konformismus und Mißverständnisse sind nur einige der Komponenten des verbalen Protestes, den es äußern wird. Wenn das Kind sich beschwert, dann denken Sie daran, daß in dem, was es vorbringt, wahrscheinlich ein Körnchen Wahrheit steckt. Bleiben Sie ruhig und versuchen Sie, die Beschwerde als Einleitung für ein positives Gespräch über Ihre voneinander abweichenden Standpunkte zu nutzen.

Dies ändert jedoch nichts an Ihrer Entscheidung.

6. *Vernünftige Grenzen und eine rational begründete Disziplin vermitteln Kindern Selbstvertrauen und Selbstwertgefühl.*

Viele Eltern, die ihrem Kind zu einer positiven Vorstellung von sich selbst verhelfen wollen, glauben, sie dürfen ihm keine Beschränkungen auferlegen, sondern müßten sein bester Freund sein und dafür sorgen, daß es immer glücklich ist. Diese Einstellung ist jedoch unrealistisch.

Ein Kind braucht Eltern – Freunde wird es woanders finden. Grenzen lehren ein Kind, sich selbst unter Kontrolle zu halten, eine Eigenschaft, die es braucht, um sich selbst und damit auch einen gesunden Stolz zu entwickeln. Und Mißerfolge schließlich gehören ebenso zum Leben wie Gefühle der Traurigkeit. Unsere Kinder müssen lernen, mit Mißerfolgen und Traurigkeit fertig zu werden, ohne sich Selbstmitleid und Depressionen hinzugeben.

Wenn es eine entscheidende Regel gibt, mit deren Hilfe das Entstehen des Peter-Pan-Syndroms verhindert werden kann, dann ist es diese. Vermitteln Sie Ihrem Kind von klein auf, daß Sie freundlich sind, solange es die Grenzen einhält, die Sie ihm setzen. Während seiner ganzen Kindheit und Jugend können Sie ihm helfen, Mißerfolge hinzunehmen und Gefühle der Traurigkeit zu überwinden, indem Sie ihm Wärme und Mitgefühl geben, *ohne es mit Mitleid oder besonderen Vergünstigungen zu überhäufen,* die letztlich nur sagen sollen: »Du armes Kleines, du tust mir so leid!«

7. *Eltern können den Einfluß Gleichaltriger reduzieren, indem sie sich bei ihren Entscheidungen von ihrem Gewissen und nicht von der vorherrschenden Meinung leiten lassen.*

Wenn Sie sich die Kernaussage von Kapitel 5 noch einmal durch den Kopf gehen lassen, wird Ihnen sicher klar sein, daß es zur Abwehr des Peter-Pan-Syndroms absolut unerläßlich ist, den Einfluß Gleichaltriger zu vermindern. Es ist nie zu früh, bei Ihren Entscheidungen darauf hinzuweisen, daß Sie sich nach Ihrem Gewissen gerichtet haben. Leider kann es jedoch sehr leicht zu spät dafür sein: Wenn Ihr Kind bereits beschlossen hat, der Meinung Gleichaltriger den Vorzug vor den wohlüberlegten Urteilen seiner Eltern zu geben, sind Ihre Möglichkeiten, ihm ein Bewußtsein seiner eigenen Individualität zu vermitteln, sehr begrenzt.

Wenn Ihre Entscheidungen nicht auf Ihren Überzeugungen, sondern auf Konformitätsdruck basieren, bringen Sie Ihren Kindern bei, dasselbe zu tun. Wenn Sie das nächste Mal zu hören bekommen: »Aber Mama (Papa), das tut doch *jeder!«,* dann besinnen Sie sich auf Ihre Überzeugungen und antworten Sie: »Das kann schon sein, aber das ist überhaupt kein Grund, daß du es auch tust.«

8. *Kinder sind robust und kreativ. Die Eltern sollten sich über ihren Erfindungsreichtum freuen.*

Kinder halten viel mehr aus, als wir im allgemeinen glauben. Diese Kinder sind intelligenter und kreativer, und daher werden sie, auf der Suche nach soliden moralischen Überzeugungen, die sie durch ein schwieriges und oft gefährliches Leben leiten sollen, immer wieder versuchen herauszufinden, wie weit die Autorität der Erwachsenen reicht.

Die Eltern sollten sich über ihre Erfindungsgabe freuen. Sie ist ein Zeichen dafür, daß ihre Kinder gesund sind und, wie es ihrer Natur entspricht, die Grenzen der Macht ihres Egos erkunden wollen. Dieser Grundsatz soll Sie auch daran erinnern, sich an Ihre moralischen Prinzipien zu halten und sich durch Ihr Wort gebunden zu fühlen.

Vermitteln Sie Ihren Kindern, ganz gleich, wie alt sie sind, daß Sie Vertrauen in ihre Kraft haben und *daß auch sie Vertrauen in sich selbst haben sollten.* Erlauben Sie sich ein wenig Verständnis und Wärme, wenn Sie merken, daß Sie von Ihren Kindern hereingelegt worden sind. Es besteht gar kein Anlaß zum Schimpfen – sie suchen nur nach jemandem, der ihnen Selbstbeherrschung beibringt. Es kann gut sein, daß Sie es sind, der auf die Probe gestellt wird.

9. *Familien, die gemeinsam arbeiten und spielen, bleiben auch zusammen.*

In jeder Familie, in der das Peter-Pan-Syndrom voll entwickelt ist, herrscht eine gespannte Atmosphäre. Diese Spannung hat ihren Ursprung in ehelichen Unstimmigkeiten und äußert sich täglich in Ausbrüchen von Negativität. Wenn diese Spannung auch in Ihrer Familie auftritt, dann wissen Sie aus eigener Erfahrung, daß Sie nur selten alle zusammen sein können, ohne daß einer am anderen herumnörgelt und alle gereizt sind.

Um diese negative Grundeinstellung zu beseitigen, sollte die Familie Dinge unternehmen, die allen Mitgliedern Spaß machen. Filme, auswärts essen, gemeinsame Besuche der Leihbücherei oder von Sportveranstaltungen können ein positives Familienerlebnis sein.

Selbst wenn Ihr Partner Ihnen dabei nicht behilflich ist, gibt es eine Hoffnung auf eine Wende zum Besseren. Führen Sie beispielsweise ein gemeinsames Sonntagsessen ein, und *achten Sie darauf, daß keiner zum anderen gehässig ist.* Wenn eines der Kinder gegen diese Regel verstößt, dann schicken Sie es hinaus und verhängen Sie für den Rest des Tages Hausarrest. Es mag vielleicht ein oder zwei Sonntage dauern, bis sich alle darauf eingestellt haben, aber Sie können Ihrer Familie auf diese Art und Weise zeigen, daß es möglich ist, sich eine halbe oder dreiviertel Stunde angenehm miteinander zu unterhalten. Sie werden während dieses Umkehrungsprozesses (besonders, wenn Sie keine Hilfe dabei haben) nicht immer Erfolg haben. Sie sollten sich jedoch wenigstens bemühen, die negative Stimmung in den Griff zu bekommen, damit die ohnehin schon schlechte Situation sich nicht noch weiter verschlechtert.

10. *Predigen Sie nicht, sondern seien Sie ein Vorbild. Lehren Sie nicht durch Worte, sondern durch Taten.*

Viele Eltern ersetzen Taten durch Worte und glauben, sie könnten ihre Kinder durch Reden überzeugen. Dies sind dieselben Eltern, denen es in ihrem eigenen Leben an Selbstdisziplin fehlt. Obwohl die meisten von ihnen nicht dem Persönlichkeitsprofil eines PPS-Opfers entsprechen, haben auch sie es nicht geschafft, erwachsen zu werden.

Wenn Sie den Mut haben zuzugeben, daß Sie nicht einmal über Ansätze von Selbstdisziplin verfügen, dann haben Sie einiges aufzuarbeiten. Anstatt Ihren Eltern Vorwürfe zu machen, sollten Sie sich darum kümmern, erwachsen zu werden. Dafür brauchen Sie vielleicht nicht einmal sehr lange. Wenn Sie sich anstrengen, können Sie innerhalb einiger Monate den Rückstand mehrerer Jahre aufholen. Und für den Fall, daß Sie nicht wissen, wie Sie dabei vorgehen sollen, kann ich Ihnen einen einfachen Rat geben: Sie können dieselben grundlegenden Prinzipien, die Sie bei der Erziehung Ihrer Kinder beachten sollten, auch auf sich selbst anwenden.

Sie haben gesehen, wie sechs chronologisch aufeinanderfolgende Symptome – die Weigerung, Verantwortung zu übernehmen, Angst, Einsamkeit, sexueller Rollenkonflikt, Narzißmus und Chauvinismus – zur allmählichen Entstehung von sieben deutlichen psychologischen Merkmalen geführt haben. Ich will Ihnen im folgenden ganz bestimmte Vorbeugungsstrategien aufzeigen, wobei der Zweck meiner Empfehlungen die Abschwächung dieser psychologischen Merkmale ist. Da wir uns hier mit jüngeren Menschen befassen, zielt mein Rat darauf ab, dem Einfluß der vier Grundsteine des Peter-Pan-Syndroms (Weigerung, Verantwortung zu übernehmen, Angst, Einsamkeit und sexueller Rollenkonflikt) entgegenzuwirken.

Soweit es nicht anders vermerkt ist, sollten sich der Vater und die Mutter gleichermaßen an diese Vorschläge halten. Einige von ihnen erfordern allerdings ein unterschiedliches Vorgehen der beiden Elternteile.

Emotionale Impotenz

Machen Sie sofort Schluß mit allen unterschwelligen Botschaften. Erklären Sie dem Kind, daß die entsprechenden Äußerungen, die Sie früher gemacht haben, falsch waren und daß es nicht seine Aufgabe ist, seinen Vater oder seine Mutter zu beschützen.

Beseitigen Sie Negativität bei Familienzusammenkünften, selbst wenn das in letzter Konsequenz bedeutet, daß gar keine gemeinsamen Unternehmungen mehr stattfinden. Regen Sie sich nicht auf, wenn Ihr Sohn sich zu unangenehmen Erziehungsmaßnahmen ablehnend äußert. Ignorieren Sie seine Bemerkungen – jedenfalls solange er sich einigermaßen zusammennimmt.

Für Väter: Übergehen Sie die Gefühle Ihres Sohnes nicht mit banalen Phrasen. Ermuntern Sie ihn, seine Gefühle offen und ehrlich zu zeigen. Seien Sie ihm ein Vorbild, indem Sie Ihren eigenen Gefühlen auf reife Art und Weise Ausdruck geben. Zeigen Sie ihm, daß es in Ordnung ist, ganz verschiedene Gefühle zu haben.

Für Mütter: Bemitleiden Sie Ihren Sohn nicht und vermitteln Sie ihm auch nicht den Eindruck, daß er mit Hilfe seiner Gefühle besondere Vergünstigungen durchsetzen kann.

Nachlässigkeit

Geben Sie dem Kind bestimmte Aufgaben, und ziehen Sie es zur Verantwortung, wenn es diese nicht erledigt.

Geben Sie ihm keine zweite Warnung. Ziehen Sie, wenn Sie einmal eine Anweisung gegeben haben, nach der ersten Warnung die angedrohten Konsequenzen.

Versuchen Sie nicht, ein älteres Kind zum Lernen zu zwingen. Setzen Sie für die Hausaufgaben eine bestimmte Tageszeit fest, und sagen Sie ihm, daß es für seine Schulnoten selbst verantwortlich ist.

Vermeiden Sie es, dem Kind allzuoft Verantwortung abzunehmen, nur weil es Ihnen zuviel Mühe macht zu kontrollieren, ob es diese bestimmte Aufgabe selbst erledigt. Machen Sie es ihm nicht zu leicht.

Für Väter: Bringen Sie Ihrem Sohn bei, sich Ziele zu setzen und die Folgen seiner Handlungen abzuwägen. Zeigen Sie ihm, wie Sie Ihre Probleme bewältigen. Das ist auch ein gutes Mittel, eine etwaige Entfremdung zwischen Ihnen und Ihrem Sohn zu vermindern.

Für Mütter: Vermeiden Sie es, unabsichtlich Schuldgefühle wachzurufen. »Es macht dir Spaß, mir weh zu tun«, »Du hilfst mir nie« und »Du kannst dir nicht vorstellen, wie weh mir das tut« sind Bemerkungen, die Schuldgefühle, Verzweiflung und Gleichgültigkeit gegenüber der Zukunft erzeugen.

Machen Sie sich über seine Freunde nicht lustig, und vergleichen Sie ihn nicht mit ›guten‹ Kindern.

Wenn er in ›schlechte Gesellschaft‹ gerät, sollten Sie sich bemühen zu verstehen, warum er sich gerade diese Freunde ausgesucht hat. Das hat immer seine Gründe. Wenn Sie herausfinden, warum Ihr Sohn gerade diese Art von Umgang bevorzugt, können Sie ihm vielleicht helfen, die Schwächen zu überwinden, die ihn zu dieser Wahl veranlaßt haben.

Folgen Sie Ihrem Gewissen, wenn Sie bestimmte Entscheidungen begründen. Hüten Sie sich davor, Ihr Gewissen durch die Meinung anderer Erwachsener beeinflussen zu lassen (siehe ›Grundlegende Prinzipien‹, Nr. 7).

Um die Individualität zu fördern, stellen Sie folgende Regel auf: Alle schulpflichtigen Kinder in Ihrer Familie müssen sich für eine außerschulische Tätigkeit entscheiden, bei der persönlicher Einsatz eine entscheidende Rolle spielt (Tennis, Leichtathletik, Golf, Gymnastik, Tanzen, Laienspielgruppen, Diskussionsrunden usw.). Die Art der Tätigkeit sollten Sie Ihrem Kind überlassen.

Gehen Sie bei Streitigkeiten unter Geschwistern nach folgender Regel vor: Solange du dich mit deinen Geschwistern streitest, darfst du nicht mit deinen Freunden zusammen sein. Hausarrest und Telefonsperre sollten so lange in Kraft bleiben, bis das Kind etwas getan hat, das sein vorheriges Fehlverhalten ausgleicht.

Sprechen Sie mit Ihren Kindern über gesellschaftliche und politische Themen. Fragen Sie nach ihrer Meinung zu Themen, die sie interessieren. Engagieren Sie sich in Ihrer Gemeinde. Wenn Sie dazu keine Zeit haben, sollten Sie sich wenigstens an *jeder* Wahl beteiligen. Nehmen Sie, wenn möglich, Ihre Kinder mit ins Wahllokal, so daß sie (natürlich schweigend) zusehen können, wie Sie Ihre Pflicht als Staatsbürger erfüllen.

Schränken Sie die Rolle ein, die der Alkoholkonsum in

Ihrem Haushalt spielt. Betonen Sie die sozialen Aspekte von Freundschaft. Ihre Kinder sollten klar zwischen ›sozial‹ und ›trinken‹ unterscheiden können. Das mindeste, was Sie tun können, ist, sich eine Weile mit Ihren Gästen zu unterhalten, bevor Sie sie fragen: »Was kann ich Ihnen zu trinken anbieten?«

Sexuelle Probleme

Geben Sie Ihren Kindern klare und genaue Informationen über sexuelles Verhalten. Dazu können Sie auch Bücher heranziehen.

Bringen Sie Ihrem Sohn bei, daß es wichtiger (und schwieriger) ist, mit Mädchen zu reden, als mit ihnen zu schmusen.

Informieren Sie sich darüber, was Ihr Sohn im Sexualkundeunterricht lernt. Das Abfragen der Hausaufgaben schafft eine ungezwungene Situation, in der Sie mit ihm über Sexualität sprechen und erfahren können, über welche zuverlässigen Informationen er verfügt.

Halten Sie ein wachsames Auge darauf, welche Filme sich Ihr Sohn ansieht. Stellen Sie die Aussage dieser Filme in Frage, wenn Sie merken, daß darin falsche Verhaltensweisen als normal dargestellt werden. So vermitteln beispielsweise viele Fernsehshows dem jungen Mann den Eindruck, das Geheimnis einer glücklichen Beziehung sei ein großer Busen.

Für Väter: Versuchen Sie nicht, eine zweite Jugend zu erleben, indem Sie die Rolle des Voyeurs spielen, wenn Sie Ihren Sohn nach etwaigen Freundinnen ausfragen. Umarmen und küssen Sie Ihre Frau auch dann, wenn er dabei ist. Halten Sie die Hand Ihrer Frau, wenn die Familie gemeinsam etwas unternimmt.

Wunschdenken

Bringen Sie Ihren Kindern den Unterschied zwischen Erklärungen und Entschuldigungen bei. Kinder erklären die

Umstände – Eltern entschuldigen ein Fehlverhalten. Wenn Kinder sich eine Ausrede ausdenken und glauben, damit automatisch eine Entschuldigung zu haben, fangen sie an, an das Funktionieren ihres Wunschdenkens zu glauben.

Helfen Sie Ihren Kindern, mit Mißerfolgen fertig zu werden. Zeigen Sie Geduld, nicht Mitleid, wenn sie eine Enttäuschung erlebt haben, aber gestatten Sie ihnen keine Ausnahme von den Regeln, die den allgemeinen Anstand betreffen. Beherzigen Sie den Satz: »Du darfst leiden, aber du mußt dich trotzdem an die Regeln halten.«

Machen Sie nicht zu viele Worte, wenn Sie Ihre Autorität einsetzen. Wenn Sie Predigten halten, nörgeln oder sich auf Diskussionen einlassen, glauben Ihre Kinder, daß sie nur mit Worten zu spielen brauchen, um irgendwelche Regeln wie von Zauberhand verschwinden zu lassen.

Achten Sie auf Sätze, in denen ›wenn... nicht wäre‹ vorkommt. Nach dieser Einleitung folgt gewöhnlich der Versuch, jemand anderem die Schuld für etwas zu geben. In diesem Fall ist es am besten, dem Kind zu helfen, das Problem zu erfassen und ihm zu zeigen, was es selbst tun kann, um die vor ihm liegenden Schwierigkeiten zu überwinden.

Probleme mit dem Vater

Für Väter: Zeigen Sie Interesse für das, was in Ihrem Haus vor sich geht, und machen Sie von Ihrer Autorität Gebrauch, wann immer es nötig ist. Versuchen Sie nicht, sich beliebt zu machen, indem Sie immer nett und freundlich sind.

Unternehmen Sie gemeinsam mit Ihrem Sohn Dinge, an denen Sie beide Spaß haben. Das muß nicht viel Geld kosten – das Entscheidende ist, daß Sie ein gemeinsames positives Erlebnis haben.

Schildern Sie ihm peinliche Situationen, in die Sie in Ihrer Jugend gekommen sind, und zeigen Sie ihm, daß auch Sie nur ein Mensch sind.

Verschonen Sie Ihren Sohn mit chauvinistischen Bemerkungen.

Für Mütter: Sagen Sie nie: »Warte nur, bis dein Vater nach Hause kommt!«

Vermitteln Sie Ihrem Sohn keine unterschwelligen Botschaften, und sprechen Sie nicht mit ihm über Ihre Eheprobleme.

Probleme mit der Mutter

Für Mütter: Vermeiden Sie es, die Rolle der Frau innerhalb der Familie zu stereotypisieren. Zeigen Sie Ihrem Sohn, wie man kocht, näht und Wäsche wäscht – das sind Fähigkeiten, die er später brauchen können wird.

Sichern Sie sich einen eigenen Lebensbereich. Wenn Sie das nicht tun, ist die Gefahr groß, daß Sie in Märtyrertum und übermäßiges Bemuttern verfallen.

Achten Sie besonders auf die strikte Einhaltung von Regeln, die Sie aufgestellt haben.

Verschonen Sie Ihren Sohn mit ›Weibchen‹-Bemerkungen (das ist das Gegenstück zu chauvinistischen Äußerungen). »Dein Vater ist der Herr im Haus« und »Männer sollten nicht im Haushalt arbeiten« sind nur zwei Beispiele.

Für Väter: Vermitteln Sie Ihrem Sohn keine unterschwelligen Botschaften, und sprechen Sie mit ihm nicht über Ihre Eheprobleme. Wenn Ihr Sohn dabei experimentiert, sich von seiner Mutter zu lösen, dann helfen Sie ihm dabei, eigene Überzeugungen und Gefühle zu entdecken.

Zeigen Sie Ihrem Sohn Ihre Männlichkeit, aber haben Sie keine Angst, sich an Ihre Frau zu wenden, wenn Sie Verständnis, Rückhalt oder eine andere Art von Hilfe brauchen.

Wenn Sie unbedingt anderen Frauen nachlaufen müssen, dann sollten Sie wenigstens versuchen, das vor Ihrem Sohn zu verbergen (obwohl er wahrscheinlich ohnehin spüren wird, daß irgend etwas nicht stimmt).

Für Mütter: Geben Sie Ihren Kindern nie Informationen – ganz gleich, ob positive oder negative – über Ihr Sexualleben.

Kleiden Sie sich nicht zu auffallend.

Wenn Mütter auf sich selbst gestellt sind

Nach meinen Erfahrungen ist die Mutter des PPS-Opfers die erste, die bemerkt, daß ihr Sohn in Schwierigkeiten ist. Da ihr Mann jedoch ihre besorgten Bemerkungen gewöhnlich ignoriert und nur unzureichenden Kontakt zu seinem Sohn hat, wird er ihre Sorgen oft als übertrieben abtun. Wenn es ihr nicht gelingt, ihn davon zu überzeugen, daß etwas geschehen muß, ist sie auf sich selbst gestellt.

Wenn Ihre Versuche, die Hilfe Ihres Mannes bei der Überwindung der Probleme in Ihrer Familie zu gewinnen, gescheitert sind, brauchen Sie deshalb noch nicht aufzugeben. Obwohl es ein paar Dinge gibt, die Sie nicht allein schaffen können, bestehen doch einige Möglichkeiten, die Verstärkung des Peter-Pan-Syndroms zu verhindern. Mit den folgenden Ratschlägen wende ich mich an Mütter, die auf sich selbst gestellt sind, sei es durch Scheidung oder den Tod des Partners, sei es, wie im Fall alleinstehender Mütter, weil der Vater nie in Erscheinung getreten ist.

Suchen Sie sich eine Selbsthilfegruppe. Hierbei kann es sich um eine Gesprächsgruppe für Eltern handeln, wie sie beispielsweise von den Kirchen oder dem örtlichen Gesundheitsamt organisiert werden. Man kann jedoch auch in der Nachbarschaft oder unter Freunden eine solche Gruppe gründen. Haben Sie keine Angst, anderen von Ihren Sorgen und Nöten zu erzählen – viele Mütter befinden sich in derselben Situation wie Sie. Und schließlich besteht ja der hauptsächliche Zweck einer Selbsthilfegruppe darin, aus der Tatsache, daß man mit seinem Problem nicht allein ist, Hoffnung und Mut zu schöpfen.

Tun Sie etwas für sich selbst. Das beste Mittel gegen das Gefühl, sich aufzuopfern, ist, etwas zu tun, das Ihnen Spaß macht. Wenn der Mann, mit dem Sie zusammenleben, Ihnen wie ein Fremder erscheint, brauchen Sie eine Tätigkeit, die Ihnen hilft, mit Ihrer Einsamkeit fertig zu werden. Studieren Sie das Vorlesungsverzeichnis der Volkshochschule oder der örtlichen Universität, wenn Sie nicht wissen, wo Sie anfangen sollen. Viele alleinstehende Mütter haben sich einen Ausgleich geschaffen, indem sie Aerobic- oder Bridge-Kurse belegt haben, in Tennis- oder Squash-Klubs eingetreten sind oder sich beruflich weitergebildet haben.

Suchen Sie sich fachmännische Hilfe. Sie brauchen nicht milieugeschädigt oder geistesgestört zu sein, um die Hilfe eines Psychologen in Anspruch zu nehmen. Auch Reichtum gehört nicht zu den Voraussetzungen, die Sie erfüllen müssen. Sie werden, ganz gleich, wo Sie leben, einen ausgebildeten Berater finden können, der Ihnen zuhört und Ihnen helfen kann. Viele Institutionen, die solche Berater beschäftigen, werden Ihnen ein Honorar berechnen, das sich nach Ihren Einkommensverhältnissen richtet. Es kann gewiß nichts schaden, einige Termine zu vereinbaren. Vielleicht können Sie schließlich sogar Ihren Mann dazu bringen, Sie zu begleiten.

Für Jungen über sechzehn Jahre

In diesem Alter beginnt das PPS-Opfer, gegen die elterliche Autorität aufzubegehren. Da die Eltern immer mehr an Einfluß verlieren, erweisen sich Vorbeugungsmaßnahmen wahrscheinlich als sinnlos. Der Junge erwartet von Ihnen, daß Sie ihm geben, was er will, und ihn im übrigen in Ruhe lassen. Denken Sie beim Lesen der folgenden Ratschläge daran, was ich Eltern sage, die vor diesem ›letzten Gefecht‹ stehen: »Nehmen Sie ihm nichts mehr ab!«

Geben Sie Fehler zu. Erwarten Sie keine Anerkennung oder Anständigkeit, aber entschuldigen Sie sich trotzdem. Sie könnten beispielsweise sagen: »Wir haben den Fehler gemacht, dir zu viel Geld und zu wenig Aufmerksamkeit zu geben. Wir haben uns von dir an die Wand drücken lassen, ohne uns dagegen zu wehren. Diese und andere Fehler tun uns leid.«

Nachdem Sie Ihre Fehler zugegeben haben, sollten Sie dem Jungen sagen, daß Sie ihn lieben und auf jede nur mögliche Weise versuchen wollen, ihm zu helfen. Erinnern Sie ihn jedoch daran, daß die Probleme, mit denen er zu kämpfen hat, seine eigenen sind und daß Sie sich nicht dafür verantwortlich fühlen. Nach dieser Einleitung können Sie ihm sagen, welche Maßnahmen Sie bereit sind zu ergreifen, um ihm zu helfen, mit Gewohnheiten zu brechen, die ihn dazu zwingen, wie ein Pirat auf Kosten seiner Mitmenschen zu leben.

Suchen Sie sich fachmännische Hilfe. Ein älteres PPS-Opfer braucht die Hilfe eines Psychologen. Es wird sich jedoch mit allen Mitteln dagegen wehren, und es ist gut möglich, daß bei den Gesprächen mit einem psychologischen Berater nichts herauskommt (siehe Kapitel 2). Um die Wahrscheinlichkeit einer erfolgreichen Behandlung zu erhöhen, sollten Sie folgende Vorschläge in Erwägung ziehen:

Wenden Sie sich an den Schulpsychologen oder einen Bewährungshelfer, der über Einfühlungsvermögen im Umgang mit Teenagern verfügt.

Gehen Sie zu einem männlichen Berater. Der Junge braucht einen engen Kontakt zu einer Vaterfigur und steht Frauen zwiespältig gegenüber.

Versuchen Sie nach Möglichkeit, *vor* Ihrem Sohn mit dem Arzt zu sprechen (sofern sein Behandlungskonzept dies zuläßt), auch wenn das bedeutet, daß Sie ihn allein aufsuchen müssen.

Erklären Sie Ihrem Sohn mit Hilfe des Psychologen, daß es um ein *Familienproblem* geht, an dem alle Familienmitglieder gleichermaßen beteiligt sind.

Schrecken Sie nicht davor zurück, Ihren Sohn ein wenig unter Druck zu setzen, damit er Termine vereinbart und einhält. Mit unfreiwilligen Klienten erzielt man zwar nur selten große Fortschritte, aber wenigstens hat der Berater auf diese Weise die Möglichkeit zu helfen. (Auf die Problematik des mehr oder weniger sanften Drucks werde ich später noch ausführlich eingehen.)

Arbeit und Ausbildung. Ich bin fest davon überzeugt, daß eine Kombination von Ausbildung und Arbeit die beste Therapie ist, die es überhaupt gibt. Wenn der Junge sich in einem fortgeschrittenen Stadium des Peter-Pan-Syndroms befindet, läßt sein schulischer und beruflicher Werdegang wahrscheinlich zu wünschen übrig. In diesem Fall gibt es, wenn überhaupt, nur wenige Dinge in seinem Leben, auf die er wirklich stolz sein kann. Die folgenden Vorschläge sollen Ihnen dabei helfen, diese Tendenz umzukehren:

Zeigen Sie dem Jungen, daß Sie von ihm erwarten, sich voll – und nicht nur halbtags – auf ein Studien- und Arbeitsprogramm zu konzentrieren. Wenn er studiert, muß er sich sein Taschengeld durch einen Teilzeit-Job verdienen. Besucht er keine Schule mehr, dann muß er Ihnen dafür, daß er bei Ihnen wohnt, etwas bezahlen.

Leihen Sie ihm kein Geld, wenn er nicht *deutlich und über einen längeren Zeitraum hinweg* bewiesen hat, daß er Darlehen pünktlich zurückzahlt.

Wenn er sich ernsthaft, aber ohne Erfolg bemüht, eine Arbeit zu finden, können Sie mit ihm einen Lohn für die Erledigung bestimmter Arbeiten rund um das Haus vereinbaren. Wagenwaschen und -polieren zum Beispiel könnten Sie mit zehn bis zwanzig Mark honorieren.

Hören Sie innerhalb von vier Wochen auf, ihm Geld ohne Gegenleistungen zu zahlen, indem Sie den ursprünglichen Betrag jede Woche um ein Viertel reduzieren.

Lassen Sie sich mit ihm auf keinen Streit über Geld ein. Das würde zu nichts führen, sondern lediglich seiner Wut Nahrung geben.

Halten Sie sich im Hintergrund, wenn der Junge im schulischen oder pädagogischen Bereich Schwierigkeiten mit seinen Lehrern hat, und lassen Sie ihn die Verantwortung selber tragen. In diesem Stadium sollten Sie zufrieden sein, wenn seine Noten ›befriedigend‹ sind. Sie können Ihre Ansprüche an ihn ja auch im nächsten Schuljahr noch hinaufschrauben.

Veränderungen im Haushalt

Wecken Sie ihn morgens nicht, auch wenn das bedeutet, daß er seine Stelle verliert.

Erwarten Sie von ihm nicht nur, daß er sein Zimmer einigermaßen in Ordnung hält, sondern auch, daß er zusätzlich ein oder zwei Aufgaben im Haushalt übernimmt.

Setzen Sie eine Zeit fest, zu der er zu Hause sein muß (auch wenn er einundzwanzig ist und Ihnen Miete zahlt). Je nachdem, wie gut seine Leistungen in der Ausbildung bzw. im Arbeitsleben sind, können Sie in diesem Punkt sehr flexibel sein.

Dulden Sie absolut *keinen Drogenmißbrauch*. Diskutieren Sie nicht über diese Frage. Es reicht, wenn Sie sagen: »Ich halte es für möglich, daß auf den Parties, auf die du gehst, Alkohol getrunken und Rauschgift konsumiert wird. Wenn sich herausstellen sollte, daß du dich daran beteiligst, werde ich etwas unternehmen. Die Tatsache, daß du kein Kind mehr bist, bedeutet nicht, daß wir aufhören, deine Eltern zu sein, wenn du etwas Unverantwortliches tust.«

Erwarten Sie von ihm Respekt und Rücksichtnahme gegenüber anderen. Wenn er also seine Stereoanlage nicht leiser stellen will, obwohl man ihn darum gebeten hat, und statt dessen schreit: »Das ist schließlich *meine* Anlage!«, dann ziehen Sie einfach den Stecker heraus. Falls Sie befürchten, daß er Sie mit körperlicher Gewalt daran hindert, können Sie auch die Sicherung für sein Zimmer herausdrehen.

Stellen Sie ihm den Wagen nicht uneingeschränkt zur Verfügung. Sie müssen ihm zeigen, daß Sie sich, solange er in Ihrem Haus lebt, ein gewisses Mitspracherecht bezüglich seiner Aktivitäten vorbehalten, selbst wenn er sich an den Kosten des Wagens beteiligt.

»Entweder du machst dich, oder du verschwindest«

Leider muß ich sagen, daß die meisten der oben aufgeführten Ratschläge wahrscheinlich *keine* große Wirkung haben werden – besonders, wenn der Junge achtzehn Jahre oder älter ist. Daher werden Sie gezwungen sein, ein Programm aufzustellen, das Ihren Entschluß widerspiegelt, nicht einfach tatenlos abseits zu stehen und zuzusehen, wie er sich immer tiefer in Schwierigkeiten verstrickt, während er bei Ihnen lebt. Dies ist der Augenblick, in dem Sie Druck anwenden sollten.

Setzen Sie Ihr Programm schrittweise in die Tat um. Vergessen Sie nicht, daß Sie nicht unschuldig an seinem Leben sind, und geben Sie ihm Zeit, sein Verhalten zu ändern. Alle Schuld dem Kind zuzuschieben und von ihm zu verlangen, sich gefälligst zusammenzureißen, mag zwar bequem sein – aber es funktioniert nicht.

Achten Sie auf sein Verhalten. Wenn Sie sich zu viele Gedanken über seine Motive oder Gefühle machen, werden Sie nicht in der Lage sein, etwas zu unternehmen. Auch wenn Sie wissen, daß es ihm schlecht geht und seine Motive auf einer verzerrten Wahrnehmung beruhen, darf Sie das nicht davon abhalten, auf eine Veränderung zu bestehen.

Erkundigen Sie sich bei einem Anwalt über Ihre Rechte und die Pflichten Ihres Kindes. Wenn Ihr Sohn noch minderjährig ist, können Sie erwägen, ihn gerichtlich in ein Heim einweisen oder aber ihn für volljährig erklären zu lassen.

Wenn Ihr Sohn Ihre Regeln, die Arbeit, Studium, Freizeit, Arbeiten im Haushalt, Geld und das Auto betreffen, wiederholt und vorsätzlich übertritt, werden Sie härtere Maßnahmen ergreifen müssen.

Eine Möglichkeit ist ›passiver Widerstand‹: Weigern Sie sich, für ihn zu kochen oder seine Wäsche zu waschen. Richten Sie ihm nichts aus, und geben Sie ihm unter keinen Umständen Geld. Sagen Sie ihm: »Solange du dich nicht änderst, werde ich nichts für dich tun.«

Wenn auch das nicht funktioniert, machen Sie aus seinem Zimmer einen Hobbyraum oder ein Gästezimmer, und lassen Sie ihn im Keller schlafen.

Wenn auch dies keine Wirkung zeigt, verschließen Sie das Haus vor ihm, und holen Sie die Polizei, wenn er versucht einzubrechen.

In diesem Stadium geht es auf Biegen und Brechen. Sie müssen bereit sein, die letzte Konsequenz zu ziehen, wenn Sie wollen, daß er Ihre Drohung, sein Verhalten nicht länger hinzunehmen, ernst nimmt.

Sie können (falls der behandelnde Psychologe dies befürwortet) einige dieser einschneidenden Maßnahmen lokkern, wenn der Junge ernsthaften Willen zeigt, kooperativ an der Behandlung mitzuwirken.

Es könnte sich lohnen, einer Gruppe von Eltern schwer erziehbarer Jugendlicher beizutreten. Es ist sehr hilfreich, Probleme, die Sie mit schwierigen Kindern haben, mit anderen Eltern zu besprechen, die in derselben Situation sind, und dabei Lösungen zu finden. Kontakte zu solchen Gruppen kann Ihnen das örtliche Jugendamt vermitteln.

Viele von Ihnen werden jetzt der Meinung sein, daß meine Empfehlungen auf einen ›Kampf bis aufs Messer‹ hinauslaufen. Was die meisten dieser Vorschläge betrifft, ist dieser Eindruck wahrscheinlich völlig richtig. Ich bitte Sie jedoch, folgendes zu bedenken: Wenn Ihr Sohn, den

Sie von ganzem Herzen lieben, in der Gosse läge, bedroht von allen möglichen Gefahren – würden Sie ihm dann nicht zu Hilfe kommen und alles tun, um ihm zu helfen? Würden Sie sich nicht auf einen ›Kampf bis aufs Messer‹ einlassen? Ich bin davon überzeugt, daß Sie das tun würden. Ihre Liebe würde Ihnen keine andere Wahl lassen.

Hilfe von außen

Das PPS-Opfer lebt nicht auf Kosten anderer Menschen, nur weil seine Eltern ein paar Fehler gemacht haben. Auch andere wichtige Bezugspersonen in seiner Umgebung haben zu seinem Leiden beigetragen. Tanten, Onkel, Vettern und Cousinen, Großeltern, Lehrer, Vorgesetzte, Pfarrer und wohlmeinende Nachbarn bilden gemeinsam ein Netzwerk von Personen, die zweifellos ebenfalls Fehler gemacht haben. Wahrscheinlich haben sie das Kind bemitleidet, ihm besondere Vergünstigungen zukommen lassen und ihm immer wieder noch eine Chance gegeben, und dadurch hat es nur gelernt, diese Leute noch effektiver zu manipulieren. Die Menschen, die zu diesem Netzwerk gehören, sollten also auch dabei mitwirken, ihm zu helfen, sein Verhalten zu ändern.

Dieser Personenkreis kann Sie als Eltern in Ihren Anstrengungen, Ihrem Sohn zu helfen, unterstützen. Jedes System ist jedoch nur so stark wie sein schwächstes Glied. Der Vetter Ihres Sohnes sollte ihn also nicht auf ›ein paar Drinks‹ einladen. Seine Großeltern sollten ihm kein Geld zustecken. Seine Tante sollte ihn nicht bemitleiden, wenn er sie anruft. Sein Chef sollte ihn entlassen, wenn seine Leistungen zu wünschen übriglassen. Sein Psychologe sollte ihn zur Rede stellen, wenn sein selbstzerstörerisches Verhalten es erfordert. Ihr Freund oder Ihr Nachbar sollte ihn ohne Ihre Zustimmung nicht bei sich aufnehmen. Wenn nur eine einzige dieser Bedingungen nicht erfüllt ist, bedeutet das, daß Ihr ganzes Programm zum Scheitern verurteilt ist.

Als Eltern ist es Ihre wichtigste Aufgabe, die oben aufgeführten Empfehlungen in die Tat umzusetzen. Sie müssen jedoch auch die Bezugspersonen Ihres Sohnes ansprechen und Ihnen erklären, welchen Beitrag sie leisten können. Bitten Sie sie, Ihre Bemühungen nicht zu untergraben. Erklären Sie ihnen die Notwendigkeit Ihrer Maßnahmen, versichern Sie sich ihrer Unterstützung und führen Sie ihnen vor Augen, von welch entscheidender Bedeutung für die Zukunft Ihres Sohnes das Gelingen dieses Programms ist.

Sobald Sie dafür gesorgt haben, daß alle Bezugspersonen des Opfers Ihnen helfen, haben Sie alles in Ihrer Macht Stehende getan. Sie können nur noch hoffen, daß der junge Mann bereit ist, seine Lektion zu lernen. Wie ich schon zuvor ausgeführt habe, ist die *Realität* das beste und vielleicht auch das einzige Mittel gegen den Elfenstaub.

Wenn Sie den Verdacht haben, Ihr Sohn könnte auf dem Weg sein, ein Opfer des Peter-Pan-Syndroms zu werden, bitte ich Sie dringend – zu Ihrem wie zu seinem Wohl – *sofort* dagegen anzugehen und dieser sinnlosen Selbstzerstörung Einhalt zu gebieten. Wenn Sie die Mutter sind, und Ihr Mann Ihre Sorgen nicht teilt, dann bitten Sie ihn, dieses Buch, und insbesondere die Kapitel 10 und 11, zu lesen – er wird seine Augen kaum vor den Folgen verschließen können, die weitere Untätigkeit haben wird.

Falls Sie es mit einem älteren PPS-Opfer zu tun haben und daher zu drastischen Schritten gezwungen sind, haben Sie mein tiefempfundenes Verständnis und Mitgefühl. Ich weiß, daß Sie um nichts in der Welt mitansehen wollen, wie Ihr Sohn sein Leben zerstört.

Ein letzter Rat noch: Verschwenden Sie keine Zeit auf Schuldgefühle; das würde die Situation nur noch weiter verschlimmern. Wenn Ihr Sohn sich, ganz gleich, in welchem Alter er ist, der Legion der Verlorenen Jungen angeschlossen hat, müssen Sie alles tun, damit er ihr wieder den Rücken kehrt. Mit Ihren Schuldgefühlen kann Ihr Sohn nichts anfangen – er braucht Ihre Hilfe.

Kapitel 13

Für die Partnerin des PPS-Opfers

Wendy springt aus dem Bett, um Peter zu umarmen, aber er weicht zurück; er weiß nicht, warum – er weiß nur, daß er zurückweichen muß. Peter wird während des ganzen Stückes von niemandem berührt.

Barries Werk legt die Vermutung nahe, daß Peters Verhalten von sinnlosen Zwangsvorstellungen beherrscht wird. Vor Wendys liebevoller Geste weicht er unerklärlicherweise zurück. Sie wollte ihn trösten, aber er läßt es nicht zu. Wenn Sie ein Opfer des Peter-Pan-Syndroms lieben, kennen Sie die Frustration, die Wendy dabei gespürt haben muß. Die ›Liebesregeln‹, die dieser Mann aufstellt, verwirren Sie:

»Komm mir nicht zu nahe! Zeige mir keine Gefühle, bevor ich es dir nicht erlaubt habe! Erwarte von mir nicht, daß ich dir dafür auch meine Gefühle zeige! Stell meine Überzeugungen nicht in Frage! Berühre mich nur, wenn ich es will!«

Diese ungeschriebenen Gesetze zerstören jene Spontaneität, die ein unerläßlicher Bestandteil einer gesunden Beziehung ist. Daß diese Regeln nicht formuliert und ausgesprochen werden, macht Liebe schwer; daß sie einander widersprechen, macht Liebe unmöglich. Sie können nicht lieben, wenn Ihr Partner festgefügte Erwartungen hat: Wenn Sie sich nicht an die engumrissene Rolle halten, die er Ihnen vorschreibt, weist er Sie zurück. Wenn Sie nicht wüßten, daß er das Zeug zu einem großartigen liebevollen Partner hat, würden Sie ihm sein kindisches Gehabe niemals durchgehen lassen.

Und doch unterwerfen Sie sich! Indem Sie das tun, machen Sie sich selbst das Leben schwer. Das ist die schlechte Nachricht. Die gute ist, daß Sie die Dinge ändern können. Ihr Partner kann lernen, nicht mehr nach Niemalsland zu fliehen – aber er braucht einen Punkt, an dem er ansetzen kann. Diesen Punkt können Sie, die Frau, die ihn liebt, ihm zeigen. Das ›Konzept für Veränderungen‹ (siehe Kapitel 2) wird Ihnen dabei eine Orientierungshilfe sein.

Ihre Liebe motiviert Sie, ihm zu helfen, und Ihr Konzept gibt Ihnen die Richtung an, in der Sie vorgehen müssen. Alles, was Sie jetzt noch brauchen, ist ein wenig Zuversicht. Sie werden sich fragen: »Wird meine Fürsorge etwas bewirken?« Ich kann Ihnen versichern, daß es keinen Grund gibt, die Hoffnung sinken zu lassen, auch wenn die Sache manchmal aussichtslos zu sein scheint. Das Licht am Ende des Tunnels sagt Ihnen: »Komm zu mir, und alles wird besser! Du brauchst nicht immer wieder dieselben Sachen zu machen. Wenn du dich nur traust, kann das Leben viel aufregender und erfüllender sein.« Dieses Licht hat sogar einen Namen: Es heißt Tinkerbell.

Wie man eine ›Tinkerbell‹ wird

Es gibt zwei Grundtypen von Frauen, die sich zu einem Opfer des Peter-Pan-Syndroms hingezogen fühlen. Die eine ist es gewohnt, hinter Männern zurückzustehen und übernimmt bereitwillig die Rolle einer umsorgenden Mutterfigur. Sie ist unsicher, und die Abhängigkeit des Opfers gibt ihr das Gefühl, gebraucht zu werden, ja auf eine eigentümliche Art und Weise schöpft sie daraus sogar Kraft. Der Sex mit ihrem Partner ist kurz und hat etwas Vorhersagbares, Rituelles. Sie erkennt nicht, daß die Persönlichkeit des Opfers nur unvollkommen entwickelt ist und redet sich ein, daß seine Probleme ganz normal sind. Sie bleibt ihm treu und hofft, daß ihre Beziehung sich nach und nach zum Besseren entwickeln wird. Aber da täuscht sie sich. Diesen Frauentyp nenne ich eine ›Wendy‹.

Der andere Typ von Frau erwartet von einer Beziehung zu einem Mann Spontaneität, gegenseitiges Einfühlungsvermögen und gemeinsames Wachstum. Sie weiß, daß ein Mann, der am Peter-Pan-Syndrom leidet, seelisch nicht erwachsen geworden ist, fühlt sich wegen seiner unbekümmerten Einstellung dem Leben gegenüber aber trotzdem zu ihm hingezogen. Auch sie glaubt, daß sich sein kindisches Betragen zumindest teilweise noch geben wird. Sollte es sich jedoch herausstellen, daß diese Hoffnung sich nicht erfüllt, dann verschwendet eine solche Frau keine Zeit mehr. Enttäuscht und desillusioniert beendet sie die Beziehung. Sie wird nie ganz verstehen, warum ihre Liebe ein solches Ende genommen hat. Diese Art von Frau nenne ich eine ›Tinkerbell‹.

Ein Mann, der in Niemalsland Zuflucht gesucht hat, wird sich meistens in eine Wendy ›verlieben‹. Er ist abhängig von ihrer Fürsorge, ihrem Mitleid und ihrer Bemutterung. Seine Wendy beschützt ihn vor seiner eigenen Unreife. Selbst wenn er Wutanfälle bekommt oder zum Alkoholiker wird, hat sie Verständnis für ihn und weist ihm nicht die Tür. Sie erträgt sein Verhalten, weil er so sehr auf sie angewiesen ist.

Wenn dieser Mann jedoch sein Niemalsland verlassen hat, wird er sich eine neue Partnerin, eine Tinkerbell, suchen. Er wird das Bedürfnis haben, Gefühle zu erforschen, von denen er nie wußte, daß er sie besaß, und dazu braucht er die Unterstützung einer Partnerin, die in der Lage ist, ihm echte, reife Liebe zu geben. Und ganz genauso kann aus einer Wendy eine Tinkerbell werden, wenn sie sich nur auf die Fähigkeiten besinnt, die in ihr schlummern. Wenn sie es leid ist, immer nur eine Mutterfigur zu sein, kann sie von ihrem Partner verlangen, sich zu ändern. Sollte er dazu nicht bereit sein, dann wird sie ihren Peter Pan verlassen und sich einen anderen suchen, der keine Angst davor hat, ein ganzer Mensch zu sein. Dies ist der Grund, warum die Ehen so vieler Peter Pans und Wendys vor dem Scheidungsrichter enden, während die Tinkerbells und die Männer, die das Peter-Pan-Syndrom überwunden haben, so sehr damit beschäftigt sind, die zahllosen Aspekte des Lebens kennenzulernen, daß man nie etwas von ihnen hört.

Es wird Ihnen nicht sehr angenehm in den Ohren klingen, aber wenn Ihr Partner ein PPS-Opfer ist, besteht eine große Wahrscheinlichkeit, daß Sie selbst eine Wendy sind. Das war vielleicht nicht immer so, und möglicherweise haben Sie einiges von einer Tinkerbell an sich. Wenn Sie jedoch Zeit und Energie in eine Beziehung mit einem PPS-Opfer investiert haben, ist die Wendy in Ihrem Unterbewußtsein mehr oder weniger stark entwickelt.

Wenn Partnerinnen von PPS-Opfern mich bitten, ihnen zu helfen, konzentriere ich mich zunächst darauf herauszufinden, welche schlechten Angewohnheiten sie besitzen, die zu denen ihres Partners passen und/oder ihn in seinem Verhalten bestärken. Ich rate ihnen dann, zunächst ihre eigenen Probleme in Angriff zu nehmen, bevor sie versuchen, ihrem Partner zu helfen.

Sie haben die Möglichkeit, eine Tinkerbell zu werden, ohne deswegen Ihre gegenwärtige Beziehung aufgeben zu müssen. Wie ich schon sagte, fühlen sich Tinkerbells wegen der vielen positiven Aspekte in der Persönlichkeit von PPS-Opfern ebenso zu ihnen hingezogen wie Wendys. Um mit den negativen Seiten Ihres Partners fertig zu werden, brauchen Sie nicht unbedingt alles Positive aufzugeben. Seien Sie jedoch gewarnt: Die Verwandlung in eine Tinkerbell wird Sie und Ihre Beziehung belasten. Wenn Ihr Partner bei dem Test in Kapitel 2 auf eine hohe Punktzahl gekommen ist und Ihre Hilfe zurückweist, ist die Wahrscheinlichkeit groß, daß Sie schließlich aufgeben und die Beziehung beenden werden. Ich brauche Ihnen nicht zu sagen, daß Sie ihn nicht zwingen können, sich zu ändern – Sie können ihm nur dabei helfen.

Ihr nächster Schritt in diesem Prozeß besteht darin, sich selbst dahingehend zu prüfen, welche Eigenschaften einer Wendy Sie besitzen. Ihr Ziel dabei sollte sein, *Ihre eigene* persönliche Entwicklung zu fördern. Das allein ist schon sehr nützlich und hat, auf lange Sicht gesehen, viele positive Auswirkungen. Der zweite Grund für Sie, sich zu verändern, besteht darin, Ihren Partner aus Niemalsland herauszulocken und ihm Zugang zu einer Realität zu verschaffen, in der er ein fürsorgliches, verletzliches menschliches Wesen wie alle anderen ist. Es mag sein, daß ihm dies Angst macht und er sich wehrt. Das Ganze ist ein schwieriger Prozeß, der sowohl von Ihnen als auch von ihm Einsatz fordert.

Wenn Sie sich entschlossen haben, eine Tinkerbell zu werden und für Ihren Partner nicht mehr die Mutter zu spielen, werden Sie von dieser Veränderung profitieren, auch wenn Sie dabei den Mann, den Sie lieben, verlieren. Wenn das Motiv für eine Veränderung Ihrer selbst jedoch hauptsächlich darin besteht, daß Sie Ihrem Partner helfen wollen, dann tun Sie genau das, was Sie in der Vergangenheit schon immer getan haben: Sie opfern sich für ihn auf – und das ist ja auch genau das, was er von einer Mutterfigur erwartet. Damit kommen Sie vom Regen in die Traufe.

Testen Sie sich selbst!

Hier ist ein Test, mit dessen Hilfe Sie durch kritische Betrachtung Ihrer selbst herausfinden können, welche Eigenschaften einer Wendy Sie besitzen.

Wie viele der folgenden Sätze haben Sie schon zu sich selbst oder zu anderen gesagt?

1. Ihr Partner hat sich Ihnen gegenüber außerordentlich gemein verhalten, und mit einemmal ist Ihnen klarge-

worden, daß dies regelmäßig vorkommt. Sagen Sie sich in dieser Situation: »Hoffentlich kann ich so lange durchhalten, bis er sich ändert?«

2. Er droht damit, Sie zu verlassen, und Sie denken: »Ich kann ohne ihn nicht leben.«
3. Sie spielen mit dem Gedanken, sich scheiden zu lassen oder die Beziehung zu beenden, denken aber: »Wenn ich ihn verlasse, wird er sich nicht mehr zurechtfinden.«
4. Jemand fragt Sie, ob Sie berufstätig sind, und Sie antworten: »Nein, ich bin nur Hausfrau.«
5. Sie denken an seine mangelnde Rücksicht auf Sie, seine Abneigung, Ihnen Gefühle zu zeigen und an seine egoistischen sexuellen Forderungen, sagen sich aber: »Und trotzdem liebt er mich.«
6. Ihr Partner beschwert sich, daß das Haus unordentlich ist (obwohl er Ihnen niemals seine Hilfe bei der Hausarbeit anbietet), oder daß das Essen ihm nicht schmeckt, und Sie sagen: »Ich weiß, es ist *mein* Fehler.«
7. Ihr Partner lädt seine Freunde ein, obwohl er Ihnen versprochen hatte, den Abend mit Ihnen zu verbringen, und Sie denken: »Es ist meine Schuld, wenn ich mich darüber aufrege.«
8. Ihr Partner gibt viel Geld aus, wenn er mit seinen Freunden in einer Kneipe sitzt, macht Ihnen jedoch Vorwürfe, wenn Sie ihn um Geld bitten, weil Sie sich etwas kaufen wollen. Ihre Reaktion: »Ich sollte mir mein Haushaltsgeld eben besser einteilen.«
9. Wenn jemand Sie fragt, was Ihnen an Ihrem Mann am besten gefällt, ist das erste, was Sie sagen: »Er sorgt gut für uns – er arbeitet siebzig Stunden in der Woche.«
10. Sie leiden unter der Gefühlskälte Ihres Partners und denken: »Wenn ich mir mehr Mühe geben würde, so zu sein wie er, würde mir das nicht so weh tun.«

Bei wie vielen dieser Sätze haben Sie festgestellt, daß Sie schon einmal so etwas gedacht oder gesagt haben? Mit Hilfe dieser Skala von 1 bis 10 können Sie nun bestimmen, wie stark die Charaktereigenschaften einer Wendy in Ihnen ausgeprägt sind. Dazu ist es nicht erforderlich, irgendwelche Kategorien aufzustellen – es genügt zu sagen, daß Sie, zusammen mit Ihrem Partner, um so stärker an Niemalsland gebunden sind, je höher Ihre Punktzahl ist. Umgekehrt ist die Wahrscheinlichkeit, daß Sie es schaffen werden, sich in eine Tinkerbell zu verwandeln und Ihren Partner von der Legion der Verlorenen Jungen wegzulokken, um so größer, je weniger Punkte Sie haben.

Schließen Sie diesen Test ab, indem Sie sich drei Fragen stellen, die ähnlich lauten wie die am Ende von Kapitel 2:

Wie bin ich so geworden?

Was geht in meinem Kopf vor?

Was kann ich tun, um das zu ändern?

Wenden wir uns zunächst kurz der letzten Frage zu. Was Sie tun können, ist, Ihre Motivation und Ihre Zuversicht miteinander zu verknüpfen und zur Rettung Ihrer Beziehung nach dem von mir vorgeschlagenen Konzept für Veränderungen vorzugehen. Wenn wir uns dann mit den ersten beiden Fragen befassen, werde ich Ihnen konkrete Vorschläge machen, wie Sie sich in eine Tinkerbell verwandeln können.

Betrachten Sie diese beiden Fragen am besten als Abwandlungen einer grundsätzlicheren Frage: Was ist es, das mich dazu bringt, unbewußt ein Verhaltensmuster zu unterstützen, das mich letztlich nur verletzt und meine Hoffnungen auf eine liebevolle Beziehung zerstört?

Diese Frage ist bereits in einem nüchternen, fundierten Buch beantwortet worden, das eine sensible, scharfsichtige Frau geschrieben hat, die in irgendeinem Abschnitt ihres Lebens mit einem PPS-Opfer zu tun gehabt haben muß. Sie heißt Colette Dowling, und ihr ausgezeichnetes Buch trägt den Titel *Der Cinderella-Komplex.* Jede Wendy, die eine Tinkerbell werden will, sollte sich mit ihrem Cinderella-Komplex befassen und entschlossen sein, ihn zu beseitigen.

Ich will Ihnen zwar die sorgfältige Lektüre von *Der Cinderella-Komplex* nicht abnehmen, aber lassen Sie mich trotzdem die entscheidenden Aussagen dieses Buches, soweit sie unser Problem betreffen, kurz zusammenfassen.

Der Cinderella-Komplex wird folgendermaßen definiert:

Ein System von weitgehend unterdrückten Einstellungen und Ängsten, die Frauen dazu zwingen, in einer Art Dämmerlicht zu leben und sie daran hindern, ihr volles geistiges und kreatives Potential zu verwirklichen. Auch heute noch warten Frauen – wie Cinderella – auf eine Kraft von außen, die ihr Leben verändert.

Colette Dowling ist davon überzeugt, daß Frauen zu Abhängigkeit und Angst vor Selbständigkeit erzogen worden sind. Ich glaube, daß viele Frauen versuchen, mit ihren Ängsten fertig zu werden, indem sie sich auf eine mütterliche Rolle (die einer Wendy) zurückziehen, in der Hoffnung, die Tatsache, gebraucht zu werden, werde ihnen irgendwie Sicherheit geben. Daraus schließe ich, *daß der Entschluß, eine Wendy zu werden, für viele Frauen eine Methode ist, mit ihrem Cinderella-Komplex, mit ihrer tiefliegenden Angst vor wirklicher Unabhängigkeit, fertig zu werden.*

Colette Dowling beschreibt ihren eigenen Rückzug freimütig:

Jetzt besaß ich ein Stück Land, Blumen, ein großes Haus mit vielen Zimmern, niedrigen, bequemen Fensterbänken und vielen Ecken und Winkeln. Zum ersten Mal seit Jahren fühlte ich mich sicher. Ich ging daran, mir jenes friedliche Heim zu schaffen, das als eine Art ›Leitbild‹ über den angenehmsten Erinnerungen an die Kindheit schwebt. Ich baute mir ein Nest, das ich so weich wie möglich auspolsterte.

Und dann versteckte ich mich darin.

Ein entscheidender Aspekt bei der Bewertung dieses Rückzugs ist die Tatsache, daß Colette Dowling ihn unternahm, während sie eine Beziehung mit einem Mann hatte, der (im Gegensatz zu der Hypothese, die ich aufgrund meiner praktischen Erfahrung aufgestellt habe) *kein Opfer des Peter-Pan-Syndroms war.* Der Schluß liegt auf der Hand: Es ist gut möglich, daß Sie, auch wenn Ihr Partner *nicht* vom Peter-Pan-Syndrom betroffen ist, im Dasein einer Wendy Trost suchen. Es kann sogar sein, daß Sie unbewußt nach einem PPS-Opfer gesucht haben, dessen Bedürfnis nach einer Mutter Sie beide zu einem perfekten (wenn auch neurotischen) Paar macht.

Wenn Sie bereit sind, den blinden Fleck zu betrachten, den Ihre Liebe geschaffen hat, werden Sie feststellen können, daß Sie sich in gewissem Umfang von einem Wunschdenken leiten lassen, das sich nicht wesentlich von dem Ihres Partners unterscheidet. Wenn es stimmt, daß das PPS-Opfer Elfenstaub benutzt, um nach Niemalsland zu fliehen, stimmt es dann nicht auch, daß Frauen, die einen Peter Pan lieben, darauf warten, daß sie mittels eines Zauberstabs in eine Cinderella verwandelt werden – in dem Glauben, daß als Belohnung für ihre selbstzerstörerische Aufopferung eine Märchenkutsche erscheinen wird, die sie aus ihrer Einsamkeit und der eintönigen Verrichtung ihrer Arbeit erlöst?

Zwischen einem PPS-Opfer und seiner Wendy besteht eine unausgesprochene Retter-Opfer-Übereinkunft. Oberflächlich betrachtet sieht es so aus, als sei die Frau das Opfer und der Mann ihr Retter; als sei der Mann stark und die Frau schwach. Ich glaube nicht, daß das den Tatsachen entspricht. In Wirklichkeit ist das Kraftgefälle genau umgekehrt: Der Mann ist schwach, die Frau ist stark. Das Traurige daran ist, daß sie aus den falschen Gründen stark ist.

Erstens sollte es in einer gleichberechtigten Beziehung kein Kräftegefälle geben. Es liegt auf der Hand, daß Wachstum in einer Ehe, in der es ein Opfer und einen Retter gibt, ausgeschlossen ist.

Zweitens ist die Frau der Verachtung in einem Maß ausgesetzt, das kein Mensch hinnehmen sollte. Ihre verborgene Angst vor Unabhängigkeit treibt sie dazu, die Rolle einer Wendy anzunehmen, in der sie mehr Schmerz erträgt, als vernünftig zu rechtfertigen wäre. Jedenfalls kann man sicher sein, daß ein PPS-Opfer, wären die Rollen vertauscht, diese Qualen nicht einmal eine Minute lang auf sich nehmen würde.

Drittens hat die Frau den Kontakt zu ihren Gefühlen nicht verloren und weiß, wie sie sie äußern kann. Das macht sie erheblich stärker als das PPS-Opfer, das seine Gefühle (gewöhnlich) nicht kennt, diese Schwäche jedoch dadurch überspielt, daß es behauptet, Gefühle seien unwichtig.

Und schließlich bin ich zu dem Schluß gekommen – wie aus der Tatsache hervorgeht, daß ich mich in diesem Buch so oft an Frauen wende –, daß im Fall von Peter Pan und Wendy die beste Behandlungsmöglichkeit des PPS-Opfers darin besteht, seiner Partnerin zu helfen. Es mag sein, daß sie auf das Auftauchen einer Märchenkutsche wartet, aber meine Erfahrungen belegen, daß sie über genügend Mut und Entschlossenheit verfügt, um ihre Fehler einzugestehen, ihre scheinbare Stärke aufzugeben und daran zu arbeiten, daß sich die Dinge zum Besseren ändern.

Wie Sie eine Veränderung herbeiführen können

Dies ist die Frage, auf die wir uns die ganze Zeit zubewegt haben, angefangen von dem Test (in Kapitel 2), der Ihnen bei der Aufstellung eines Konzeptes zur Veränderung –

das Sie inzwischen hoffentlich ausgearbeitet haben – helfen sollte, bis zu einem offenen Blick in den psychologischen Spiegel, den ich Ihnen gleich vorhalten werde, wobei ich Sie im Anschluß daran auch vor dem Einfluß des Cinderella-Komplexes warnen will. Sie werden jetzt darangehen, anhand Ihres Konzepts Veränderungen in der Beziehung zwischen Ihnen und Ihrem Partner vorzunehmen. Dabei sollten Sie zwei Dinge beachten:

Das erste ist eine Empfehlung, die sich auf alle von mir geschilderten Situationen bezieht. *Wenn Sie sich mit einem Verhalten befassen, das auf dem Peter-Pan-Syndrom beruht, dann ist das, was Sie tun, nicht annähernd so wichtig wie das, was Sie nicht tun.* HÖREN SIE AUF, SICH ZU VERHALTEN WIE EINE WENDY. *Hören Sie auf, Ihrer verborgenen Angst vor Selbständigkeit nachzugeben, indem Sie sich hinter Wendy verstecken.*

Setzen Sie zweitens die in Ihrem Konzept verzeichneten positiven Eigenschaften ein, um die negativen zu bekämpfen. Und fangen Sie bei den negativen Verhaltensweisen an, die nur ›manchmal‹ auftreten, bevor Sie sich mit den ›immer‹ vorhandenen befassen. Wenn beispielsweise aus Ihrer Aufstellung hervorgeht, daß Ihr Partner nie mit anderen Frauen flirtet, sich aber manchmal von Ihren sexuellen Ansprüchen überfordert fühlt, dann danken Sie ihm für seine Treue, und bieten Sie ihm eine ausgedehnte, liebevolle Rückenmassage an. Das gibt Ihnen Gelegenheit, sein Unbehagen über Ihre sexuellen Ansprüche abzubauen und vergrößert die Möglichkeit, daß er sich mit einer Rückenmassage bei Ihnen revanchiert.

Wenn Ihre Punktzahl beim Wendy-Test und die Ihres Partners beim PPS-Test niedrig waren, mögen Sie jetzt vielleicht glauben, daß die im folgenden aufgelisteten Empfehlungen Sie nicht betreffen. Aber prüfen Sie sich: Haben Sie Ihren Cinderella-Komplex völlig überwunden? Sind Sie absolut sicher, daß Sie dem Zauber, der von Niemalsland und von guten Feen ausgeht, nicht auf den Leim gehen? Ich bezweifle es. Selbst wenn Sie sich für eine Tinkerbell halten, könnte es sein, daß ein charmanter, einzig und allein in Ihren Vorstellungen existierender Mann in einem schmucken grünen Anzug bereits auf Sie wartet.

Also – an die Arbeit!

Hier sind meine Empfehlungen, wie Sie mit den zwanzig in Kapitel 2 beschriebenen Verhaltensweisen umgehen können, die durch das Peter-Pan-Syndrom hervorgerufen werden:

1. *Er reagiert unangemessen und verlangt von Ihnen, daß Sie sich für ihn entschuldigen oder ihn von Schuld freisprechen.*

Was Sie vermeiden sollten:

☐ Versuchen Sie nicht, ihn durch mütterliche Reden zu beschwichtigen, wie zum Beispiel: »Du hast dein Bestes getan – es war nicht deine Schuld.«

☐ Beginnen Sie keine Diskussion, in der Sie auf seine unrealistischen Begründungen eingehen.

☐ Versuchen Sie nicht, seinen Schmerz zu lindern, indem Sie ihn bemitleiden.

Was Sie tun sollten:

☐ Fragen Sie ihn, wie es sich *anfühlt,* einen Fehler gemacht zu haben.

☐ Helfen Sie ihm durch Ihre Fragestellung: »Wie hättest du es anders machen können? Hast du etwas daraus gelernt? Was könntest du tun, wenn sich diese Situation noch einmal ergibt?«

☐ Gehen Sie aus dem Zimmer, wenn er immer nur seine Unschuld beteuert.

☐ Zeigen Sie ihm, daß auch Sie Fehler gemacht haben.

☐ Lassen Sie hin und wieder eine humorvolle Bemerkung einfließen: »Liebling, das ist der erste Fehler, den du dieses Jahr gemacht hast.«

☐ Zeigen Sie ihm vernünftige Alternativen. »Es ist völlig in Ordnung, wütend zu sein, aber du mußt dir erlauben,

Fehler zu machen. Jeder Fehler soll dich nur daran erinnern, daß du ein Mensch bist.«

☐ Wenn er wütend auf Sie wird, weil Sie ihn nicht bemitleiden, dann sagen Sie ihm: »Dein Schmerz gehört dir – ich kann ihn dir nicht nehmen.«

2. *Er vergißt Ihren Geburtstag, einen Jahrestag oder andere wichtige Daten.*

Was Sie vermeiden sollten:

☐ Machen Sie keine zarten Andeutungen.

☐ Erwarten Sie nicht, daß er Schuldgefühle zeigt, wenn Sie ihn merken lassen, wie sehr seine Vergeßlichkeit Sie verletzt hat.

☐ Bringen Sie ihn nicht in Verlegenheit, indem Sie ihm ein großes Geschenk kaufen, wenn Sie wissen, daß er Ihren Hochzeitstag vergessen hat.

☐ Planen Sie keine Weihnachts- oder Jahrestagsfeste wie aus dem Bilderbuch.

☐ Halten Sie ihm nicht vor, daß andere Männer wichtige Daten nicht vergessen.

☐ Beschweren Sie sich nicht bei anderen über die Vergeßlichkeit Ihres Partners – nicht einmal im Scherz.

Was Sie tun sollten:

☐ Wenn Sie ein Geschenk haben wollen, werden Sie es wahrscheinlich selbst kaufen müssen. Sagen Sie ihm: »Schau mal, was für einen herrlichen Pullover ich mir zum Geburtstag geschenkt habe.«

☐ Markieren Sie das jeweilige Datum mit Rotstift auf einem gut sichtbaren Kalender.

☐ Erinnern Sie ihn an den Tag, indem Sie in der Nacht vorher vorschlagen: »Morgen ist ein ganz besonderer Tag – da sollten wir richtig schön Essen gehen.«

☐ Sagen Sie ihm in aller Ruhe und möglichst nicht allzu kurz vor einem wichtigen Datum, wieviel es Ihnen bedeutet, daß er sich an Ihren Geburtstag und andere Jahrestage erinnert. Sagen Sie ihm auch, *warum* Ihnen das so wichtig ist.

☐ Bitten Sie ihn, Ihnen von seinen schönsten Kindheitserinnerungen im Zusammenhang mit Geburtstagen und Festtagen zu erzählen. Erleben Sie gemeinsam, wie schön es ist, anderen Liebe zu geben.

☐ Fragen Sie sich, was Ihnen wichtiger ist: Geschenke oder Gedanken.

3. *Auf Parties versucht er, andere – insbesondere Frauen – zu beeindrucken.*

Was Sie vermeiden sollten:

☐ Rächen Sie sich nicht, indem Sie mit anderen Männern flirten.

☐ Versuchen Sie nicht, es ihm gleichzutun und sich in den Vordergrund zu spielen – er wird seine Anstrengungen dann nur verdoppeln und Ihnen die Schuld geben, wenn er nicht die gewünschte Wirkung erzielt.

☐ Hängen Sie sich nicht an seinen Arm, und beschweren Sie sich nicht: »Du kümmerst dich überhaupt nicht um mich.«

☐ Zählen Sie ihm während der Heimfahrt nicht die Verfehlungen auf, die er sich an diesem Abend hat zuschulden kommen lassen.

☐ Entschuldigen Sie sich nicht bei anderen für sein Verhalten.

☐ Sprechen Sie keine leeren Drohungen aus (»Ich werde nie mehr auf eine Party mit dir gehen!«).

☐ Vergleichen Sie ihn nicht mit anderen Männern auf der Party (»Herbert hat seiner Frau etwas zu trinken geholt und ihr ihren Pullover gebracht, als ihr kalt war«). Das würde nur bewirken, daß er Herbert verachtet.

☐ Äußern Sie keine unklaren Beschwerden (»Du beachtest mich nicht«).

Was Sie tun sollten:

- ☐ Überlegen Sie sich, ob Sie überhaupt auf eine Party mit ihm gehen wollen, solange er sich nicht mit Ihren Beschwerden auseinandergesetzt hat.
- ☐ Bitten Sie jemanden (aber keinen Mann), Sie nach Hause zu fahren, wenn Ihr Partner etwas tut, das Sie verletzt.
- ☐ Denken Sie daran, daß Sie auf einer Party nicht an Ihrem Partner ›kleben‹ müssen. Gehen Sie allein herum und genießen Sie den Trubel.
- ☐ Ergreifen Sie selbst die Initiative, wenn Sie jemandem vorgestellt werden oder etwas zu trinken haben wollen.
- ☐ Stellen Sie ihn zu gegebener Zeit (zum Beispiel am nächsten Tag) zur Rede, indem Sie sagen: »Wenn du in meiner Gegenwart eine andere Frau küßt, fühle ich mich ... Bitte tu das nicht mehr direkt vor meinen Augen.«
- ☐ Seien Sie möglichst genau, wenn Sie ihm Dinge vorwerfen, an denen Sie Anstoß genommen haben. »Ich werde es mir nicht mehr mitanhören, wenn du schlecht über meine Mutter redest, nur um deinem Chef zu imponieren. Wenn du das noch einmal machst, gehe ich auf der Stelle nach Hause.«

4. *Es ist ihm fast unmöglich zu sagen: »Es tut mir leid.«*

Was Sie vermeiden sollten:

- ☐ Versuchen Sie nicht, ihn durch Druck zu einer Entschuldigung zu bewegen.
- ☐ Weisen Sie ihn nicht jedesmal darauf hin, wenn Sie meinen, er müsse sich entschuldigen.
- ☐ Tischen Sie keine alten Geschichten auf, und erinnern Sie ihn nicht ständig an seine Fehler.
- ☐ Psychologisieren Sie seine Schwäche nicht, indem Sie analysieren, warum er sich nicht entschuldigen kann (»Du kannst nicht sagen, daß dir etwas leid tut, weil du ein viel zu großes Ego hast«).
- ☐ Machen Sie sich nicht über ihn lustig, weil er ›nicht normal‹ ist.

Was Sie tun sollten:

☐ Nehmen Sie seine Entschuldigungen an, auch wenn sie in anderer Form erfolgen (»Ich wollte, ich hätte dich nicht so angeschrien«).

☐ Entschuldigen Sie sich bei ihm und bei anderen, wenn Sie Grund dazu haben.

☐ Danken Sie ihm jedesmal, wenn er den Versuch macht, aufrichtige Reue zu zeigen.

5. *Er ignoriert Ihr Bedürfnis nach Zärtlichkeit.*

Was Sie vermeiden sollten:

☐ Schlafen Sie nicht mit ihm, nur um ihm einen Gefallen zu tun.

☐ Spielen Sie ihm nichts vor.

☐ Vermeiden Sie es, seine überragenden Qualitäten als Liebhaber zu preisen.

☐ Beginnen Sie nicht im Bett eine erregte Diskussion über sexuelle Probleme.

Was Sie tun sollten:

☐ Probieren Sie neue Techniken aus. Der Ratgeber *Freude am Sex* von Alex Comfort kann dabei eine gute Orientierungshilfe sein.

☐ Ergreifen Sie auf verführerische, geschickte Art und Weise hin und wieder selbst die Initiative. Setzen Sie sich auf seinen Schoß, und streicheln Sie ihn zärtlich. Stehen Sie erst auf, wenn *Sie* es wollen.

☐ Sagen und zeigen Sie ihm, was den Genuß bei der Liebe für Sie noch erhöhen würde. Seien Sie dabei zärtlich und konzentrieren Sie sich nicht darauf, was er falsch macht, sondern darauf, was er richtig machen kann.

6. *Für seine Freunde ist er immer da, während er auf Ihre Bedürfnisse nur selten Rücksicht nimmt.*

Was Sie vermeiden sollten:

☐ Stellen Sie keine Vergleiche an (»Den ganzen Tag hilfst du deinem Freund, den Wagen zu waschen, und meinen wäschst du nie«).

☐ Erwarten Sie von Ihrem Partner keine Hilfe in Dingen, die er nicht kann.
☐ Machen Sie sich nicht über seine Freunde lustig – das wird nur auf Sie zurückfallen.
☐ Versuchen Sie, Mißerfolge gar nicht erst einzuprogrammieren. Z. B. sollten Sie ihn nicht bitten, etwas für Sie zu erledigen, wenn Sie wissen, daß er einen Freund vom Flughafen abholen will.

Was Sie tun sollten:
☐ Erwarten Sie von ihm, etwas zu Ende zu bringen, um das Sie ihn gebeten haben. (»Sobald du mit dem Wagenwaschen fertig bist, mache ich etwas zu essen.«)
☐ Planen Sie gemeinsame Aktionen. Das Aufräumen und Saubermachen der Garage ist beispielsweise etwas, das Sie beide zusammen am Samstagmorgen erledigen können.
☐ Seien Sie großzügig mit Lob und Anerkennung, wenn er etwas tut, worum Sie ihn gebeten haben.
☐ Lassen Sie ihm genug Zeit, wenn er etwas für Sie erledigt.

7. *Um Sie und Ihre Probleme kümmert er sich erst, wenn Sie sich über seine Gleichgültigkeit beklagt haben.*

Was Sie vermeiden sollten:
☐ Erwarten Sie nicht von ihm, daß er Ihren Problemen große Bedeutung beimißt; er ist davon überzeugt, größere Probleme zu haben als Sie.
☐ Sagen Sie ihm nicht, Sie hätten das Gefühl, ihm überhaupt nichts zu bedeuten.
☐ Setzen Sie keine Diskussion fort, die er zu einem Streit darüber ausweitet, wer von Ihnen beiden die größeren Probleme hat.
☐ Machen Sie nicht aus jeder Situation ein riesiges Problem, sondern warten Sie ab, bis Schwierigkeiten in einem Bereich auftreten, der Ihnen sehr wichtig ist.

Was Sie tun sollten:

☐ Erwarten Sie von Ihrem Partner, daß er Ihnen zuhört. Bitten Sie ihn, wenn er das nicht tut, Ihnen zu sagen, wann er Zeit hat, Ihnen seine uneingeschränkte Aufmerksamkeit zu schenken.

☐ Sagen Sie Ihrem Partner: »Das ist mir wirklich wichtig. Hör mir zu, und mach dich nicht über meine Sorgen und Gefühle lustig.«

☐ Machen Sie eine positive Bemerkung, wenn Sie sehen, daß ein Mann und eine Frau ihre Probleme gemeinsam angehen (»Der ist mir sympathisch [in einem Fernsehfilm]. Er hat sich um die Frau gekümmert und versucht, ihr zu helfen.«).

☐ Bedanken Sie sich bei ihm, wenn er auf Ihre Stimmungen eingeht.

☐ Seien Sie ihm ein Vorbild. Zeigen Sie ihm, daß Sie an Problemen anderer Anteil nehmen. Machen Sie ihm vor, wie man zuhört.

8. *Er macht nur Pläne für Aktivitäten, auf die er selbst Lust hat.*

Was Sie vermeiden sollten:

Begleiten Sie ihn nicht, wenn Sie keine Lust dazu haben.

☐ Warten Sie nicht darauf, daß er etwas vorschlägt, auf das auch Sie Lust haben. Möglich, daß Sie Ihr Lebenlang warten müssen.

☐ Lassen Sie den Anspruch fallen, daß er und Sie immer dieselben Interessen haben müssen.

☐ Beklagen Sie sich nicht darüber, daß Sie nie Zeit haben, zu tun, was Sie wollen. Daran tragen ausschließlich Sie die Schuld.

Was Sie tun sollten:

☐ Ergreifen Sie die Initiative. (»Ich habe Theaterkarten für nächsten Freitag gekauft.«)

□ Schließen Sie Kompromisse. (»Na gut – erst gehen wir zusammen zum Eishockeyspiel und danach in dieses neue französische Restaurant.«)

□ Lernen Sie, etwas ohne ihn zu unternehmen. Gehen Sie allein ins Kino, oder bitten Sie eine Freundin, Sie zu begleiten.

□ Versuchen Sie, ihn für andere Dinge zu begeistern. Ihr Partner wäre nicht der erste Fußballfan, der feststellt, daß es Spaß macht, ein Museum oder ein Konzert zu besuchen. Wenn es nicht funktioniert, vergessen Sie es auch mal, und versuchen Sie es mit etwas anderem.

9. *Er hat Schwierigkeiten, seine Gefühle zu zeigen.*

Was Sie vermeiden sollten:

□ Machen Sie sich, insbesondere in Gegenwart anderer, nicht über diese Schwäche lustig.

□ Wischen Sie seine zaghaften Versuche auf diesem Gebiet, wie unbeholfen sie auch sein mögen, nicht einfach weg. Sie nehmen ihm dadurch nur den Mut.

□ Stellen Sie keine Vergleiche mit anderen Männern an, die ihre Gefühle zeigen können. Das würde in ihm nur das Gefühl der Unvollkommenheit verstärken.

□ Verwenden Sie *niemals* ein Gefühl, das er Ihnen gezeigt hat, gegen ihn. Die zwangsläufige Folge davon wäre, daß er sich nur noch weiter zurückzieht.

Was Sie tun sollten:

□ Zeigen Sie ihm und anderen frei und ohne Furcht Ihre Gefühle.

□ Sagen Sie: »Ich fühle mich...«, »Ich mache mir Sorgen...«, »Ich frage mich...«, »Ich habe Angst, daß...«, damit er sieht, daß es in Ordnung ist, Gefühle zu haben und sie zu zeigen.

□ Machen Sie positive Bemerkungen über einen anderen Mann, der seine Gefühle offen zeigt, *ohne* ihn mit Ihrem Partner zu vergleichen.

☐ Widersprechen Sie ihm *behutsam,* wenn er versucht, einem Gefühl Ausdruck zu geben, indem er sagt: »Ich habe das Gefühl, daß...«, und weisen Sie ihn darauf hin, daß das Wort ›daß‹ kein Gefühl ausdrückt, sondern daß er versucht, ein Gefühl zu vermeiden, indem er *über* Gedanken und Meinungen redet. Sie könnten etwa sagen: »Ich weiß, daß du zu dieser Situation eine bestimmte Meinung hast, aber mich würde es interessieren, wie du dich *fühlst.*«

☐ Loben Sie ihn für jeden noch so schwachen Versuch, eine Verbindung zu seinen Gefühlen herzustellen.

☐ Kaufen Sie sich das Buch *Focusing* von Dr. Eugene Gendlin, und entdecken Sie gemeinsam Ihre Gefühle.

10. *Er sehnt sich danach, seinem Vater nahe zu sein, fühlt sich ihm jedoch entfremdet.*

Was Sie vermeiden sollten:

☐ Unterhalten Sie sich nicht angeregt mit seinem Vater, während Ihr Partner stumm dabeisitzt. Sie können sein Unvermögen nicht ausgleichen.

☐ Sprechen Sie nicht mit seinem Vater über ihn.

☐ Spielen Sie nicht die Vermittlerin. Entziehen Sie sich, wenn die beiden den Versuch unternehmen, Sie dazu zu machen.

☐ Erzählen Sie dem Vater nicht, wie schlecht es seinem Sohn geht. Das muß Ihr Partner selber tun.

Was Sie tun sollten:

☐ Binden Sie Ihren Partner in das Gespräch mit seinem Vater ein. Sie können ein Katalysator sein, ohne eine Vermittlerrolle zu übernehmen.

☐ Schlagen Sie gemeinsame Unternehmungen für Ihren Partner und seinen Vater vor. Um den Ball ins Rollen zu bringen, könnten Sie das beim ersten Mal sogar selbst organisieren. Machen Sie daraus eine Überraschung.

□ Schlagen Sie Ihrem Partner vor, seinem Vater ein Geburtstagsgeschenk zu schicken, aber lassen Sie es ihn selbst besorgen.
□ Sprechen Sie mit ihm über seinen Vater. Die Frage, wo er zur Schule gegangen ist, könnte ein guter Anfang sein. Arbeiten Sie sich langsam zu den Gefühlen vor, die Ihr Partner gegenüber seinem Vater hat, ohne zu versuchen, den Therapeuten zu spielen.

11. *Wenn jemand eine andere Meinung vertritt als er, hört er nicht zu.*

Was Sie vermeiden sollten:
□ Versuchen Sie nicht, ihn zu ködern. Wenn Sie wissen, daß er in bestimmten Bereichen völlig anderer Meinung ist als Sie, sollten Sie in Ihren Diskussionen um das betreffende Thema einen Bogen machen.
□ Entschuldigen Sie sich nicht bei Freunden für die Vorurteile Ihres Partners.
□ Machen Sie ihm keine lautstarken Vorwürfe, er sei ein verdammter Dickschädel.

Was Sie tun sollten:
□ Bitten Sie ihn irgendwann während einer Diskussion, zu wiederholen, was Sie gerade gesagt haben (»Wie hat sich das gerade für dich angehört?«).
□ Sprechen Sie immer wieder und so wertfrei wie möglich neue Ideen und Entwicklungen an, ohne dabei zu verraten, was Sie davon halten. Sagen Sie Ihre Meinung erst, wenn er sich dazu geäußert hat, und fragen Sie ihn dann, ob er Ihnen zugehört hat.
□ Bringen Sie das Gespräch auf eine Unterhaltung, die Ihr Partner mit einem seiner Freunde geführt und bei der er nicht zugehört hat (»Hast du eigentlich gehört, was er über seine beruflichen Schwierigkeiten gesagt hat? Ich glaube, er wollte deine Hilfe, und du hast das irgendwie nicht mitbekommen.«).

☐ Wenn er sich darüber beklagt, mit seinem Chef und seinen Kollegen nicht zurechtzukommen, dann schlagen Sie ihm vor, tief einzuatmen, wenn andere reden, die Luft einen Augenblick lang anzuhalten und langsam auszuatmen. Diese Entspannungsmethode kann ihm vielleicht dabei helfen, seine Nervosität zu überwinden und besser zuzuhören.

12. *Er hat grundlose Wutausbrüche.*

Was Sie vermeiden sollten:
☐ Lassen Sie nicht das Gefühl in sich aufkommen, Sie müßten ihn von seiner Wut befreien oder sie ihm ausreden.
☐ Versuchen Sie nicht, gerade in diesem Augenblick wichtige Sachen mit ihm zu besprechen.
☐ Gießen Sie kein Öl ins Feuer, indem Sie seiner Wut Ihre eigene entgegensetzen.

Was Sie tun sollten:
☐ Bezwingen Sie Ihre eigene Wut, auch wenn das bedeutet, daß Sie sich im Badezimmer einschließen und langsam bis hundert zählen müssen.
☐ Verlassen Sie das Haus, wenn Sie das Gefühl haben, Ihr Partner könnte handgreiflich werden.
☐ *Suchen Sie Hilfe,* wenn er Sie bei einem seiner Wutausbrüche schlägt. In vielen Städten und Gemeinden gibt es einen Frauennotruf. Suchen Sie sich die Nummer heraus, und *rufen Sie dort an!*

13. *Er gibt den Wünschen seiner Mutter so bereitwillig nach, daß Sie auf sie wütend werden.*

Was Sie vermeiden sollten:
☐ Machen Sie sich nicht über seine Mutter lustig.
☐ Bezeichnen Sie ihn nicht als ›Schwächling‹ oder ›Muttersöhnchen‹.

- ☐ Versuchen Sie nicht, ihn von seiner Mutter abzuschirmen. (»Er würde dich bestimmt gern in die Stadt fahren, aber er schläft gerade.«) Sie können ihn nicht vor seinen Problemen schützen.
- ☐ *Er* hat ein Problem mit seiner Mutter. Für Sie ist das kein Grund, auf sie wütend zu werden.

Was Sie tun sollten:

- ☐ Anstatt die Vermittlerin zu spielen, sollten Sie ihm lieber Denkanstöße geben und ihn darauf hinweisen, wie sehr er seiner Mutter ergeben ist.
- ☐ Loben Sie die guten Seiten seiner Mutter. (»Sie ist eine fantastische Köchin.«)
- ☐ Sprechen Sie mit Ihrem Partner darüber, wie sehr er sich von seiner Mutter in alles hineinreden läßt. Das ist besser, als mit seiner Mutter über etwas zu reden, das eigentlich *sein* Problem ist.

14. *Er fühlt sich beruflich übergangen.*

Was Sie vermeiden sollten:

- ☐ Machen Sie seine Fantasiespiele nicht mit. Weigern Sie sich so lange, über seinen Traumberuf mit ihm zu diskutieren, bis er konkrete Schritte in dieser Richtung unternimmt.
- ☐ Versuchen Sie nicht, einen besseren Job für ihn zu finden.
- ☐ Beklagen Sie sich nicht über Ihre eigene Arbeit, solange Sie nicht zu ganz bestimmten Veränderungen bereit sind.

Was Sie tun sollten:

- ☐ Die Wahl Ihres eigenen Berufes sollte wohldurchdacht und karriereorientiert sein. Falls Sie sich entschließen, eine Hausfrau zu sein, sollten Sie, um sich die Informationen zu verschaffen, die Sie brauchen, regelmäßig Testzeitschriften und Verbraucherinformationen lesen.

- ☐ Unterstützen Sie ihn nach Kräften, wenn er darangeht, sich Informationen über andere Berufe zu verschaffen, Bewerbungsschreiben verfaßt oder sich auf Vorstellungsgespräche vorbereitet.
- ☐ Weisen Sie ihn auf Fähigkeiten hin, die er bisher übersehen hat. »Du bist geschickt mit den Händen«, »Du bist kontaktfreudig« und »Du kannst gut rechnen« sind Sätze, mit denen Sie ihm vor beruflichen Veränderungen Hilfestellung geben können.
- ☐ Wenn er sich über seinen Job beklagt, dann sagen Sie: »Da hast du wahrscheinlich recht – aber wie willst du etwas daran ändern?«

15. *Seinen Beziehungen zu anderen Menschen fehlt es an Aufrichtigkeit und Wärme.*

Was Sie vermeiden sollten:

- ☐ Versuchen Sie nicht, ihn in Schutz zu nehmen. Wenn er anderen keine Wärme entgegenbringt, dann sollen sie das ruhig merken und darauf reagieren. Schützen Sie Ihren Partner nicht vor den logischen Konsequenzen seines Verhaltens.
- ☐ Sprechen Sie nicht für ihn, insbesondere nicht in seiner Gegenwart. Beispielsweise sollten Sie Ihren Kindern nicht sagen: »Euer Vater ist sehr stolz auf euch.«
- ☐ Werfen Sie ihm nicht vor, sich kalt und gleichgültig zu verhalten.

Was Sie tun sollten:

- ☐ Seien Sie ihm gegenüber so warm und aufrichtig wie möglich.
- ☐ Weisen Sie ihn auf Möglichkeiten hin, anderen seine Gefühle zu zeigen. (»Ich bin sicher, dein Chef würde es als eine freundliche Geste auffassen, wenn du ihm sagen würdest, daß du dich über seine Hilfe gefreut hast.«)
- ☐ Greifen Sie auch kleinste Anzeichen von Wärme und Aufrichtigkeit auf. (»Es hat mich richtig gefreut, zu sehen, wie du deine Großmutter umarmt hast.«)

☐ Lassen Sie ihm Zeit. Er hat Jahre gebraucht, um seine Abwehr aufzubauen, und es wird einige Zeit dauern, bis er sie aufgegeben hat.

16. *Er hat Probleme mit dem Alkohol. Wenn er getrunken hat, scheint sich seine Persönlichkeit zu verändern.*

Was Sie vermeiden sollten:
☐ Nehmen Sie ihm nicht das Glas aus der Hand – Sie würden damit so tun, als seien Sie seine Mutter.
☐ Sagen Sie ihm nicht, wie charmant er ist, wenn er etwas getrunken hat.
☐ Reden Sie nicht um den Brei herum, wenn Sie ihn wegen seiner Trinkgewohnheiten zur Rede stellen.

Was Sie tun sollten:
☐ Laden Sie Bekannte oder Freunde zu einem geselligen Beisammensein ein, bei dem Alkohol nicht so sehr im Vordergrund steht (z. B. Spieleabende).
☐ Schildern Sie ihm, wie seine Persönlichkeit sich verändert, und sagen Sie ihm klar und deutlich, was Ihnen daran nicht gefällt.
☐ Behalten Sie Ihren eigenen Alkoholkonsum im Auge.
☐ Verlassen Sie die Party, wenn er betrunken ist und sich unmöglich benimmt, aber sorgen Sie vorher dafür, daß einer seiner Freunde sich um ihn kümmert.
☐ Bieten Sie ihm alkoholfreie Getränke an.
☐ Nehmen Sie an den Gesprächsrunden der Anonymen Alkoholiker teil. Wenn Sie Kinder haben, sollten Sie sie auffordern, Sie zu begleiten.

17. *Er tut alles, um sich zu amüsieren.*

Was Sie vermeiden sollten:
☐ Werfen Sie ihm nicht vor, daß er sich so anstrengt, sich zu amüsieren.
☐ Machen Sie nicht alles mit, wenn Sie müde sind.

☐ Versuchen Sie nicht, ihn von einer geselligen Runde mit seinen Freunden loszueisen. Er wird sich nur dagegen wehren und noch länger bleiben wollen.

☐ Geben Sie sich nicht sinnlosem Selbstmitleid hin, etwa indem Sie sagen: »Warum amüsierst du dich mit mir nicht so wie mit deinen Freunden?«

Was Sie tun sollten:

☐ Helfen Sie ihm, die Folgen abzusehen, wenn er wieder einmal vorhat, über seine Grenzen hinauszugehen.

☐ Scheuen Sie sich nicht, zum Gehen zu drängen, ›wenn es gerade am schönsten ist‹. Sagen Sie ihm beispielsweise beim wöchentlichen geselligen Abend des Sportklubs: »Bitte laß uns gehen – ich bin todmüde. Wir können ja nächste Woche wieder herkommen.«

☐ Locken Sie ihn von seinen Freunden weg, indem Sie andeuten, daß zu Hause ganz andere Freuden auf ihn warten.

18. *Er vertritt chauvinistische Überzeugungen.*

Was Sie vermeiden sollten:

☐ Gehen Sie nicht mit platten feministischen Parolen dagegen an in der Hoffnung, daß ihn das dazu zwingen könnte, Sie als Menschen zu achten.

☐ Machen Sie sich nicht vor anderen Leuten über seinen Chauvinismus lustig.

Was Sie tun sollten:

☐ Sagen Sie ihm Ihre Meinung, ohne den Eindruck aufkommen zu lassen, Sie müßten sich rechtfertigen. Machen Sie sich mit Literatur über Frauenprobleme vertraut.

☐ Beharren Sie in aller Ruhe auf Ihrem Standpunkt, und schneiden Sie Themen an, die Ihnen wichtig erscheinen.

☐ Geben Sie ihm Bücher, die ihn anregen können, seine sexistische Einstellung zu überdenken.

□ Zeigen Sie ihm Ihre Anerkennung, wenn er für die Gleichberechtigung der Frau eintritt.
□ Sprechen Sie mit ihm ab, welche Arbeiten im Haushalt und bei der Kindererziehung er übernimmt, und bestehen Sie auf der Einhaltung Ihrer Abmachung.

19. *Er scheint unter Ängsten zu leiden, weigert sich jedoch, darüber zu sprechen.*

Was Sie vermeiden sollten:
□ Drängen Sie ihn nicht, seine Ängste zu offenbaren – er würde sich nur noch mehr zurückziehen.
□ Versuchen Sie nicht, ihn zu analysieren oder seine Gedanken zu lesen.
□ Machen Sie keine gemeinen Bemerkungen, und nennen Sie ihn nicht ›Muttersöhnchen‹, ›Feigling‹, usw.

Was Sie tun sollten:
□ Sprechen Sie über Situationen, die Ihnen Angst machen, ohne ihn zu drängen, Ihrem Beispiel zu folgen.
□ Schlagen Sie Rollenspiele vor, in denen Sie gemeinsam Arbeitssituationen durchspielen, um sein Selbstbewußtsein zu stärken.
□ Gehen Sie auf seine Angst ein und zeigen Sie ihm einen Ausweg.

20. *Er scheint über den Dingen zu stehen und sitzt oft reglos da wie ein Felsbrocken.*

Was Sie vermeiden sollten:
□ Schreien Sie ihn nicht an, um ihn zu einer Reaktion zu bewegen.
□ Lassen Sie sich, wenn Sie ihm Ihre Gefühle zeigen, nicht in die Defensive drängen.
□ Steigern Sie sich nicht in Ihre Gefühle hinein in der Hoffnung, ihn dadurch dazu zu bringen, seine eigenen Gefühle zu zeigen.

Was Sie tun sollten;

- ☐ Lassen Sie Menschen, die sich in den Vordergrund drängen, auflaufen. Zeigen Sie Ihrem Partner Ihre Gefühle, ohne sie zur Schau zu stellen.
- ☐ Stehen Sie zu Ihren Gefühlen.
- ☐ Überlegen Sie, welche Art von gefühlsgesteuerter Reaktion Sie von ihm erwarten, und sprechen Sie eingehend mit ihm darüber.
- ☐ Vereinbaren Sie, sich regelmäßig an einem bestimmten Ort und zu einer bestimmten Zeit gegenseitig Ihre Gefühle zu zeigen und über Ihre Probleme zu sprechen.
- ☐ Zeigen Sie ihm, daß Sie seine Zurückhaltung als Zeichen eines Desinteresses an Ihnen auffassen.
- ☐ Sagen Sie ihm, daß Sie von ihm nicht erwarten, ebenso gefühlsbetont zu reagieren wie Sie selbst. Betonen Sie dabei, daß Sie keine festgefügten Erwartungen an ihn haben.

Diese Empfehlungen zeigen Ihnen, wie Sie eine Tinkerbell werden können. Wie ich schon sagte, gibt es nur eine einzige Möglichkeit, Ihren Partner zu einem Austritt aus der Legion der Verlorenen Jungen zu bewegen: Sie müssen ihn aus Niemalsland *herauslocken*. Wenn Sie eine Wendy bleiben, weil Sie glauben, er werde früher oder später schon *von selbst* in die Realität zurückfinden, ist Ihr Scheitern bereits vorprogrammiert.

Die oben aufgeführten Empfehlungen und die Leseliste im Anhang dieses Buches werden Ihnen helfen, Risikobereitschaft, Selbstbewußtsein, rationales Denkvermögen und Selbstbeherrschung zu entwickeln und sich Diskussions- und Entspannungstechniken anzueignen. Dadurch geben Sie sich (und dadurch auch Ihrer Beziehung) die beste Chance zu einer positiven Weiterentwicklung.

Wann Sie gehen sollten

Auch Tinkerbells Geduld hat ihre Grenzen. Wenn Sie nach und nach zu einer Tinkerbell werden, besteht die Möglichkeit, daß Ihr Partner von dieser Veränderung nichts hält und sich weigert, aus Niemalsland zurückzukehren. In Kapitel 7 habe ich ja schon erwähnt, daß Peter sich von Tinkerbell abwendete und bei Wendy blieb (vorausgesetzt, sie hielt das Haus in Ordnung). Wenn Ihr Peter von seiner Tinkerbell (Ihrem neuen Ich) nichts wissen will, haben Sie eigentlich nur noch eine einzige Möglichkeit: Sie müssen ihn verlassen. Aber wann ist dieser Punkt erreicht?

Die Antwort ist ganz einfach: Gehen Sie *erst,* wenn Sie nichts unversucht gelassen, aber noch nicht alle Hoffnung aufgegeben haben. Lassen Sie mich diesen Satz etwas erläutern.

Indem Sie gehen, geben Sie der Beziehung noch eine letzte Chance. Je näher dieser drastische Schritt rückt, desto mehr Gelegenheit haben Sie Ihrem Partner gegeben, sich mit Ihrer Unzufriedenheit auseinanderzusetzen und zu lernen, wie er Ihrem neuen Ich begegnen kann. Vielleicht hat er Sie jedoch nicht ernst genommen. Das könnte sich ändern, wenn Sie ihn verlassen. Möglicherweise ist dieser Schock für ihn so groß, daß er sich bemüht, die Beziehung zu retten.

Bevor Sie ihn verlassen, sollten Sie sich zwei Dinge gut überlegen. Erstens wird er Ihnen vielleicht nachlaufen. Wenn Sie wollen, daß er Sie einholt, sollten Sie gehen, solange in Ihnen noch ein Rest von Liebe für ihn ist. Zweitens könnte es sein, daß er in Niemalsland bleibt und nicht versucht, Sie aufzuhalten. Das bedeutet, daß er nichts mit Ihnen zu tun haben will, solange Sie sich nicht so verhalten, als seien Sie seine Mutter. In diesem Fall müssen Sie weitergehen. Die Beziehung ist zu Ende.

Den meisten Frauen fällt diese Entscheidung nicht so leicht, wie ich es hier darstelle. Sie reagieren ganz verschieden auf den Vorschlag, den Partner zu verlassen. Hier ist eine Liste der häufigsten Reaktionen:

Manche Frauen drohen ihrem Partner damit, ihn zu verlassen, obwohl sie es gar nicht ernst meinen. Mit solchen leeren Drohungen versucht eine Wendy, ihren ›ungezogenen Jungen‹ zur Vernunft zu bringen. Kurzfristig mag sie damit Erfolg haben, aber auf lange Sicht setzt sie sich dadurch einer immer größeren Nichtachtung ihrer Gefühle und Bedürfnisse aus.

Andere Frauen spielen wohl mit dem Gedanken, ihren Partner zu verlassen, aber ihre Angst hält sie davon ab, diesen Schritt auch tatsächlich zu tun: »Ich habe kein Geld.« – »Ich kann nicht ganztags arbeiten und mich um die Kinder kümmern.« – »Wo sollte ich denn hin?« Wenn diese oder andere Ängste in Ihnen übermächtig sind, dann versuchen Sie lieber nicht eine Tinkerbell zu werden, und bleiben Sie eine Wendy – *auch das ist in Ordnung!* Ich weiß, das klingt seltsam, nach all dem, was ich gesagt habe. Aber verstehen Sie mich bitte richtig: *Ich bin nicht der Meinung, alle Frauen sollten eine Tinkerbell werden oder ihr Leben lang unglücklich sein.*

Vielleicht sagen Sie sich: »Ich möchte meinem Mann lieber eine Mutter sein, als ganz auf ihn zu verzichten.« Wenn das Ihre Realität ist, dann stehen Sie dazu. Sie werden vielleicht nicht die allerbeste Beziehung haben, aber es ist auch nicht gesagt, daß Sie furchtbar darunter leiden. Machen Sie nur nicht sich oder anderen etwas vor. Akzeptieren Sie diese Realität – dann können Sie von Zeit zu Zeit ein wenig von Ihrer Tinkerbell-Seite verwirklichen und versuchen, aus der Situation das Beste zu machen. Allein schon die Freiheit, die Dinge so zu akzeptieren, wie sie sind, kann das Leben für Sie etwas angenehmer machen.

Andere Frauen brauchen nur daran zu denken, ihren Partner zu verlassen, und schon bekommen sie Schuldgefühle. »Ich bringe ihn dazu, mich so zu behandeln.« – »Ich habe mich ja auch nicht an unser Eheversprechen gehalten.« – »Wenn ich ihn verlasse, bin ich nur egoistisch.« Das klingt so, als sei eine solche Frau schwach, und in einem gewissen Umfang mag das sogar stimmen. Aber zum größten Teil entspringt diese Einstellung einerseits ihrem Wissen, daß ihr Mann schwach ist, und andererseits ihrer Bereitschaft, ihn zu beschützen, indem sie die Schuld auf sich nimmt. In meinen Augen ist das dieselbe Haltung, die man gegenüber einem streunenden Hund einnimmt.

Sie können sich sicher vorstellen, wie Sie sich fühlen würden, wenn Sie das Wimmern eines hungrigen Hundes, der sich verlaufen hat, ignorieren würden. Würden Sie ihm nicht wenigstens etwas zu Fressen geben? Ich glaube, daß die Schuldgefühle gegenüber Ihrem Partner große Ähnlichkeit haben mit denen, die Sie überkommen, wenn Sie diesen armen Hund seinem kalten, grausamen Schicksal überlassen.

Eigentlich steht hinter Ihren Gewissensbissen der Gedanke: »Er ist so hilflos, daß er ohne mich nicht zurechtkommt, und wenn ich ihn verlasse, handele ich grausam. Du liebe Zeit, er kann ja nicht einmal kochen!«

Vielleicht kann er wirklich nicht kochen oder nähen; schon möglich, daß er nicht einmal weiß, wo die Waschmaschine steht. Aber das heißt doch nicht, daß er es nicht lernen kann! Möglicherweise haben Sie zu seiner Abhängigkeit beigetragen (deshalb rate ich Ihnen ja auch, ihm Zeit zu lassen, sich an die Tinkerbell in Ihnen zu gewöhnen), aber ist er wirklich hilflos? Ich bezweifle es. Er muß nur lernen.

Bekämpfen Sie Ihre Schuldgefühle gegenüber diesem ›hilflosen‹ Mann, indem Sie nicht alles für ihn tun. Wenn Sie das lange genug durchhalten, wird er schon lernen. Dann haben Sie einen Grund für Ihre Angst, ihn zu verlassen, beseitigt – und möglicherweise ein paar Gründe entdeckt, bei ihm zu bleiben!

Schließlich gibt es auch viele Frauen, die einfach nicht wissen, ob sie ihren Partner verlassen sollen oder nicht. Sie sind verwirrt. Der Mann, den sie zu lieben glauben, hat seine guten und seine schlechten Seiten. Manche dieser Frauen haben mir schon gesagt: »Ich wollte, er wäre nicht manchmal so nett zu mir. Ich wünsche mir fast, er würde mich schlagen – dann wäre es leichter für mich, ihn zu verlassen.«

Diesen Frauen fällt die Entscheidung, ob sie gehen oder bleiben sollen, unendlich schwer. Negatives und Positives ist völlig miteinander vermischt. Wenn Sie zu diesen Frauen gehören, dann wissen Sie, in welche Verwirrung diese Unschlüssigkeit Sie stürzt. Einerseits hat Ihr Partner seine guten Seiten, andererseits aber machen seine schlechten Charaktereigenschaften Ihnen das Leben schwer. Was können Sie tun, wenn Gutes und Schlechtes sich die Waage zu halten scheinen? Natürlich kann ich Ihnen diese Entscheidung nicht abnehmen, aber ich will Ihnen helfen, Licht in das Dunkel zu bringen.

Nehmen Sie sich ein Stück Papier. Unterteilen Sie es in zwei Spalten, und schreiben Sie in die eine ›negativ‹ und in die andere ›positiv‹.

Listen Sie nun alle negativen Eigenschaften Ihres Partners auf. Die meisten davon können Sie dem Konzept entnehmen, das Sie schon früher erarbeitet haben. Fügen Sie Verhaltensweisen, Eigenschaften oder Gewohnheiten hinzu, die ich nicht erwähnt habe.

Bewerten Sie nun diese Eigenschaften nach einer Skala von 1 bis 10, je nachdem, wie sehr sie Sie belasten. Da dies Bewertungssystem natürlich unvollkommen ist, sollten Sie über jede negative Eigenschaft einen Augenblick lang nachdenken und ihr eine Zahl zuordnen, die dem Gefühl entspricht, das Sie haben, wenn Ihr Partner sich so verhält. Je schlechter es Ihnen geht, desto höher der Zahlenwert. So könnte zum Beispiel übermäßiges Trinken eine 10, seine Neigung, mit anderen Frauen zu flirten, eine 6 sein.

Zählen Sie die Zahlen zusammen, wenn Sie alle negativen Eigenschaften aufgeschrieben und sie nach Ihrem subjektiven Eindruck bewertet haben. An dem Ergebnis können Sie ablesen, wie schlecht es Ihnen mit Ihrem Partner geht.

Schreiben Sie dann seine positiven Seiten auf. Möglicherweise werden Sie darüber etwas nachdenken müssen. Hier sind einige Beispiele: Er verdient gut; es ist schön, mit ihm zu schlafen; er ist ein passabler (nicht unbedingt ein guter Liebhaber; Sie haben gemeinsame Freunde; er geht gern auf Parties; er treibt Sport mit Ihnen; er ist nett zu den Kindern; er erzählt Ihnen, was es Neues gibt. Auch einfach die Tatsache, daß er da ist, kann zu diesen positiven Dingen gehören. Die Regel, an der Sie sich orientieren können, lautet: Positiv ist alles, das Ihnen fehlen würde, wenn Sie ihn jetzt verlassen würden, *ohne* daß ein anderer Mann auf Sie wartet.

Hierauf ordnen Sie jeder dieser Eigenschaften eine Zahl von 1 bis 10 zu, je nachdem, wie gut Sie sich dabei fühlen. Zählen Sie diese Zahlen zusammen, und Sie werden an dem Ergebnis ablesen können, wie gut es Ihnen mit Ihrem Partner geht.

Vergleichen Sie nun die beiden Ergebnisse. Welche Zahl ist größer, und wie groß ist die Differenz? Wenn die Summe der positiven Eigenschaften größer ist als die der negativen, sollten Sie sich überlegen, ob Ihre Unzufriedenheit wirklich begründet ist. Wenn das Ergebnis der ›Negativ‹-Spalte nur wenig (sagen wir: 5 oder 6 Punkte) höher ist als das der ›Positiv‹-Spalte, dann ist es vielleicht besser, zu bleiben und die Tinkerbell in Ihnen zum Zuge kommen zu lassen. Wenn die Summe der negativen Eigenschaften die der positiven jedoch weit übersteigt (sagen wir: um 50 oder 60 Punkte), dann empfehle ich Ihnen, dieses Kapitel noch einmal gründlich zu lesen und sich die Frage zu beantworten: »Was treibt mich dazu, bei ihm zu bleiben?« Oder, besser noch: Suchen Sie einen vertrauenswürdigen Berater auf, der Ihnen hilft, die Antwort auf diese Frage zu finden.

Die dreiunddreißigjährige Frau, deren Konzept einer Veränderung ich in Kapitel 2 als Beispiel angeführt habe, kam zu folgendem Ergebnis: Die Summe der negativen Eigenschaften betrug 117, die der positiven 84. Das deutete wohl darauf hin, daß in beiden Richtungen starke Gefühle existierten, wobei die negativen die positiven um immerhin 33 Punkte überwogen. Wegen der guten Eigenschaften ihres Partners konnte sie sich nicht entschließen, ihn einfach zu verlassen; gleichzeitig aber belasteten seine negativen Eigenschaften sie so stark, daß sie auch nicht bereit war, einfach ›die Zähne zusammenzubeißen‹. Also unternahm sie den nächsten Schritt.

Sie ging zu einem Anwalt, der für das erste Gespräch kein Honorar in Rechnung stellte, und sprach mit ihm über eine Scheidungsklage. Sie ließ sich seine Geschäftskarte geben, zeigte sie ihrem Mann und erzählte ihm, was sie mit dem Anwalt besprochen hatte.

Der Gedanke an eine Scheidung erschreckte ihn. Er reagierte völlig überzogen, indem er sie anbettelte, ihm noch einmal eine Chance zu geben. Die Frau besann sich auf ihr neu entdecktes Tinkerbell-Ich und entgegnete auf seine Bitten, sie wolle keines der beiden Extreme – weder seine Gleichgültigkeit noch seine Schuldgefühle. Sie wolle Veränderungen. Und die wahrscheinlich wichtigste stellte sich sofort ein: Er hörte ihr zu. Gemeinsam gingen sie zu einem Eheberater, der ihnen bei der Wiederherstellung einer gesunden Beziehung half.

Das letzte Mann, als ich mit dieser Frau sprach, sah sie optimistisch in die Zukunft. Sie machte noch einmal den in Kapitel 2 beschriebenen Test – was ich auch Ihnen empfehle, damit Sie überprüfen können, ob Sie Fortschritte machen und, wenn ja, wie groß diese sind. Dabei stellte es sich heraus, daß ihr Mann keine negativen Eigenschaften mehr hatte, die ›immer‹ vorhanden waren.

Ihre Augen leuchteten wie die Lichtblitze, die Tinkerbell versprüht, als sie mir erzählte, daß die Empfehlungen ihres Eheberaters auch zu einer Bereicherung ihres Sexuallebens geführt hätten. Ich glaube, ihre abschließende Bemerkung spricht für sich:

»Ich fand es immer entsetzlich, wie lange er brauchte, um irgend etwas zu erledigen. Das hat sich geändert. Ich habe nämlich entdeckt, daß es *eine* Sache gibt, bei der ich es genieße, daß er lange dazu braucht.«

Kapitel 14

Für Freunde und Geschwister

Die Jungen hocken auf dem Boden oder strecken die Köpfe aus ihren Löchern. Sie haben einige Ähnlichkeit mit Dorfbewohnern, die am Brunnen ein Schwätzchen halten.

Die Jungen stürzen davon und machen sich daran, in einer nicht existenten Spüle unsichtbare Teller abzuwaschen, die sie in einen Schrank stellen, der gar nicht vorhanden ist.

Wenn Sie den Verdacht haben, Ihr Freund könnte ein Opfer des Peter-Pan-Syndroms sein, wäre es möglich, daß Sie ihm helfen können. Wenn Ihr Bruder sich weigert, erwachsen zu werden, können Sie ihm vielleicht auf der Basis Ihrer geschwisterlichen Beziehung einen Ausweg zeigen. Aber wie auch immer Sie zu dem Betreffenden stehen – hüten Sie sich davor, sich so zu verhalten wie Peter Pans Freunde.

Barries Beschreibung deutet darauf hin, daß die Verlorenen Jungen der Versuchung nicht widerstehen konnten, hinter Peter Pans Rücken über sein merkwürdiges Verhalten zu reden. In seiner Gegenwart jedoch unterstützten sie seine Albernheiten, indem sie sich daran beteiligten. Es ist leicht, sich über ein PPS-Opfer lustig zu machen, aber es ist ziemlich schwer, ihm zu helfen. Wenn Sie über ihn Witze machen, ihn beobachten, über ihn klatschen oder sein unrealistisches Verhalten auf andere Weise unterstützen, empfehle ich Ihnen, keinen Versuch zu unternehmen, dem Opfer zu helfen, sondern sich lieber selbst einer genauen Prüfung zu unterziehen. Könnte es sein, daß auch in Ihren Gedanken Zauberstäbe und Fluchten nach Niemalsland eine wichtige Rolle spielen?

Wie stark ist das Peter-Pan-Syndrom ausgeprägt?

Alle Männer haben etwas Elfenstaub auf ihrer Seele. Wenn sie ihm keine Macht über sich geben, sind sie in der Lage, sich eine jugendliche Einstellung gegenüber dem Leben zu bewahren und sich dennoch immer weiter zu entwickeln. Wenn Sie einem potentiellen PPS-Opfer helfen wollen, müssen Sie also einige Sorgfalt darauf verwenden, herauszufinden, wieviel Elfenstaub er auf seiner Seele hat. Mit anderen Worten: Sie müssen feststellen, in welchem Ausmaß das Peter-Pan-Syndrom bei ihm wirksam ist.

Sie werden diesen Mann nicht so gut kennen wie seine Mutter oder seine Partnerin, aber trotzdem sind Sie vielleicht mit manchen Aspekten seiner Persönlichkeit besser vertraut als sie. Wenn er ein Opfer des Peter-Pan-Syndroms ist, wird er Ihnen Verhaltensweisen zeigen, die er vor den Frauen, die er liebt, verbirgt. (Als seine Schwester haben Sie unter Umständen einzigartige Möglichkeiten, auf ihn Einfluß zu nehmen. Ich werde später näher darauf eingehen.)

Bevor Sie ihm Ihre Hilfe anbieten, müssen Sie sich die Frage beantworten: Welches Recht habe ich, meine Nase in seine Angelegenheiten zu stecken? Die Antwort darauf besteht in der Einschätzung des potentiellen Stadiums, den das Peter-Pan-Syndrom bei ihm erreicht hat. Wenn Ihr Freund oder Bruder die meisten der im folgenden aufgezählten Verhaltensweisen besitzt, glaube ich, daß Sie nicht nur das *Recht,* sondern auch die *Pflicht* haben, ihm zu helfen. Das ist schließlich eine der Aufgaben, die Freunde oder Familienangehörige haben.

Chauvinistische Überzeugungen – »Ich verstehe nicht, warum Frauen meinen, sie müßten sich benehmen wie Männer.«

Sexueller Rollenkonflikt – »Wenn wir zulassen, daß diese Schwulen in die Öffentlichkeit treten, geht es mit uns bergab.«

Vergewaltigungsfantasien – »Ich werde dieser Tussie zeigen, was ein Mann ist!«

Übermäßiger Alkoholkonsum – Er betrinkt sich und wird gegenüber anderen aufdringlich und/oder ausfallend. Oder er hat ganz allgemein Probleme mit dem Alkohol.

Rücksichtsloses oder anstößiges Verhalten – Das beste Beispiel hierfür ist ein Mann, der sich bei einem geselligen Beisammensein im Sportklub lautstark daneben benimmt und allen anderen Anwesenden den Abend verdirbt. Gewöhnlich hat er dabei auch zuviel getrunken.

Rücksichtsloses Fahrverhalten – Er fährt, als gehöre die Straße ihm, und regt sich maßlos auf, wenn andere auch nur den kleinsten Fehler machen.

Egoismus – Er muß überall im Mittelpunkt stehen, hört nicht zu, wenn andere Meinungen geäußert werden, und verfällt leicht in Selbstmitleid.

Vorurteile – Er erzählt rassistische Witze und äußert sich abfällig über Minderheiten.

Wie Sie Fehler vermeiden können

Was die sozialen und persönlichen Rücksichtslosigkeiten des PPS-Opfers betrifft, so dürfen Sie seine Überzeugungen und Verhaltensweisen vor allen Dingen nicht auch noch unterstützen. Falls er Ihnen bei Ihren Bemühungen, ihm konstruktiv zu helfen, die kalte Schulter zeigt, können Sie immer noch etwas für ihn tun, indem Sie sich weigern, bei seiner falschen Fröhlichkeit, seinem rücksichtslosen Verhalten oder der Aufrechterhaltung seiner Fassade mitzuwirken.

Indem Sie sich an diese Empfehlungen halten, vermeiden Sie die Gefahr, die Probleme des PPS-Opfers unabsichtlich noch zu verstärken:

Was Sie vermeiden sollten:

- ☐ Kichern Sie nicht, wenn er den Clown spielt.
- ☐ Lachen Sie nicht über seine rassistischen Witze.
- ☐ Kritisieren Sie ihn nicht hinter seinem Rücken.
- ☐ Pflichten Sie seinen chauvinistischen Überzeugungen nicht bei.
- ☐ Steigen Sie nicht in seinen Wagen, wenn er fährt wie ein Wilder.
- ☐ Unterstützen Sie nicht seinen sexuellen Rollenkonflikt, indem Sie zeigen, daß Sie seine Intoleranz für gerechtfertigt halten.
- ☐ Geben Sie ihm nichts mehr zu trinken, wenn er genug hat.
- ☐ Distanzieren Sie sich von ihm, wenn er sich in der Öffentlichkeit danebenbenimmt.
- ☐ Geben Sie ihm keinen Anhaltspunkt, daß Sie seine Vergewaltigungsfantasien teilen
- ☐ Beachten Sie ihn nicht, wenn er sich anderen Leuten aufdrängt.
- ☐ Bemitleiden Sie ihn nicht.
- ☐ Spielen Sie nicht mit ihm, wenn er es nicht ertragen kann zu verlieren.
- ☐ Bleiben Sie nicht, wenn er zu anderen gemein ist.

Wenn Sie auch nur eines dieser Dinge tun, mögen Sie vielleicht glauben, Sie seien sein Freund – in Wirklichkeit aber verschlimmern Sie seine Lage nur noch.

Aktives Ignorieren

Wenn Sie einem PPS-Opfer helfen wollen, besteht der erste Schritt darin, eine Situation zu verändern, ohne dem Verhalten des Opfers direkt entgegenzutreten. Hierzu bedient man sich einer Technik, die ich ›aktives Ignorieren‹ nenne. Nehmen Sie keine Notiz von dem, was er tut oder sagt, und geben Sie seinem Verhalten einfach eine andere Richtung.

Orientieren Sie sich dabei an diesen Empfehlungen:

Was Sie tun sollten:

- ☐ Machen Sie eine Bemerkung darüber, wie wichtig die Gleichberechtigung der Frau ist, und äußern Sie die Überzeugung, daß sie sich für die ganze Gesellschaft positiv auswirken würde.
- ☐ Bestellen Sie sich Kaffee, Tee oder Mineralwasser anstelle eines Biers.
- ☐ Sagen Sie: »Homosexuelle haben genausoviel Recht auf ein glückliches Leben wie du und ich.«
- ☐ Sagen Sie ganz ruhig: »Hör mal, ich würde gerne heil ankommen«, wenn er fährt wie ein Wilder.
- ☐ Wechseln Sie das Thema, wenn er rassistische oder sexistische Überzeugungen von sich gibt.
- ☐ Widersprechen Sie seinen Vergewaltigungsfantasien mit Bemerkungen wie: »Mir persönlich macht es mehr Spaß, mit einer Frau zu schlafen, wenn sie es *will,* und nicht, wenn ich sie dazu zwingen muß.«
- ☐ Sagen Sie zu ihm, wenn er sich in der Öffentlichkeit danebenbenimmt: »Mir macht es Spaß hier, und den möchte ich mir von dir nicht verderben lassen.«
- ☐ Richten Sie eine Frage an jemand anderen, wenn er versucht, das Gespräch zu beherrschen, und tun Sie so, als habe er nichts gesagt.

Wenn Sie ihm gegenüber auf diese nicht einmal sehr aggressive Weise reagieren, müssen Sie sich auf Retourkutschen gefaßt machen. Das PPS-Opfer wird es gar nicht gern sehen, wenn Sie seine Bemerkungen ignorieren oder ihm das Publikum nehmen. Je stärker das Peter-Pan-Syndrom bei ihm wirksam ist, desto mehr wird ihn Ihre Reaktion zu einem immer extremeren Verhalten anstacheln.

Humor

Ihr nächster Schritt sollte sein, das PPS-Opfer auf humorvolle Weise mit seinem Verhalten zu konfrontieren. Möglicherweise können Sie Ihrem Freund oder Ihrem Bruder helfen, indem Sie ihn dazu bringen, sich selbst oder die jeweilige Situation nicht so ernst zu nehmen. Wenn Sie es mit Humor versuchen wollen, dann halten Sie sich an diese Empfehlungen:

Was Sie tun sollten:

- ☐ Sagen Sie: »Alkohol zeigt bei dir aber eine ganz vertrackte Wirkung.«
- ☐ Sagen Sie: »Natürlich – du bist der Größte, und alle Frauen liegen dir zu Füßen.«
- ☐ Sagen Sie: »Reg dich lieber ab, wenn du keine Lust hast, demnächst zum Zahnarzt zu gehen«, wenn er Vorurteile von sich gibt, um sich über andere lustig zu machen.
- ☐ Sagen Sie bei einer Party oder einem geselligen Beisammensein: »Als ich zum ersten Mal Bier getrunken habe, habe ich mich auch benommen wie ein Idiot.«
- ☐ Sagen Sie: »Willst du dich fürs Formel-I-Rennen qualifizieren?«, wenn er rücksichtslos fährt.
- ☐ Sagen Sie: »Unser Freund hier will anscheinend Politiker werden«, wenn er in einer Gesprächsrunde keinen anderen zu Wort kommen läßt.
- ☐ Sagen Sie beim Tennis- oder Golfspielen: »Wenn du mich schlägst, fange ich an zu weinen.«
- ☐ Wenn er wieder einmal anfängt, von Vergewaltigung zu reden, könnten Sie einwerfen: »Wenn du ihr zeigst, was ein Mann ist, wird sie dir zeigen, was eine Frau ist, und das wird für dich bestimmt nicht besonders angenehm sein.«
- ☐ Auf seine Ressentiments gegen Homosexuelle könnten Sie so reagieren: »Hast du Angst, daß dir ein Schwuler in die Hosen faßt?«

Humorvolle Bemerkungen wie diese können dazu führen, daß die Atmosphäre sich entspannt. Es ist jedoch auch möglich, daß das PPS-Opfer solche Bemerkungen als beleidigend auffaßt (z. B. die letzte der obigen Empfehlungen). Wenn dies eintritt und die Situation nur noch schlimmer wird, sollten Sie sofort den Rückzug antreten.

Indirekte Konfrontation

Bei dem Versuch, dem PPS-Opfer zu helfen, betreten Sie mit dem nächsten Schritt eine neue Arena: die der indirekten Konfrontation. Hierbei sagen Sie ihm etwas, das direkt auf sein Verhalten bezogen ist. Die Wahl des geeigneten Zeitpunktes ist äußerst wichtig – das bedeutet, daß diese Konfrontation unter vier Augen stattfinden sollte. Sie ist indirekt, weil hinter ihr der Gedanke steht: »Ich mag dich wirklich sehr, aber mir gefällt nicht, was du manchmal tust.« Wenn Sie bereit sind, diesen großen Schritt zu wagen, sollten Sie nach diesen Empfehlungen vorgehen:

Was Sie sagen sollten:

- ☐ »Du brauchst mit deiner Männlichkeit nicht so zu protzen. Du hättest viel mehr Glück bei Frauen, wenn du nicht immer so tun würdest, als wärst du der größte Macho weit und breit.«
- ☐ »Dieses Gerede, daß man es den Frauen nur ›richtig besorgen‹ muß, macht dich noch lange nicht zu einem guten Liebhaber. Versuch's doch einmal auf die sanfte Art – ich weiß doch, daß dir das viel mehr liegt.«
- ☐ »Ich habe erlebt, daß du unheimlich hilfsbereit zu Leuten warst, die weniger haben als du. Ich kann einfach nicht glauben, daß du so rücksichtslos sein sollst.«
- ☐ »Diese Angeberei paßt doch gar nicht zu dir. Dafür bist du viel zu nett.«

- □ »Du bist gar nicht so gemein wie du immer tust. Du bist wie ein Schmusekater – mit deinem weichen Fell erreichst du viel mehr als mit deinen Krallen.«
- □ »Ich glaube, du merkst gar nicht, daß andere sich von dir abwenden, wenn du so angibst. Und dabei weiß ich doch, daß du willst, daß sie dich mögen. Mach doch lieber halblang, du *hast* ja schließlich Freunde. Aber du mußt sie auch mal zu Wort kommen lassen.«
- □ »Weißt du, manchmal glaube ich, daß du dich selber nicht besonders magst.«
- □ »Ich mache mir Sorgen um deine Trinkerei. Ich glaube, sie ist dir über den Kopf gewachsen, und du hast es noch nicht einmal gemerkt.«
- □ »Es ist mir richtig peinlich, wenn du dich so aufregst wie zum Beispiel neulich abend bei diesem Eishockeyspiel. Ich kann mir einfach nicht vorstellen, daß du anderen wirklich den Spaß verderben willst.«
- □ »Manchmal habe ich richtig Angst um dich. Zum Beispiel, wenn du fährst wie ein Wilder. Das sieht fast so aus, als wolltest du unbedingt sterben.«

Wie Sie sehen, gehören zur indirekten Konfrontation Besorgtheit und die Bereitschaft, Rückhalt zu geben. Mit dem, was Sie sagen, vermitteln Sie auch Hoffnung. Während Sie Ihrem Freund sagen, was Ihnen an ihm nicht gefällt, geben Sie ihm gleichzeitig Streicheleinheiten.

Diese Art der Konfrontation ist besonders effektiv, wenn eine Schwester sie bei ihrem Bruder einsetzt. In diesem Fall sollten Sie gemeinsame Erinnerungen an schöne Kindheitserlebnisse beschwören. Versuchen Sie, auch wenn er ein schwieriges Kind war, etwas Positives zu finden, vielleicht etwas aus seiner frühen Kindheit. Eine Schwester, die sich der indirekten Konfrontation bedient, muß sich darauf verlassen können, daß die Familienbande noch existieren. Eine ältere Schwester wird mit dieser Methode wahrscheinlich mehr Glück haben als eine jüngere.

Wenn indirekte Konfrontation nichts nützt (z. B. wenn das PPS-Opfer erwidert: »Meine Probleme gehen dich überhaupt nichts an«), bleiben Ihnen nur zwei Möglichkeiten: Entweder Sie vergessen das Ganze, oder Sie gehen noch einen letzten Schritt weiter. Bevor Sie diese Entscheidung fällen, sollten Sie bedenken, daß dieser Mann sich möglicherweise so weit in sein narzißtisches Niemalsland zurückgezogen hat, daß er für niemanden mehr erreichbar ist. In diesem Fall ist er schließlich nur noch gemein.

Direkte Konfrontation

Bei diesem letzten Versuch, dem PPS-Opfer zu helfen, setzen Sie ihm quasi die Pistole auf die Brust. Wenn Sie alles versucht haben, ohne daß sich irgend etwas geändert hätte, sollten Sie sich mit dieser Möglichkeit befassen. In diesem Stadium werden Sie wahrscheinlich eine ziemliche Wut auf Ihren Freund oder Ihren Bruder haben. Zeigen Sie ihm diese Wut, aber geben Sie sich Mühe, es positiv klingen zu lassen. Es ist hierbei jedoch unvermeidlich, ihn auf die möglichen Konsequenzen hinzuweisen: »Wenn du dein Verhalten nicht änderst, wirst du mich als Freund verlieren.«

Was Sie sagen sollten:

- □ »Jede normale Frau, die es wert ist, geliebt zu werden, wird sich dein Macho-Gehabe nicht lange ansehen.«
- □ »Ich weiß, daß es wunderschön sein kann, miteinander zu schlafen, wenn man sich gegenseitig achtet und auf den anderen eingeht. Deine sadistischen Fantasien gehen mir furchtbar auf die Nerven.«
- □ »Wenn du vorhast, weiterhin zu fahren wie ein Rennfahrer, dann laß mich jetzt aussteigen. Ich habe keine Lust, im Krankenhaus zu landen.«
- □ »Ich bin hergekommen (Tennisplatz, Golfplatz usw.), um Spaß zu haben. Aber so, wie du spielst, kommt nichts dabei heraus. Entweder du änderst dich, oder wir haben zum letzten Mal miteinander gespielt.«

- ☐ »Wenn du dich nicht abregst, werde ich gehen.« (Wenn er sich in aller Öffentlichkeit aufregt und andere beschimpft).
- ☐ »Ich habe keine Lust, mit dir einen trinken zu gehen. Ich habe schon genug Probleme – da brauche ich mir nicht auch noch anzusehen, wie mein Freund sich besäuft.«
- ☐ »Ich kenne einen wirklich guten Psychologen. Warum gehst du nicht mal hin? Es kann doch nicht schaden, und vielleicht kommt auch etwas dabei heraus.«
- ☐ »Weißt du eigentlich, was für ein Gefühl es für deine Frau und deine Kinder ist, wenn du so tust, als ob sie dir egal wären? Warum zeigst du anderen denn nicht, daß du sie lieb hast?«
- ☐ »Wenn du dich immer benimmst wie ein Idiot, habe ich einfach keine Lust, mit dir irgendwohin zu gehen.«
- ☐ »Seit ich dich kennengelernt habe, hast du dich so verändert. Was ist nur los mit dir? Mir kannst du es doch sagen.«
- ☐ »Kann ich dir irgendwie helfen? Du hast offensichtlich irgendwelche Probleme, und ich glaube, du merkst es nicht einmal.«

Diese direkten Konfrontationen sollten zunächst nur in einer privaten Atmosphäre stattfinden. Wenn Ihr Freund oder Bruder sie jedoch ignoriert oder ihnen ausweicht, bleibt Ihnen nur noch eine einzige Möglichkeit: ihn in aller Öffentlichkeit zur Rede zu stellen. Ich rate nur selten jemandem, zu diesem äußersten Mittel zu greifen. Es könnte sein, daß Ihr Freund daraufhin zugibt, Hilfe zu brauchen, aber es ist wahrscheinlicher, daß sich sein Verhalten nur noch verschlimmert.

Bevor Sie das Ergebnis Ihrer Bemühungen endgültig bewerten, müssen Sie sich sicher sein, daß Sie alles in Ihrer Macht Stehende getan haben, um Ihrem Freund oder Bruder zu helfen. Die Empfehlungen in diesem Kapitel sollen Ihnen zeigen, was Sie tun können. Es kann einen Tag, eine

Woche oder einen Monat dauern, bis Sie merken, ob Ihre Versuche, ihm zu helfen, etwas bewirkt haben.

Wenn alle Ihre Bemühungen fehlgeschlagen sind, bleibt Ihnen nur noch *eine* Wahl. Gehen Sie zu ihm und sagen Sie ihm: »Ich bin nicht dein Freund, um untätig zuzusehen, wie du dein Leben zerstörst. Wenn du meine Hilfe brauchst, weißt du, wo du mich finden kannst.«

Wenn Sie gehen, dann denken Sie daran, daß diese Trennung vielleicht genau das ist, was er braucht, um sich dazu durchzuringen, sein Niemalsland zu verlassen.

Kapitel 15

Für die Opfer des Peter-Pan-Syndroms

Irgendwie weiß Peter, warum er es nicht zulassen darf, daß ihn jemand berührt, aber irgendwie (und weitaus häufiger) weiß er es nicht. Es hat etwas mit dem Geheimnis seines Lebens zu tun. Wenn er nur dahinterkommen könnte, würde er vielleicht rufen: »Zu leben wäre ein schrecklich aufregendes Abenteuer!«

Ich habe einen sehr guten Freund namens Larry. Als Psychologe und Psychotherapeut habe ich gelernt, recht gut damit zurechtzukommen, daß ich nicht zu Parties eingeladen werde. Die meisten Leute wollen nicht mit einem ›Seelenklempner‹ befreundet sein. Larry ist eine Ausnahme. Er ist erwachsen genug, um zu wissen, daß ich noch anderes mit meiner Zeit anzufangen weiß, als andere Leute zu analysieren.

Larry ist ein absolut wunderbarer Mensch. Er ist freundlich, liebevoll, sanft und aufrichtig. Er hat eine gutgehende Anwaltskanzlei in einer Großstadt, zwei lebhafte, wohlerzogene Kinder und eine außergewöhnliche Frau – seine Tinkerbell –, die ich liebe und verehre. Larry ist einer jener Menschen, deren bloße Existenz die Welt ein wenig freundlicher macht.

Aber Larry war nicht immer so voller Leben und Liebe. Früher einmal gehörte er zu Peter Pan und seiner Legion der Verlorenen Jungen. Wie Peter Pan gab auch ihm das Geheimnis seines Lebens oft das Gefühl, einsam und verloren zu sein. Larry jedoch entdeckte die Lösung des Rätsels. Es war ein schwerer Kampf. Auf seinem Weg von

Niemalsland zurück in die Realität wurde Larry oft von Reue und Traurigkeit gequält und mußte viele Verletzungen hinnehmen. Aber er schaffte es.

Eines Abends erzählte er mir von dieser Reise und seiner Lösung des Rätsels. Es war leicht, sein Freund zu sein. Nicht ein einziges Mal kam mir der Gedanke an eine Therapie, nicht ein einziges Mal versuchte ich, das ›Richtige‹ zu sagen. Ich hörte einfach nur zu. Nachdem er geendet hatte, weinten wir, und als wir uns voneinander verabschiedeten, umarmten wir uns. Ich liebe Larry. Dies ist seine Geschichte.

Larrys Kindheit und Jugend

Larry war ein einfacher Bauernbursche mit einem starken Willen. Er wuchs in einem kleinen Haus im Mittleren Westen auf, das so abgelegen war, daß man wirklich meinen konnte, es sei das Ende der Welt. Jahrelang waren Hunde, Kühe, Enten, Schweine, Pferde und Hühner Larrys Spielkameraden, und infolgedessen glaubte er, sein ganzes Leben sei so friedlich und ruhig wie der Hof, auf dem er mit ihnen herumtollte.

Der Frieden des Hofes aber stand in krassem Gegensatz zu der bedrückenden Atmosphäre, die in Larrys Familie herrschte. Bis auf den heutigen Tag versteht er nicht, was damals eigentlich geschah. Aber was immer es war – er bemerkte es erst mit fünf Jahren. Die gequälten Schreie seiner Mutter rissen ihn aus dem Schlaf, aber eine Weile dachte er, er sei aus einem Alptraum aufgewacht. Nach und nach dämmerte ihm jedoch, daß seine Mutter und sein Vater sich stritten. Er hatte Angst, sein Zimmer zu verlassen, wagte aber nicht, wieder einzuschlafen. Mit klopfendem Herzen saß er einfach da, starr vor Schrecken.

Tagsüber gingen ihm seine eingebildeten Alpträume nicht aus dem Kopf. Er lernte, sich trotz seiner ständigen Angst auf seine Hausaufgaben zu konzentrieren. Auch heute noch, sagt er, besitzt er die Fähigkeit, sich zu konzentrieren, wenn gegnerische Anwälte ihn durcheinanderbringen wollen. Aber der Preis, den er für diese Fähigkeit bezahlen mußte, war viel zu hoch.

Larry versuchte, hinter den Grund seiner Angst zu kommen. Bald entdeckte er, daß er seine Eltern belauschen konnte, indem er sich heimlich auf die Treppenstufen setzte, wenn sie glaubten, er liege im Bett.

Seltsamerweise hörte er nie seinen Vater etwas sagen. Die schrillen Klagen seiner Mutter aber blieben ihm im Gedächtnis haften. »Du kränkst mich und behandelst mich wie eines deiner Tiere. Du verletzt mich mit diesem schrecklichen Ding zwischen deinen Beinen. Warum nimmst du dir dafür nicht ein Schwein und läßt mich in Ruhe?«

Larry saß mit gesenktem Kopf da und hörte verwirrt zu. Wovon redete seine Mutter? Der Vater tat ihr weh. Und er antwortete nichts auf ihre Anschuldigungen. Larry glaubte seiner Mutter – warum sollte er auch nicht?

Die Bezichtigungen nahmen kein Ende. »Du nimmst Larry nie irgendwohin mit. Du ignorierst ihn. Ich sehe doch, wie seine Augen dich ansehen, wie sie nach etwas suchen, irgend etwas. Aber du tust so, als wäre er Luft. Dein ältester Sohn ist eine Plage, eine Plage. Und du hast mich gezwungen, ihn zur Welt zu bringen. Ihn hat dabei keiner gefragt.«

Larry weiß noch, daß er an vielen Abenden beim Zubettgehen über dieses Problem nachdachte. Auf seine einfache, kindliche Weise fand er schließlich die Lösung. Seine Mutter litt schreckliche Schmerzen, an denen sie seinem Vater die Schuld gab – seinem Vater und seinem ›Ding‹. Aber das konnte nicht sein. Sein Vater liebte ihn. Immerhin, dachte Larry, zeigt er mir doch, wie man die Kühe melkt und die Hühner füttert. Er hilft mir und redet mit mir. Es ist nicht seine Schuld. Also blieb nur noch eine andere Möglichkeit: *Er* war schuld an den Schmerzen seiner Mutter. Das Problem war er selbst.

Larrys Schlußfolgerung, daß er ein böser Junge sei, bereitete ihm nicht allzu große Schmerzen. Er hatte die Antwort gefunden. Er würde einfach lernen, ein guter Junge zu sein. Er würde alles tun, was man ihm sagte, niemals Widerworte geben und so seiner Mutter weitere Schmerzen ersparen.

Er konnte nicht wissen, daß er einen Entschluß gefaßt hatte, der katastrophale Folgen für ihn haben sollte. Weder sein Vater noch seine Mutter sagten ihm, daß er nicht die Ursache ihrer Streitigkeiten war. Je mehr er versuchte, es seiner Mutter recht zu machen, desto mehr überschüttete sie ihn mit Liebe. Larry benahm sich so gut, daß seine Mutter einen folgenschweren Schritt tat: Sie begann, ihn dafür zu loben, daß er besser zu ihr war als ihr Mann. Die darin enthaltene unterschwellige Botschaft war nicht zu überhören.

Zu Larrys Mitleid mit seiner Mutter trat bald die irrige Annahme, er könne sie vor Schmerzen bewahren. Seine Pubertät rückte näher, und er mußte sich zwischen seinen Eltern entscheiden. Der Abstand zwischen ihm und seinem Vater wurde immer größer. Seine Mutter klammerte sich an sein Mitleid und seine Loyalität. Je mehr er sich von seinem Vater entfernte, desto mehr pries ihn seine Mutter als den ›einzigen Lichtblick‹ in ihrem Leben. Larry war stolz auf sich selbst, aber er lebte auch in ständiger Angst. Wenn er jemals das Wohlwollen seiner Mutter verlor, würde seine Welt zusammenbrechen. Der Gedanke, seine Mutter könne ihn ablehnen, erfüllte ihn mit Panik.

Seine religiöse Erziehung besiegelte sein Schicksal. Als Katholik mußte er sich einer strengen Beichte unterziehen und war den Drohungen der ›Bräute Christi‹ – der Nonnen – ausgesetzt. Larry erinnert sich, daß er vor zwei Dingen am meisten Angst hatte: Vor der Masturbation, die damals noch ›Selbstbesudelung‹ hieß, und vor der Möglichkeit, seiner Mutter Schande zu machen. Diese beiden Dinge, davon war Larry überzeugt, würden dafür sorgen, daß er zur Hölle fahren würde, wo ewige Qualen auf ihn warteten. Er wußte nun, wofür sein ›Ding‹ da war, und warum es so schrecklich war. Er schwor, es niemals anzufassen.

Eine besonders ›wohlmeinende‹ Nonne bestätigte Larry in seinem unrealistischen Drang, seine Mutter zu retten. »Wenn du unartig gegenüber deiner Mutter bist«, sagte sie ihm, »dann ist das, als würdest du ihr einen vergifteten Pfeil ins Herz schießen. Und wenn das Herz ganz und gar vergiftet ist, muß sie sterben.«

Nur ein einziger Umstand bewahrte Larry vor dem sicheren Untergang: Er konnte hart arbeiten. Die Art und Weise, wie er auf dem Hof und im Garten zupackte, bewies ein Arbeitsethos, um das Calvin ihn beneidet hätte. Er merkte, daß seine Mutter aufgrund dieser Tatsache sehr zufrieden mit ihm war, und so war er schon mit zwölf Jahren ein geradezu besessener Arbeiter. Obwohl seine Motivation den falschen Ursachen entsprang, vermittelte ihm seine Arbeit einen gesunden Stolz, der in den schweren Jahren, die vor ihm lagen, sein einziger Trost war.

Während seines ersten Jahres auf der High School traten zwei größere Konflikte in Larrys Leben: Er erlebte jeden Tag aufs neue die Ablehnung der meisten anderen Schüler, und er entdeckte den Schmerz und die Lust, die sein ›Ding‹ ihm vermittelte.

Die Schüler der höheren Klassen hänselten ihn, weil er einer von den Kleinen war. Seine Klassenkameraden verspotteten ihn, weil er so eifrig lernte wie ein Mädchen. Die Mädchen wiederum machten sich wegen seiner Interessen über ihn lustig. In einer Zeit, da man überall Rock'n'Roll hörte, tanzte Larry lieber Foxtrott. Elvis war der ›King‹, aber Larry kaufte sich lieber Andy-Williams-Platten. Alle modebewußten jungen Leute trugen Schmalztollen, während Larry Locken hatte. In der Sprache der späten fünfziger Jahre war Larry eine ›lahme Ente‹.

Wegen seiner Selbstbefriedigung bekam Larry schwere Schuldgefühle. Es war ein so schönes Gefühl ... aber die Qualen, die auf die Lust folgten, waren kaum zu ertragen! Tag und Nacht beherrschte der Gedanke an brennendes

Fleisch sein Bewußtsein. An jenem Tag, an dem er begann, mit seinem ›Ding‹ zu spielen, hatte Larry seine persönliche Hölle gefunden.

Er gelobte Gott aufrichtige Reue und absolute Abstinenz. Darüber hinaus lebte er in der ständigen Angst, seine Mutter könnte dahinterkommen, was er nachts tat. Sie würde sich von ihm abkehren, weil sein ›Ding‹ ihm Lust verschaffte. Ihre Worte fielen ihm wieder ein, und er überlegte, ob er es an einem Schwein versuchen sollte. Die Angst vor der Ablehnung seiner Mutter war nun zur regelrechten Panik geworden. Allein bei dem Gedanken, er könne ihr Mißfallen erregen, verwandelte er sich innerlich zu Stein.

Eines Tages saß Larry untätig in seinem Zimmer. Er erinnert sich nicht mehr an das genaue Datum; die Qual, ein Teenager zu sein, hat jene Zeit für ihn in ein pechschwarzes Gruselkabinett verwandelt – immer wieder überfallen ihn Erinnerungen, aber er weiß nicht, woher sie kommen.

Wie sooft schon begann er, seinen Penis zu reiben, wobei er so tat, als sei das kein schönes Gefühl. Wenn er es nicht genoß, so glaubte er, würde er auch keine Schuld auf sich laden. Aber das funktionierte nie. Gerade als die Lust begann, ihn zu überwältigen, betrat sein Vater das Zimmer. Larry wurde starr vor Schreck. Sein Vater stutzte und sagte dann: »Ich werde deiner Mutter nichts sagen.« Darauf hing er hinaus. Es wurde nie mehr über diesen Zwischenfall gesprochen.

Larrys schlimmste Ängste bestätigten sich. Wenn seine Mutter dahinterkam, würde sie ihn wegen seines ›Dings‹ genauso hassen wie seinen Vater. Aber der Vater würde ihr nichts sagen. Larry hatte das dumpfe Gefühl, daß mit dem Verhalten seines Vaters irgend etwas ganz und gar nicht stimmte. Auch heute noch wird Larry jedesmal wütend, wenn er daran denkt, daß sein Vater ihn im Stich ließ, als er ihn am dringendsten gebraucht hätte.

Larry ist davon überzeugt, daß seine blühende Fantasie

ihn vor dem psychischen Erstickungstod bewahrt hat. Er war ein aufgeweckter Junge, und es fiel ihm nicht schwer, die Realität hinter sich zu lassen und auf eine Reise in die Welt seiner Fantasie zu gehen. Dort gab es keine Grenzen. Es gab keine Unzulänglichkeiten und niemanden, dessen Mißfallen man hätte erregen können. Und was das Wichtigste war: Es gab keine Schuld. Das Gefühl der Freiheit, das er dort erlebte, ließ ihn immer wieder in die Welt seiner Vorstellung fliehen.

In seinen Fantasien fand Larry stets Zuflucht. So wie er sich früher auf dem Speicher versteckt hatte, so verbarg er sich jetzt in seinem Kopf. Der Gedanke, daß er vor der Realität davonlief, kam ihm nie. Er wußte nicht, daß er süchtig war nach den angenehmen Bildern seiner Tagträume. Er hatte nur einen Ausweg gesucht und ihn gefunden.

Sein einziger Halt in der Wirklichkeit waren Lachen und harte Arbeit. Sein Großvater hatte ihn gelehrt zu lachen, und ein guter Arbeiter war er von Natur aus. (Es ist kaum verwunderlich, daß Larry, wenn er vom Bauernhof oder seinem Großvater erzählt, Wärme und ein Gefühl der Geborgenheit verspürt.)

In der kommenden Zeit würde Larry alle Hilfe brauchen, die er bekommen konnte. Er hatte vor, zu Hause auszuziehen.

Larry verläßt sein Elternhaus

Auf der High School hatte sich Larry im Sport, und insbesondere im Baseball, hervorgetan. Mehrere hervorragende Universitäten boten ihm Stipendien an, um ihn für ihr Team zu gewinnen. Aber seine Mutter war dagegen, daß er mit Großstadtkindern zusammenkam. Sie wollte, daß er unter dem Einfluß der Priester blieb. Es ist unschwer zu erraten, für welche Art von College Larry sich entschied.

Nachdem er sich in einem kleinen katholischen College eingeschrieben hatte, erlebte seine Persönlichkeit eine Wandlung zum Negativen. Weit schwerer als Lachen, harte Arbeit und eine blühende Fantasie wogen seine allgemeine Angst, ausgeschlossen zu sein, sein immer stärkeres Bedürfnis nach einer Vaterfigur, immer erdrückendere Schuldgefühle wegen seiner Selbstbefriedigung und eine mittlerweile phobische Reaktion auf den Gedanken, seine Mutter könne ihn ablehnen. Man braucht nicht viel Fantasie, um sich vorstellen zu können, daß Larry auf dem College nicht weniger litt als in den Jahren zuvor.

Seine Ängste wurden immer größer. Mit zitternden Händen öffnete er die Briefe, die seine Mutter ihm fast jeden Tag schrieb. Liebt sie mich noch? Wenn er sie gelesen hatte, seufzte er erleichtert. Ja, sie liebt mich noch. Seine Mutter bediente sich der Post, um ihn in Abhängigkeit zu halten.

Larry versuchte, die Kluft zwischen sich und seinem Vater zu schließen, indem er versuchte, die Anerkennung der Priester zu gewinnen. Aber damit begab er sich nur in eine weitere böse Zwickmühle. Er tat alles, was die Geistlichen sagten, aber da er weiterhin masturbierte, war er gezwungen, diese ›Väter‹ im Beichtstuhl um Erlösung von der ewigen Verdammnis zu bitten. Er haßte sie für ihre kalte, berechnende Gleichgültigkeit gegenüber seinen Qualen. Und er beneidete sie, denn er glaubte, sie hätten keine Probleme mit ihrer Sexualität. Es war nur logisch, daß seine verschwommenen Berufsvorstellungen um den Gedanken kreisten, ein Priester zu werden.

In dieser Zeit gab es allerdings einige Lichtblicke: seine hervorragenden schulischen Leistungen, ein paar Freunde, die die gleichen Schwierigkeiten zu haben schienen wie er, seinen Status als ausgezeichneter Baseball-Spieler und seinen besten Freund. Dieser Freund, der ein paar Jahre älter war als Larry, war es dann auch, der ihm den größten Lichtblick von allen vorstellte.

Ihr Name war Jackie. Sie war so wirklich und so sexy, daß Larrys *Playboy*-Fantasien vor ihr verblaßten. Sein Freund traf sich mit Jackies Schwester, und so saßen Jackie und Larry bei Wochenendfahrten zum Elternhaus seines Freundes zusammen auf dem Rücksitz.

Larry lernte, was Petting ist und hatte des öfteren einen Erguß. Seltsamerweise kam er nicht auf den Gedanken, diese ›fleischlichen Sünden‹ zu beichten. Irgendwie sagte ihm seine Vernunft, daß die schönen Dinge, die Jackie und er miteinander erlebten, ihn nicht in die Hölle bringen würden. Seine neue Freiheit machte ihm bewußt, daß er so gut wie nichts über Sex wußte. Sie dämpfte allerdings seinen Enthusiasmus für das Priestertum.

Die Erinnerung an den Mai 1962 ist ihm angenehm und peinlich zugleich. Heute kann er darüber lachen, aber damals wäre er am liebsten in den Boden versunken. Wenn er darüber spricht, nennt er es die ›Berghüttenepisode 1962‹.

Jackies Eltern hatten eine Berghütte an einem See, die sie als Ferienhaus benutzten. Am zweiten Wochenende im Mai schlug Jackie vor, sie und Larry sollten am Samstag zu der Hütte hinauffahren und sozusagen die Saison offiziell eröffnen. Larry war schnell damit einverstanden. Alles deutete darauf hin, daß sie dort die Nacht allein verbringen würden. Seine Gedanken kreisten darum, daß er mit Jackie in einem Bett schlafen würde. Er war noch immer ›unberührt‹. Leider wußte er nicht, was das hieß.

Kurz nach ihrer Ankunft schlug Jackie vor, einen Drink zu nehmen. Larry hatte kaum Erfahrung mit Alkohol. Er hatte erst einmal ein Bier getrunken, und zwar vor einem Jahr, auf der Hochzeit seiner Kusine. Jetzt bekam er einen Krug mit Schlehenlikör vorgesetzt.

Die beiden setzten sich auf die Couch. Der Krug stand auf dem Tisch vor ihnen. In ihrer Leidenschaft hatten sie ihn schon bald vergessen. Die Erinnerung an pornographische Fotos und seine lebhafte Fantasie halfen Larry herauszufinden, wo er Jackie streicheln mußte. Sie genoß es mit geschlossenen Augen. Ihr Atem ging immer schneller, und die Finger, mit denen sie über Larrys Rücken strich, verkrampften sich immer mehr. Unbeholfen legten sie sich nebeneinander auf die schmale Couch. Larry beschloß, einen Schritt weiter zu gehen.

Er streifte ihr die Bluse ab und warf sie auf den Tisch.

Beinahe wäre er in Triumphgeschrei ausgebrochen, als es ihm gelang, ihr mit einer Hand den Büstenhalter aufzuknöpfen. Er hatte von ›tollen Liebhabern‹ gelesen, die das genauso machten. Er war ein toller Liebhaber. Diese Überzeugung sollte jedoch bald platzen wie eine Seifenblase – im wörtlichen wie im übertragenen Sinn.

Jackie erlebte so etwas offenbar nicht zum ersten Mal. Aber dieser Gedanke kam Larry nicht in den Sinn, als er sanft mit den Lippen über ihre Brüste fuhr. Sie stöhnte – das hatte er erwartet. Sie wimmerte – auch damit hatte er gerechnet. Sie preßte ihn fester an sich – das war ihm neu. Aber es fühlte sich gut an, also warum sollte er es nicht genießen? Dann aber sagte sie etwas Unerwartetes. Sie flüsterte: »Ich brauche dich.«

Larry war ratlos. Er wußte nicht, was sie damit meinte. Als ehrlicher Junge vom Land antwortete er: »Wozu?«

Unbeirrt fuhr Jackie fort: »Ich bin ganz angespannt. Ich will dich in mir spüren.« Er konnte sich nicht erinnern, daß sein Penis jemals so hart gewesen war. Als Jackie seinen Gürtel öffnete, wurde ihm plötzlich klar, was die anderen Jungen meinten, wenn sie sagten, sie hätten ›es‹ mit einer Frau ›gemacht‹.

Larry geriet in Panik. In der Hoffnung, seine Angst werde vergehen, preßte er sich an Jackie. Sie öffnete den Reißverschluß seiner Hose und griff nach seinem Penis. In diesem Augenblick brach es aus ihm heraus. Sein Samen ergoß sich über Jackies Hände und ihren rosa Slip. Er versuchte, so zu tun, als sei gar nichts passiert. Die Peinlichkeit der Situation war einfach überwältigend. Er klammerte sich an Jackie und überlegte, was er sagen könnte. Noch ahnte er nicht, daß der Schlehenlikör seine Rettung sein würde.

Verzweifelt versuchte er, an ein Taschentuch heranzukommen, um die glitschigen Flecke zu beseitigen. Er war so nervös, daß er nicht aufpaßte, was er tat, und so stieß er den leichten Abstelltisch um. Der Krug fiel zu Boden und sofort bildete sich eine häßliche rote Pfütze.

Das bot ihm einen Ausweg aus seiner Verlegenheit. Er zog seine Hosen hoch und stürzte in die Küche, um einige Papiertücher zu holen. Als er zurückkehrte, war Jackie dabei, sich anzuziehen. Ihr Gesicht hatte einen ungläubigen Ausdruck. Larry hatte seine Unschuld verloren. Er sollte sie erst dreizehn Jahre später wiedererlangen.

Als Larry nach diesem Wochenende in die Schule zurückkehrte, war er voller Schuld und Entschlossenheit. Im Beichtstuhl entledigte er sich eines Teils seiner Schuldgefühle, und seine Entschlossenheit richtete sich darauf, es in Zukunft zu vermeiden, weitere Schuld auf sich zu laden: Er wollte sich auf die Bücher konzentrieren und die Finger vom Sex lassen.

Er hatte auch weiterhin Freundinnen, achtete jedoch sorgfältig darauf, daß ihm die Situation nicht aus der Hand glitt. Oder, wie er scherzhaft sagte: »Ich paßte auf, daß ich es war, der die Sache in der Hand hatte.«

Nach wie vor hatte Larry Angst, von seiner Mutter abgelehnt zu werden, und nach wie vor zog er sich in seine Fantasiewelt zurück. Er mußte unentwegt an die herrlichen Sachen denken, die Jackie und er hätten machen können. Seine Vorstellungskraft war so groß, daß er manchmal fest glaubte, er habe wirklich mit ihr geschlafen.

Als er die unteren College-Klassen abgeschlossen hatte, besaß Larry den Geist eines Dreißigjährigen und die seelische Reife eines Kindes. Aufgrund seiner hervorragenden Leistungen war die Zwischenprüfung für ihn eine Kleinigkeit. Vier Wochen später zwangen unglückliche Ereignisse ihn aus der selbstgewählten Isolation seiner Fantasiewelt in die Realität. Er lernte ein Mädchen kennen, das seine erste Frau werden sollte.

Die erste Ehe

Marilyn war eine jener Schönheiten, die einem erst beim zweiten Blick auffallen. Sie hatte blauschwarzes Haar, bezaubernde braune Augen und eine wunderbare Figur, die sie ebenso anziehend wie unnahbar machte. Sie war sehr vorsichtig. Marilyn war es, die die Dinge nicht außer Kontrolle geraten lassen wollte – Larry war dankbar und voller Bewunderung. Sie war es, die ihn drängte, noch eifriger zu lernen – Larry gab sich noch mehr Mühe als zuvor. Sie war es, die ihn ermahnte, die Regeln einzuhalten – und Larry hielt um ihre Hand an.

Marilyn war der Meinung, sie müßten jedesmal, wenn sie einander geküßt und gestreichelt hatten, zur Beichte gehen und standhaft warten, bis sie verheiratet waren – obwohl sie sagte, sie verstehe seine Ungeduld und seine männlichen Bedürfnisse. Larry wußte, daß seine Mutter mit seiner Wahl zufrieden sein würde, und er behielt recht. Marilyn gefiel seiner Mutter, und das gefiel Larry. Beide Frauen schienen aus demselben Stoff gemacht zu sein.

Die Hochzeitsnacht war eine Enttäuschung. Marilyn schien Larrys Zärtlichkeiten nur über sich ergehen zu lassen. Sie stöhnte nicht, sie wimmerte nicht, sie klammerte sich nicht an ihn. Ihr Körper war sinnlich, aber nicht lebendig. Ihr Fleisch fühlte sich zart an, aber sie empfand nichts. Die einzige Befriedigung, die sie beim Sex verspürte, war die, daß Larry befriedigt war. Larry schämte sich fast dafür, daß er Lust empfand. Aber er war entschlossen, sich zu bessern. Er würde Marilyn zufriedenstellen. Er war ein Experte darin, andere Menschen zufriedenzustellen. Als er in dieser ersten Nacht einschlief, bemerkte er in sich einen vertrauten Schmerz: Er hatte Angst.

Larrys Angst vor Ablehnung war nicht verschwunden. Sie hatte sich verdoppelt. Jetzt gab es zwei Frauen, die er zufriedenstellen mußte. Es mußten noch Jahre vergehen, bis ihm klar wurde, daß er an diesem stürmischen Novembertag, als der Winter bereits wie eine trübe Drohung in der Luft hing, seine Mutter geheiratet hatte.

Mit ihrem Eheleben ging es immer mehr bergab. Anstatt den Sex mit ihm zu genießen, machte Marilyn eine Pflichtübung daraus. Sie unterstützte Larry nicht mehr bei seinem Studium, sondern beklagte sich über seine mangelnde

Aufmerksamkeit. Sie schien kein Ziel zu haben. Jedenfalls nicht, bevor sie schwanger wurde. Bis auf den heutigen Tag ist Larrys Erinnerung an die Geburt seines Sohnes wie durch einen Schleier getrübt. Er weiß nur, daß er während seines letzten Studienjahres auch noch einen Halbtagsjob annahm und sich um seinen Sohn kümmerte. Marilyn lief vor ihren Mutterpflichten davon, wie sie vor allem davongelaufen war, das sie nicht verstand.

Wieder einmal retteten ihn seine Fantasien. Arbeit, Studium und Kinderpflege nahmen seine Gedanken nur zur Hälfte in Anspruch. Die andere Hälfte war damit beschäftigt, Zuflucht in einer immer größeren Perfektion zu suchen. Er entwickelte sich zu einem vollkommenen Liebhaber, Freund und Vertrauten. Von Marilyn nahm er kaum Notiz. Er bemerkte nur, daß sie ihre Mutterpflichten langsam besser wahrnahm. Die einzigen Augenblicke, in denen er die Realität spürte, waren die, in denen er seinen Sohn auf dem Arm hielt. Je mehr väterliche Liebe er empfand, desto mehr verwandelte sich der Zorn auf seinen eigenen Vater in Reue.

Als es schließlich soweit war, daß er eine Stelle in einer Anwaltskanzlei bekam, liefen seine Fantasien auf Hochtouren. Aber irgend etwas war nicht in Ordnung. Sie gaben ihm nicht jene Befriedigung, jenen Frieden, den er kannte und erwartete. Zu Hause machten sich Gleichgültigkeit und Gereiztheit breit. Das Gefühl, ›unecht‹ zu sein, plagte ihn. Ganz gleich, wo er war – überall schien er fehl am Platz. Er gehörte irgendwo anders hin. Da er nicht wußte, wo das sein sollte, ging er einfach weiter.

Larry sprach mit niemandem über seine Probleme. Er gestand sie sich kaum selber ein. Marilyn dagegen hatte keine Gewissensbisse, das zu tun. Sie erzählte ihrer Mutter von Larrys Gleichgültigkeit ihr gegenüber und wurde bemitleidet. Sie vertraute sich einer Freundin an und erhielt Sympathie. Sie sprach mit Larrys Mutter – und die beschloß, zu handeln.

Vier Monate lang wurde Larry von seiner Mutter mit

Anrufen und Briefen bombardiert. Sie warf ihm vor, sich wie ein Kind zu benehmen. Sie erklärte, seine Einstellung mißfalle ihr immer mehr. Sie deutete an, daß sich infolge der Sorgen, die sie sich um ihren Sohn machen mußte, ihre Gesundheit verschlechterte.

Es funktionierte. Larry gab sich noch größere Mühe, so zu tun, als liebe er seine Frau. Er versicherte seiner Mutter, im Gegensatz zu ihren Unterstellungen habe er nicht vor, vom ›rechten‹ Weg abzuweichen. Um Marilyn zu beruhigen, arbeitete er nicht mehr so viel, aber zufrieden war sie nur, wenn er sie für angebliche Seitensprünge um Vergebung bat. Obwohl es ihm zutiefst zuwider war, tat er das.

Die Spannung wurde immer größer. Larrys Arzt teilte ihm mit, er habe ein Magengeschwür. Larry dachte: Und dabei bin ich erst siebenundzwanzig! Er wußte noch immer nicht, wo er hingehörte, nur eines war ganz klar: Er wollte nicht mit Marilyn zusammen sein.

Um eine Erektion zu behalten, während er mit ihr schlief, mußte er sich vorstellen, er sei wieder mit Jackie in der Berghütte. Marilyn schien Sex mehr Spaß zu machen als zuvor, aber das war Larry egal. Er fühlte sich miserabel. Er war fast am Ende, als Terry in sein Leben trat.

Sie arbeitete als Sekretärin in einer benachbarten Anwaltskanzlei, in der Larry oft beruflich zu tun hatte. Wenn er eintrat, leuchteten ihre Augen. Ihr Lächeln gab ihm das Gefühl, als sei er der einzige Mann auf der Welt. Er fand immer neue Entschuldigungen, um sie an ihrem Arbeitsplatz zu besuchen. Sie unterhielten sich über alle möglichen Themen. Sie flirteten monatelang miteinander. Eines Abends trafen sie zufällig in einer Bar zusammen. Sie war in Begleitung einer Freundin, setzte sich aber sofort zu Larry an den Tisch.

Seit dem Schlehenlikör-Fiasko hatte Larry einiges hinzugelernt. Er war stolz darauf, ein Scotch-Kenner zu sein. In seinen Fantasien hatte er sich immer die perfekte Frau vorgestellt, aber als sie sich jetzt neben ihn setzte, war er doch leicht erschrocken. Sie tranken teuren Whisky, flirteten ungeniert, und plötzlich hielten sie sich bei den Händen – es erschien ihnen ganz natürlich. Als seine Ängste und Schuldgefühle sich in Alkohol aufgelöst hatten, sagte ihr Larry, daß er sie sehr gern habe. Ohne zu zögern antwortete Terry: »Schon als ich dich zum ersten Mal sah, wußte ich: den will ich haben!« Diesmal fragte Larry nicht: »Wofür?«

Mit Terry zu schlafen war für ihn eine überwältigende Erfahrung. Er behielt seine Erektion eine Stunde lang. Terry tat mehr als nur stöhnen und wimmern. Sie sagte ihm, wie gut sie sich fühle, und daß sie dieses Gefühl mit ihm teilen wolle. Einmal fiel ihm Marilyn ein, aber Terry verspürte sein Unbehagen und streichelte ihn, ohne ein Wort zu sagen, bis er seine Skrupel vergessen hatte. Ihre Leidenschaft steigerte sich, und aus Terrys geflüsterten Zärtlichkeiten wurden Anfeuerungsrufe. Als Larry spürte, daß es bei ihm gleich soweit sein würde, begann sie sich ekstatisch zu winden. Während der nächsten zehn Sekunden erfuhr er die wahre Bedeutung des Wortes ›Höhepunkt‹.

Ihr gleichzeitiger Orgasmus war Larrys symbolische Befreiung von seinen Fesseln. Er würde nie mehr seine Fantasie einsetzen können, um der Realität zu entkommen. Er wollte es auch gar nicht – nicht, wenn die Realität solche Erfahrungen für ihn bereithielt.

Larry wußte, was er zu tun hatte. Er hatte schreckliche Angst davor, aber er *mußte* es tun: Er trennte sich von Marilyn. Während er seine Sachen packte, schrie und tobte sie. In den ersten Tagen trank Larry fast von morgens bis abends und weinte wie ein Kind. Aber Terry war für ihn da. Sie redete ihm zu, zeigte ihm ihre Liebe, ging mit ihm ins Bett und führte ihn Schritt für Schritt in die Realität. Die Erfahrungen mit oralem Sex, die er mit ihr machte, löschten in ihm alle Vorstellungen von ›fleischlichen Sünden‹ aus. Er betrachtete seinen Penis nicht mehr als ›Ding‹, sondern als eine Verlängerung, eine Erweiterung seines Bewußtseins.

Die nächsten vier Jahre faßt Larry so zusammen: »Ich war entschlossen, alles nachzuholen. Die Berghüttenepisode von 1962 spukte immer noch in meinem Kopf herum. Ich wollte jede Frau kennenlernen, die ich haben konnte, und ich fing mit Terry an. Es ist ein Wunder, daß mein Penis nicht abgefallen ist.«

Terrys Plädoyer für den Hedonismus schob Larrys rigide Moralvorstellungen beiseite und ebnete ihm den Weg zu sexueller Freizügigkeit. Sie kleidete es in einen Witz, den nur sie beide verstanden: Wenn er sie fragte, was sie vom Leben erwarte, antwortete Terry immer: »Kleider, Pelzmäntel, Geld, Sex, Alkohol und dich.« Drei Jahre lang lebten die beiden zusammen.

Terry hatte ihre Prinzipien. Sie hielt es für legitim, Männer zu gebrauchen, um ein angenehmes Leben führen zu können, aber den, mit dem sie zusammen war, betrog sie nie. Unter der Voraussetzung, daß er sich nicht von einer Geschlechtskrankheit anstecken ließ und nicht mit seinen Eroberungen prahlte, akzeptierte sie, daß Larry auf sexuelle Entdeckungsreisen ging.

Er hatte Terry sehr gern und verbrachte die Wochenenden mit ihr, aber unter der Woche war er ›auf der Jagd‹. Durch seine narzißtischen Tendenzen war er davon überzeugt, daß jede Frau in dem Raum, in dem er sich gerade aufhielt, darauf brannte, mit ihm zu schlafen. Seine Fähigkeit, immer das Richtige zu sagen, um anderen zu gefallen, verschaffte ihm oft die Gelegenheit, das zu beweisen. Larry hatte alles, was er wollte – nur war er nicht der Typ des hedonistischen Casanovas. Verschiedene Erfahrungen führten ihm vor Augen, daß die Realität wohl zuweilen lustvoll, aber nicht immer angenehm ist.

Da war zum Beispiel Joy. Larry lernte sie in einer Bar kennen, und schon kurz darauf gab sie ihm recht deutlich zu verstehen, daß sie mit ihm ins Bett gehen wollte. Als sie jedoch ihr Appartement betraten, wurden sie bereits von

Joys ehemaligem Freund erwartet, der einen Revolver zog und drohte, sie beide umzubringen. Es war Larrys Glück, daß er soviel Erfahrung in tätiger Reue besaß. Er machte sich eiligst aus dem Staub, ohne einen Gedanken daran zu verschwenden, was aus Joy wurde. Der Gedanke, ein Feigling zu sein, schmerzte ihn.

Oder zum Beispiel Peg. Er lernte sie auf einem Kongreß kennen, und ohne große Einleitung verbrachten die beiden die nächste Nacht zusammen. Ihr Abschied war so unverbindlich wie diese ganze Episode. Zwei Tage später begann Peg, Larry in der Kanzlei anzurufen. Er sagte ihr, es sei am besten, ihre gemeinsame Nacht zu vergessen. Daraufhin rief sie ihn zu Hause an. Terry spürte, daß etwas im Gange war und warf Larry vor, gegen ihr Abkommen zu verstoßen. Erst als Larry ihr weismachte, er habe möglicherweise Tripper, ließ Peg ihn in Ruhe.

Oder zum Beispiel Ann. Sie war zwanzig Jahre alt und entschlossen, eine Affäre mit einem älteren Mann zu haben, bevor sie heiratete. Es war, als wollte sie Larry als Testbahn für ihre Sexualität benutzen. Ganz gleich, wie oft Larry mit ihr schlief – immer wollte sie noch mehr. Offensichtlich hatte sie nie einen Orgasmus gehabt und war jetzt fest entschlossen, ihn zu *erzwingen*. Larry mußte ihr schließlich erzählen, er sei verheiratet, und seine Frau habe Verdacht geschöpft.

Oder zum Beispiel Sally. Sie war eine gutaussehende junge Frau, die sich kürzlich hatte scheiden lassen und sehr allein war. Sie kannte Larrys Stammlokal und sprach ihn dort an. Sie war zwar eigentlich nicht sein Geschmack, aber da sie aussah wie ein Fotomodell, begleitete er sie in ihr Appartement, dämpfte ihre Nervosität mit zärtlichen Worten, entkleidete sie und schob sie sanft ins Schlafzimmer. Aber je erregter sie wurde, desto schlaffer wurde sein Penis, und als sie ihn schließlich anbettelte, endlich in sie einzudringen, ging bei ihm nichts mehr. Er überspielte seine Verlegenheit mit seiner ›Humphrey-Bogart-Nummer‹: Er erzählte ihr, er werde morgens nicht mehr in den

Spiegel sehen können, wenn er ihre Einsamkeit jetzt so schamlos ausnutze. Er zog sich wieder an und verfluchte sich, trotz ihrer Proteste, laut dafür, daß er so grausam war. Die Wahrheit gestand er sich nur verschwommen ein: Sally erregte ihn einfach nicht.

Es gab noch andere Frauen. Larry erinnert sich an ihre Namen, aber kaum noch an ihre Gesichter. Je mehr er ihnen nachlief, desto unzufriedener wurde er mit sich selbst. Er dachte an die öden Jahre mit Marilyn zurück und kam wieder zu einem Schluß: Ich weiß nicht, wo ich hingehöre – hier ist es jedenfalls auch nicht.

Ein weiteres Stück Wirklichkeit störte Larrys Jagd nach dem Vergnügen. Sein Sohn fehlte ihm. Obwohl er in der Nähe wohnte und Larry aktiv Anteil an seinem Leben nahm, war er irgendwie unzufrieden damit, daß er an seiner Erziehung nicht beteiligt war. Zusammen mit der Sinnlosigkeit seines jetzigen Lebensstils warf die Traurigkeit dieser Erkenntnis ihn wieder dorthin zurück, wo er angefangen hatte: Er spürte Einsamkeit und Angst. Er war davor davongelaufen, ein ängstlicher kleiner Junge zu sein, und mußte nun feststellen, daß er ein ängstlicher großer Junge geworden war.

Die Mißbilligung seiner Mutter lebte wie ein Geist in seiner Seele, der nun, da Larry ohne Sinn und Ziel lebte und unter Depressionen litt, immer mächtiger zu werden schien. Seine Mutter schrieb ihm nicht mehr oft und rief auch nur noch selten an. Sie versuchte es jedoch mit emotionalen Erpressungsversuchen, bei denen sie sich Larrys Schwester bediente: »Mama macht sich schwere Sorgen darüber, daß du in Sünde lebst. Das bringt sie noch ins Grab.«

Larry stellte fest, daß er auf diesen Angriff seiner Mutter auf eine ihm ganz neue Art und Weise reagierte: Er war wütend. Mit jedem Tag wurde er reizbarer. Er überschüttete Terry mit wüsten Beschimpfungen und warf ihr vor, sie sei nur an einem ›Schwanz mit viel Geld‹ interessiert – obwohl diese Beschreibung eigentlich auf ihn nicht zutraf.

Er machte sich über ihren privaten Witz lustig. Sie war ein wehrloser Blitzableiter für seine Wut.

Als Terry auszog, gab sie ihm den dringenden Rat, zu einem Psychologen zu gehen. Er nannte sie eine ›dumme Tussie‹ und ging in eine Bar. Er hatte das Interesse daran verloren, neue Frauen kennenzulernen, und das letzte, woran er dachte, war Sex. Und trotzdem lernte er eine Frau kennen, auch wenn er nicht anschließend mit ihr ins Bett ging. Sie hieß Connie. Damals wußte er es noch nicht, aber Connie war die Frau, die Larry zeigen würde, was Liebe wirklich war.

Larrys Tinkerbell

Sie unterhielten sich stundenlang. Zum ersten Mal in seinem Leben blieb Larry bis zur Sperrstunde in der Bar. Sonst war er immer eilig aufgebrochen, um sich eine ›gute Nummer‹ nicht entgehen zu lassen, oder er war betrunken hinausgetorkelt und hatte gehofft, es noch bis nach Hause zu schaffen, bevor der Alkohol ihn endgültig benebelte. Er weiß nicht mehr, worüber sie damals sprachen – er weiß nur noch, daß es ein schönes, entspanntes Gespräch war. Er fühlte sich nicht unter Druck gesetzt, eine bestimmte Rolle zu spielen. Ganz gleich, wohin seine Gedanken abschweiften – Connie hörte ihm immer zu. Wenn keiner von beiden etwas zu sagen hatte, herrschte friedliches Schweigen.

Er versuchte, sie mit seinen weltlichen Gelüsten zu schockieren: »Magst du oralen Sex?« So selbstverständlich, als habe er sie gefragt, ob sie einen guten Wein zu schätzen wisse, antwortete sie: »Ja. Und du?« Damit war dieses Thema erledigt.

Als Larry langsam nach Hause fuhr, staunte er über den Anblick und die Geräusche der erwachenden Stadt. Das hatte er noch nie zuvor erlebt. Tausend Worte schwirrten ihm durch den Kopf. Lügen. Wahrheit. Sex. Liebe. Angst. Gelassenheit. Aufrichtigkeit. Zugehörigkeit. Auf was soll ich setzen? Welcher Einsatz wird sich auszahlen? Ich habe Angst gehabt, und sie hat sich nicht ausgezahlt. Ich habe jede Menge Sex gehabt, und auch das hat sich nicht gelohnt. Liebe? Ich weiß nicht einmal, was das ist. Ich will die Antwort, und zwar jetzt! Ich will nicht noch länger warten!

Der Psychologe, den Larry aufsuchte, war ein grauhaariger Mann von etwa fünfzig Jahren mit einem gepflegten Bart, einer Halbbrille und einem freundlichen Lächeln. Er galt als ein Mann, der offen und verständnisvoll war, für Neurosen jedoch nichts übrighatte. Larry war an die richtige Adresse geraten. Dieser Mann sah sogar aus wie ein Psychologe!

Er wartete einfach ab, was Larry ihm zu sagen hatte. Larry wollte wissen, wo er anfangen solle. »Wo immer Sie wollen«, war die Antwort. Da die Ängste vor seiner Mutter und seine Wut auf sie Larrys Gedanken beherrschten, begann er damit. Er erzählte von seinen Gedanken, Gefühlen und Erinnerungen. Er sprach über sein ›Ding‹, seine Mutter, seinen Vater, die Berghüttenepisode von 1962, über Marilyn, seinen Sohn, sein Gefühl der Peinlichkeit, über seine Ängste, Selbstbefriedigung (das fiel ihm schwer) und, aus irgendeinem Grund, über Connie, die ihm nicht aus dem Kopf ging, obwohl er sie doch kaum kannte. Er entschuldigte sich dafür, so viel Unsinn zu reden. Aber es war kein Unsinn.

»Sie fühlen sich wirklich schlecht, nicht wahr?« Der Arzt wartete.

Larry erinnerte sich an seine Verwirrung. »Ja, ich fühle mich schlecht. Darum bin ich ja hier. Ich fühle mich entsetzlich.«

»Das meine ich nicht. Ich meine, Sie fühlen sich *da drinnen* schlecht.« Der Arzt wies auf sein Herz. »In Ihrer Seele fühlen Sie sich schlecht. Unwürdig. So als müßten Sie sich das Recht, am Leben zu sein, erst noch verdienen.«

Als die Sitzung zu Ende war, hatte Larry noch nicht völlig begriffen, was der Arzt gesagt hatte. Unwürdig?

Schlecht? Er wollte es nicht zugeben, aber der Gedanke hatte einiges für sich. Er versuchte, ihn aus seinem Kopf zu verbannen. Aber es war unmöglich. Er mußte einfach immer wieder daran denken. Er konnte nicht schlafen. Er rief Connie an. Es erleichterte ihn, mit ihr zu sprechen. Am Telefon alberten sie ein wenig herum, und dann herrschte wieder Stille um ihn.

Plötzlich bekam er schreckliche Angst. Er hatte sogar das Gefühl, Stimmen zu hören. Er durchsuchte die ganze Wohnung, fand aber nichts. Angestrengt lauschte er. Es ging irgend etwas vor sich. Aber es kam nicht von außen – es spielte sich in seinem Kopf ab. Er dachte: Habe ich Halluzinationen? Bin ich jetzt dabei, verrückt zu werden? Er konzentrierte sich auf seine Gefühle. Immer wieder tauchten einzelne Worte auf: Verderben. Explosion. Entsetzen. Tod. Leere.

Die Stille kroch näher. Nackte Angst überfiel ihn. Er wollte fortlaufen. Er wartete. Es passierte nichts. Er wartete länger. Dann überkam ihn Euphorie. Angst und Euphorie? Er war anscheinend wirklich dabei, verrückt zu werden. Das alles ergab doch keinen Sinn.

Während der nächsten Wochen verwendete Larry seine Zeit und seine Energie auf zwei Ziele: Connie näher kennenzulernen, und an seiner Therapie zu arbeiten. Seine Fähigkeit, die anfallende Arbeit zu erledigen und sich gleichzeitig auf andere Dinge zu konzentrieren, kam ihm jetzt zugute. Das seltsame Erlebnis wiederholte sich zweimal in drei Wochen, und zwar jedesmal, wenn er bei seinem Therapeuten gewesen war und rings um ihn her absolute Stille herrschte. Langsam begann er zu verstehen.

Connie war eine andere Art von Therapie für ihn. Jedesmal wenn sie miteinander sprachen, fühlte Larry sich mehr zu ihrer Reife, Stärke und Frische hingezogen. Eines Abends fiel ihm plötzlich ein, daß sie noch nie miteinander geschlafen hatten. Schließlich fragte er sie, warum das so war. Connie antwortete ganz ruhig: »Ich dachte, wenn du den Wunsch danach hast, wirst du schon etwas sagen. Du hast ja auch noch andere Sachen im Kopf.«

Nach Larrys grober Schätzung blieben sie zwei Tage im Bett. Wenn sie miteinander geschlafen hatten, redeten sie, aßen etwas und tranken einen Schluck Wein. Dann unterhielten sie sich weiter – und schliefen wieder miteinander. Larry verspürte gar keine Lust, sich anzuziehen und zu gehen. Er fand es sehr angenehm, nackt im Bett zu liegen und mit Connie zu reden. Von da an sahen sie sich täglich.

Er war voller Energie. Er konnte jetzt nicht nur mit einer Frau schlafen, solange er wollte, sondern nahm auch mit neuem Eifer sein Jogging-Programm wieder auf, das er in seiner ›wilden Zeit‹ aufgegeben hatte. Larry war aufgeregt wie ein Kind. Es waren viele Jahre vergangen, seitdem er sich zum letzten Mal so gefühlt hatte – dreizehn Jahre, um genau zu sein. Er war wieder mit Jackie in der Berghütte. Er war immer noch unbeholfen, auf Anerkennung bedacht und – trotz der Jahre, die hinter ihm lagen – naiv. Nur war es diesmal anders. Diesmal *wollte* er jung und albern sein.

Als Larry begriff, daß er dabei war, zu lernen was Liebe ist, verstand er auch, was sein Therapeut ihm zu seinen seltsamen Erlebnissen gesagt hatte.

Die Stille und seine Bereitschaft, sich der Wahrheit zu stellen, konfrontierten ihn mit der Realität, der er den größten Teil seines Lebens aus dem Weg gegangen war. Er hatte geglaubt, die Realität werde ihn vernichten, und als er merkte, daß das nicht geschah, überkam ihn Euphorie.

Larry hatte aufgehört zu sprechen. Ich wartete darauf, daß er fortfuhr. Aber er schwieg. Stundenlang hatte ich mich, während ich seiner unglaublichen Geschichte lauschte, in ihn hineinversetzt. Und nun schwieg er einfach.

»Du wirst doch wohl jetzt nicht aufhören!« drängte ich ihn.

»Ich habe dir alles erzählt. Du weißt, daß Connie und ich geheiratet haben. Du weißt, daß wir ein Kind haben und daß mein anderer Sohn auch bei uns lebt. Und du weißt, daß ich sehr viel über die Liebe gelernt habe. Jeder Tag ist für mich ein neues Abenteuer. Was willst du also noch wissen?«

»Nun, zum Beispiel: Was sagen deine Eltern dazu?«

Sein Lächeln verschwand. »Damit habe ich immer noch zu kämpfen. Sie mißbilligen mein Verhalten jetzt mehr denn je. Meine Mutter hat ihre große Show abgezogen, und ich habe es überlebt. Mein Vater sitzt nur da und hört ihr zu. Was bleibt ihm auch anderes übrig?« Der Gedanke daran bereitete ihm Schmerzen, aber er fuhr fort: »Das größte Problem ist meine Wut. Sie haben mich mißbraucht, emotional mißbraucht. Das werde ich nie verwinden. Ich kann damit leben, aber ich werde es nie verwinden.«

»Hast du noch einmal etwas von Terry gehört?«

Jetzt lächelte er wieder. »Das letzte, was ich von ihr hörte, war, daß sie wieder mit irgendeinem Mann zusammenlebt. Die gute Terry – sie wird sich wohl nie ändern.«

»Wie war das damals mit euch? Wenn du von deiner Zeit mit Terry erzählst, klingt das doch gar nicht schlecht.«

»Nein, die Beziehung war von Anfang an zum Scheitern verurteilt. Ich ging herum und versuchte zu beweisen, was für ein harter, männlicher Typ ich doch sei, und sie saß zu Hause und wartete darauf, daß ich ihr meine Aufmerksamkeit schenkte, und dadurch stauten sich bei ihr eine Menge negativer Gefühle an. Außerdem verdiente ich damals nicht sehr gut. Ich war so damit beschäftigt, auf Parties zu gehen und immer wieder Frauen zu finden, mit denen ich ins Bett gehen konnte, daß ich meinen Beruf vernachlässigte. Sie hat es nie zugegeben, aber sie war ganz und gar nicht damit einverstanden, daß ich fremdging. Und sie hatte recht, als sie mir sagte, ich sollte zu einem Psychologen gehen – obwohl das in der damaligen Situation wohl eher ein billiger Racheakt war.«

»Und was ist die Lösung des Rätsels?«

»Was?« Meine Frage hatte ihn offenbar aus seinen Gedanken gerissen. »Ach ja, das Rätsel. Finde selber die Lösung – dafür bist du ja Psychologe.«

»Na, komm schon, jetzt mal im Ernst.«

»Es ist überhaupt nicht so einfach, wie es klingt. Als kleiner Junge saß ich auf der Treppe und kam zu dem Schluß, daß ich schlecht war. Es lag nicht an dem, was ich tat. Ich war einfach durch und durch schlecht und verdorben. Niemand hat mir je gesagt, daß ich damit unrecht hatte. Mein ganzes Leben baute auf dieser Lüge auf. Ich ließ mich innerlich einfach nicht erwachsen werden. Ich ließ kein Gefühl zu, von dem ich glaubte, es könne irgendwie schlecht sein. Und ich tat alles, um zu beweisen, daß ich gut sei.

Ich trieb mich an wie ein Tier. Ich tat alles und noch mehr, um den Teufel aus meiner Seele zu vertreiben. Ich verwendete so viel Zeit darauf zu beweisen, daß ich gut sei, daß ich nie lernte, ich selbst zu sein. Einfach nur ich selbst. Erst diese dröhnende Stille rüttelte mich auf. Ich hörte nicht das leiseste Geräusch, und das gab mir den Mut, mich der Wahrheit zu stellen. Ich habe keinen Teufel in mir. Ich bin gut. Ich habe all diese Jahre damit zugebracht, etwas zu beweisen, das ich gar nicht zu beweisen brauchte. Ich bin gut, und was ich fühle, ist auch gut. Ich habe eine Menge Dummheiten begangen, aber ich bin gut.« Larry brach in Tränen aus.

Ich konnte es ihm gut nachfühlen. Auch ich begann zu weinen.

»Was für eine Verschwendung kostbarer Zeit. Es ist wirklich traurig.«

In seinem Blick lag Reue, aber keine Spur von Selbstmitleid. »Das stimmt.«

»Und was ist mit der Angst?«

»Sie ist immer noch da. Ich habe immer noch Angst. Connie weiß das. Manchmal, wenn sie mich berühren möchte, verkrampfe ich mich innerlich. Dann will ich nicht, daß ihre Hand mir zu nahe kommt. Ich habe Angst vor ihrer Liebe, vor dem Preis, den ich dafür vielleicht zu zahlen habe. Aber die Liebe hat keinen Preis, und das Ganze ist nur ein Rückfall in alte Zeiten – in die Zeit, wo ich auf der Treppe saß und beschloß, ich sei schlecht und habe dafür zu bezahlen. Ja, die Angst ist noch da. Ich glaube, sie wird immer da sein. Diese Erfahrung hat sich einfach zu tief eingebrannt. Aber wir werden schon damit fertig. Durch die Angst kommen wir uns sogar noch näher. *Das* ist die Lösung des Rätsels.«

Ich konnte ihm nicht ganz folgen. »Was ist die Lösung?«

»Verstehst du das nicht? Es ist ganz einfach: Ich brauche vor meiner Angst keine Angst mehr zu haben. Connie liebt mich so, wie ich bin. Und sie will auch an meinem Schmerz teilhaben, so wie er ist. Jetzt bin ich frei. Ich kann immer jung bleiben.«

Das war Larrys Geschichte, eine Geschichte von emotionaler Lähmung, von Unvermögen zu sozialem Verhalten, von Ablehnung durch die Eltern, sexuellen Problemen und dem Glauben an die Zauberkraft von Vorstellungen. Auf der Suche nach der Wahrheit ist Larry von einem Extrem ins andere gefallen. Aber schließlich fand er sie, und so hat diese Geschichte ein Happy-End. Larry akzeptiert die Tatsache, daß er ein erwachsener Mann ist und daß man Liebe nicht kaufen kann. Und er weiß inzwischen, daß nichts Schlimmes dabei ist, außen hart und innen weich und empfindsam zu sein.

Larry hat das Peter-Pan-Syndrom überwunden und Niemalsland für immer verlassen. Und wenn er es geschafft hat, dann kann es jeder andere ebenfalls schaffen.

Weitere Literatur

Die folgenden Bücher sind sowohl für das Verständnis der Ursachen als auch für die Behandlung des Peter-Pan-Syndroms von Bedeutung. Obwohl die Liste keinen Anspruch auf Vollständigkeit erhebt, werden diese Bücher Ihnen helfen, die Ausbildung des Peter-Pan-Syndroms zu verstehen. Viele der Bücher werden Sie mit kreativen Problemlösungen vertraut machen, die ich im vorliegenden Buch nicht angesprochen habe.

Bach, George, und Peter Wyden: *Streiten verbindet. Spielregeln für Liebe und Ehe.* 1985

Ein erfahrener Psychotherapeut vermittelt Paaren die Kunst des ›fairen Streitens‹. ›Streiten‹ bedeutet in diesem Fall, sich auf eine konstruktive Diskussion einzulassen – ganz gleich, wie hitzig sie auch werden mag. Es ist schwierig, sich mit einem PPS-Opfer ›fair zu streiten‹. Dr. Bach gibt seinen Lesern viele gezielte Hinweise, was sie tun oder sagen können, um dieses Ziel zu erreichen.

Baer, Jean: *How to Be an Assertive (Not Aggressive) Woman in Life, in Love and on the Job.* 1976

Durch die Darstellung zahlreicher Methoden, wie man sich durchsetzen kann, ohne gegen gesellschaftliche Regeln zu verstoßen, ist dies ein sehr hilfreiches Buch für alle Frauen, die eine Tinkerbell werden wollen. Die Empfehlungen der Verfasserin sind so abgestuft, daß jede Frau, die hier Rat sucht, etwas findet, ganz unabhängig davon, wie gut ihr Durchsetzungsvermögen entwickelt ist. Eine ausgezeichnete Ergänzung zu *Risk-Taking for Women* (siehe Morscher und Jones).

Benson, Herbert, mit Miriam Klipper: *The Relaxation Response.* 1976

Dieses Buch stellt die vielen verschiedenen Entspannungstechniken vor. Im Zustand der Entspannung kann man sich hervorragend mit neuen Gedanken befassen. Für das PPS-Opfer ist dies vielleicht der erste Schritt, sein Leben wieder in den Griff zu bekommen.

Burns, David: *Angstfrei. Mit Depressionen umgehen.* 1983

Vielleicht das beste Buch über die neuen Entwicklungen in der kognitiven Therapie, die sehr hilfreich bei der Behandlung des Wunschdenkens sein kann. Dr. Burns hat ›die Kraft des positiven Denkens‹ von der Welt der Vorstellungskraft in die der Wissenschaft transportiert.

Comfort, Alex: *Freude am Sex.* 1976

Ein sehr erfolgreiches Buch, das unter Zuhilfenahme von graphischen Darstellungen in die Kunst des Liebens einführt.

Dowling, Colette: *Der Cinderella-Komplex. Die heimliche Angst der Frauen vor der Unabhängigkeit.* 1985

Eine Pflichtlektüre für alle, die sich für das Peter-Pan-Syndrom interessieren. Die heimliche Angst der Frauen vor der Unabhängigkeit ist die treibende Kraft hinter der Ausbildung jener Eigenschaften, die eine Wendy charakterisieren. Man muß sich jedoch keiner Psychoanalyse unterziehen, um den Cinderella-Komplex zu überwinden.

Elkind, David: *The Hurried Child.* 1981

Wenn wir unsere Kinder antreiben, zu schnell erwachsen zu werden, kann das viele negative Nebenwirkungen haben – zum Beispiel die, daß sie nach Niemalsland fliehen. Ein sehr gutes Buch für Eltern.

Ellis, Albert, und Robert A. Harper: *A New Guide to Rational Living.* 1975

Dies ist eins meiner Lieblingsbücher. Ich empfehle es allen meinen Klienten. Dr. Ellis ist eine Koryphäe auf dem Gebiet der kognitiven Therapie. Ich würde ihn als mein großes Vorbild bezeichnen, wenn er diese Art von Heldenverehrung nicht sofort als irrational abtun würde.

Ellis, Albert, und William J. Knaus: *Overcoming Procrastination.* 1979

Es leuchtet ein, daß die Neigung, Dinge immer wieder aufzuschieben, nicht einfach aus Faulheit entsteht, sondern tiefergehende Wurzeln hat. Ihre Ursache ist oft eine pessimistische Grundeinstellung (»Ich tauge zu gar nichts«). Dem PPS-Opfer wird hier Gelegenheit gegeben, sich mit einem scheinbar simplen Problem auseinanderzusetzen und dabei der Wahrheit auf die Spur zu kommen. Lassen Sie sich durch den barschen Ton dieses Buches nicht täuschen – Dr. Ellis ist ein Therapeut, der von Sorge und Liebe geleitet wird.

Fasteau, Marc: *The Male Machine.* 1974

Für Männer, die unter starkem Druck stehen, ist dieses Buch immer aktuell. Es zeigt, wie es kommt, daß Männer immer wieder in die Rolle dessen gedrängt werden, der beweisen muß, wie stark er ist. Obwohl einige Aussagen etwas übertrieben sind, ist *The Male Machine* für viele sicher sehr hilfreich.

Fensterhaim, Herbert, und Jean Baer: *Sag nicht Ja, wenn du Nein sagen willst.* 1979

Dieses Buch hilft Frauen, eine Tinkerbell zu werden. Dabei mag die Betonung darauf liegen, ›nein‹ zu sagen, aber das ganze Buch enthält viele positive Empfehlungen, besonders solche, die geeignet sind, Ihnen die Überwindung sexueller Unsicherheiten zu erleichtern. Außerdem geben die Verfasser sehr wertvolle Ratschläge, wie man sich entspannen kann.

Frankl, Victor: *Der Wille zum Sinn. Ausgewählte Vorträge über Logotherapie.* 1982

Die existentielle Psychologie gibt all jenen Hoffnung, die nach dem Sinn des Lebens suchen. Das PPS-Opfer lernt aus diesem Buch, daß alle Gefühlserfahrungen gut sind und daß man Authentizität erlangen kann, indem man einfach nur seiner Seele lauscht. Selbst auf den flüchtigen Leser wird es seine Wirkung nicht verfehlen.

Friday, Nancy: *Wie meine Mutter.* 1984

Einfühlsam und aufrichtig schildert eine Frau ihren Kampf um ein eigenes Leben. Die Verfasserin beschreibt ihr sexuelles Erwachen mit einer solchen Feinfühligkeit, daß jede Frau auf ihre weibliche Sexualität stolz sein kann.

Fromm, Erich: *Die Kunst des Liebens.* 1980

PPS-Opfer haben vielleicht vergessen, was Liebe ist, oder wirkliche Liebe nie kennengelernt. Eine sorgfältige Lektüre dieses klassischen Werks kann diesen Mangel ausgleichen. Dieses Buch kann die Basis grundsätzlicher Diskussionen sein.

Gendlin, Eugene T.: *Focusing. Technik der Selbsthilfe bei der Lösung persönlicher Probleme.* 1981

Eine schrittweise Einführung in die Technik des Focusing, die Ihnen hilft, Gedanken und Gefühle zu identifizieren und sich auf die Lösung von Schlüsselproblemen zu konzentrieren.

Glasser, William: *Realitätstherapie. Neue Wege der Psychotherapie.* 1972

Wir alle sind früher oder später gezwungen, uns mit der Realität abzufinden. Dr. Glasser hat einen unentbehrlichen Führer geschrieben, der dem Leser zeigt, wie er mit der Erfahrung der Wirklichkeit fertig werden und von ihr profitieren kann.

Janus, Sam: *The Death of Innocence.* 1981

Ein hervorragendes Buch, das sich mit den Problemen von Kindern beschäftigt, deren Kindheit zu früh endet. Dies könnte eine Ergänzung zu *The Hurried Child* von Dr. Elkind sein. Janus untersucht, wie Kinder leben, denen man die Unschuld mit einem Schlag genommen hat.

Jourard, Sidney: *The Transparent Self: Self-disclosure and Well-being.* 1971

Dieses Buch wird PPS-Opfern helfen, mit ihrer emotionalen Lähmung fertig zu werden. In der Einführung schreibt der Verfasser: »Wir verbergen oder tarnen unser wahres Wesen vor anderen, um uns vor unerwünschter, aber erwarteter Kritik, vor Schmerz oder Ablehnung zu schützen. Dieser Schutz fordert einen hohen Preis.« Um sich seine Gefühle wirklich zu eigen zu machen, muß das PPS-Opfer den Entschluß fassen, sie nicht mehr vor sich selbst und denen, die ihnen nahestehen, zu verbergen.

Kiley, Dan: *Keeping Kids Out of Trouble.* 1979

Dies ist das erste meiner drei Bücher über Kindererziehung, in dem ich Eltern zeige, daß Kinder sehr wohl in der Lage sind, sie zu manipulieren. Es enthält über hundert Fallstudien und zeigt neue Wege zur Lösung von Problemen. Ich begründete in diesem Buch meine Ablehnung von Freizügigkeit in der Erziehung.

Kiley, Dan: *Keeping Parents Out of Trouble.* 1982

Dies ist das zweite meiner Bücher über Kindererziehung. Darin stelle ich dar, wie man grundsätzliche Überlegungen in die Erziehung einfließen lassen kann. Themenbereiche wie ›Mitarbeit im Haushalt‹, ›Freizeit‹, ›Schule‹, ›Druck durch die Meinung Gleichaltriger‹, ›Drogenmißbrauch‹ und andere häufig auftretende Probleme werden dargestellt und erläutert.

Kiley, Dan: *Dr. Dan's Prescriptions: 1001 Nonmedical Hints for Solving Parenting Problems.* 1982

Dies ist das dritte Buch meiner Serie über Kindererziehung. Es enthält keine Theorien oder Erklärungen, sondern eine Sammlung praktikabler Lösungen für alltägliche Erziehungsprobleme.

Kopp, Sheldan B.: *Triffst du Buddha unterwegs... Psychotherapie und Selbsterfahrung.* 1984

Ein sehr ernst zu nehmendes Buch, das die seelische Reise eines Therapie-Patienten beschreibt – eine Pflichtlektüre für jeden, der Zeit und Geld in eine Psychotherapie investiert. Der ungewöhnliche Titel bezieht sich auf die grundsätzliche Aussage des Buches: Beseitigen Sie jeden Therapeuten, der so tut, als habe er für jedes Ihrer Probleme die richtige Lösung (und zwar, indem Sie ihn nicht mehr aufsuchen).

Lasch, Christopher: *Das Zeitalter des Narzißmus.* 1982

Eine herausfordernde Analyse der sozialen, politischen, historischen und psychologischen Aspekte des Narzißmus macht dieses Buch zu einer lohnenden Lektüre. Obwohl es stellenweise schwer verständlich geschrieben ist, wird die Grundaussage sehr deutlich: Ein narzißtischer Lebensstil ist keineswegs lustorientiert und unbekümmert.

Machlowitz, Marilyn: *Workaholics: Living with Them, Working with Them.* 1981

Manche PPS-Opfer versuchen, ihre Nachlässigkeit in der Vergangenheit zu kompensieren und Ablehnung zu vermeiden, indem sie wie besessen arbeiten. Dieses Buch hilft sowohl den Opfern als auch ihren Angehörigen und Freunden.

Marks, Burton, und Gerald Goldfarb: *Winning with Your Lawyer.* 1980
Wenn Sie ernsthaft in Erwägung ziehen, sich von Ihrem Partner zu trennen, sollten Sie mit einem Anwalt sprechen. Die in diesem Buch enthaltenen Ratschläge geben Ihnen, wenn Sie diesen Schritt unternehmen, das nötige Vertrauen. Die Kapitel 1 bis 4 sowie das Kapitel 7 sind besonders zu empfehlen.

Masters, William H., und Virginia E. Johnson, in Zusammenarbeit mit Robert J. Levin: *The Pleasure Bond.* 1976
Es gibt kein Buch, das sich besser als dies mit der Psychologie des Sex in der Ehe auseinandersetzt. Das folgende Zitat aus der Einleitung ist eine Lektion für sich: »Die sexuelle Beziehung [zwischen Ehemann und Ehefrau] spiegelt ihre persönliche Beziehung wider: Beide gehen auf die Wünsche des anderen ein, beide befriedigt es, den anderen zufriedenzustellen, und beide achten einander.«

Mayle, Peter: *»What's Happening to Me?«* 1975
Ein weiteres ausgezeichnetes Buch aus einer wichtigen Serie von Büchern über sexuelle Erziehung. Es hilft Jugendlichen, mit ihrer Pubertät fertig zu werden und die biologischen und emotionalen Veränderungen, die in ihnen vor sich gehen, zu verstehen. Die Art der Darstellung ist erfrischend ehrlich. Dieses Buch kann auch Eltern helfen, ihre Kinder auf sexuelle Konflikte vorzubereiten, die möglicherweise später auftreten können.

Meichenbaum, Donald: *Kognitive Verhaltensmodifikation.* 1979
Dies ist ein Fachbuch, das auch für Laien, die sich bereits mit diesem Thema beschäftigt haben, verständlich ist. Es geht erheblich mehr in die Tiefe als die populär-wissenschaftlichen Bücher von Burns, Ellis und Peale. Eine ausgezeichnete Lektüre für alle, die wissen wollen, wie und warum unsere Gedanken neu programmiert werden können.

Money, John, und Patricia Tacken: *Sexual Signatures: On Being a Man or a Woman.* 1975
Ein hervorragendes Einführungswerk für diejenigen, die sich mit der Frage befassen, inwiefern unsere männliche bzw. weibliche Identität sozial, biologisch und psychologisch determiniert ist. Dieses Werk beleuchtet auch die Hintergründe heutiger Konflikte.

Morscher, Betsy, und Barbara Schindler Jones: *Risk-Taking for Women.* 1982

Für viele Frauen ist es ein Risiko, eine Tinkerbell zu werden, sich mit einem PPS-Opfer auseinanderzusetzen oder eine Scheidung in Erwägung zu ziehen. Obwohl die Sachverhalte gelegentlich sehr vereinfacht dargestellt werden, gibt dieses Buch weiblichen Lesern einfühlsam und humorvoll recht fundierte Ratschläge.

Peale, Norman Vincent: *Die Kraft positiven Denkens.* 1974

Dr. Peale untermauert seine Botschaft mit Zitaten aus der Bibel und generellen theologischen Überlegungen. Man braucht jedoch weder Christ zu sein noch überhaupt an Gott zu glauben, um von diesem klassischen Werk, und insbesondere den Ratschlägen zur Verstärkung des Selbstbewußtseins, zu profitieren. Seine Empfehlungen sind nicht nur in allgemeinverständlichen Worten gehalten, sondern befinden sich auch im Einklang mit neueren Erkenntnissen auf dem Gebiet der kognitiven Verhaltensmodifikation.

Philips, Debora, und Robert Judd: *Das Ende einer Zweierbeziehung. Auf dem Weg zum neuen Ich.* 1985

Dies ist ein einfühlsames und witziges Selbsthilfebuch, das ein größeres Gebiet behandelt, als der Titel vermuten läßt. Es bietet eine ausgezeichnete Hilfestellung in den Bereichen ›Steuerung der Gedanken‹, ›Entspannung‹ und ›Sexuelle Probleme‹. Frauen, die mit dem Gedanken spielen, ihren Partner zu verlassen, werden erheblichen Nutzen aus dieser Lektüre ziehen.

Reuben, David: *Alles, was Sie schon immer über Sex wissen wollten... aber bisher nicht zu fragen wagten.* 1973

Ein ausgezeichnetes Buch – sowohl für Jugendliche als auch für Erwachsene. Der Titel sagt alles. Dr. Reuben schreibt so witzig und charmant, daß von den Schuldgefühlen und der falschen Scham, mit denen dieses Thema im allgemeinen befrachtet ist, nichts mehr übrigbleibt.

Russianoff, Penelope: *Why Do I Think I Am Nothing Without a Man?* 1982

Dieses Buch wird Ihnen dabei behilflich sein, sich mit der Wendy in Ihnen auseinanderzusetzen. Die Verfasserin zeigt Ihnen, wie Sie ein ganzer Mensch werden und Ihr Leben selbst in die Hand nehmen können. Der Untertitel dieses Buches könnte lauten: »Wie man eine Tinkerbell wird«.

Serban, George: *The Tyranny of Magical Thinking.* 1982

Dieses Buch hilft Ihnen, die komplizierten Mechanismen des Wunschdenkens, eines der sieben psychologischen Hauptmerkmale des PPS-Opfers, zu verstehen. Es zeigt Ihnen auch, daß es zur Herbeiführung von Veränderungen unerläßlich ist, kindliche Verhaltensweisen in Frage zu stellen. Ein fundiertes Werk, dessen Lektüre es Ihnen ermöglicht, aus der kognitiven Therapie von Burns und Ellis einen Nutzen zu ziehen.

Tillich, Paul: *Der Mut zum Sein.* 1982
PPS-Opfer haben große Angst davor, sich so zu zeigen, wie sie sind. Es fehlt ihnen oft an Mut, sich selbst zu entdecken. Dieses klassische Werk gibt wohldurchdachte Antworten auf verwirrende philosophische Fragen. Wenn jemand in Niemalsland gefangen ist und nicht den Mut hat, er selbst zu sein, wird ihm dieses Buch wieder den Weg ins wirkliche Leben weisen. Da komplizierte Zusammenhänge eingehend behandelt werden, sollte der Leser bereit sein, alle Aussagen gründlich zu durchdenken.

Über den Autor:

Dr. Dan Kiley, ein in den USA überaus bekannter Psychologe, hat sich besonders auf dem Gebiet der Kinder- und Familientherapie einen Namen gemacht. Unter anderem leitet er eine Radiosendung, die von Millionen von Zuhörern von Küste zu Küste gehört wird. Er lebt mit seiner Frau und seinem Sohn in Chicago.

HEYNE BÜCHER

Heyne Taschenbücher

Amüsant, witzig, geistreich – Bücher, die durch Ironie und bitterböse Satire unsere Kulturheiligtümer entlarven und die Grundfeste der intellektuellen Szene erschüttern.

01/6862

01/6958

01/7724

01/6603

01/7745

Wilhelm Heyne Verlag München